JUAN MARTÍN GUEVARA
ARMELLE VINCENT

Mein Bruder Che

TROPEN SACHBUCH

AUS DEM FRANZÖSISCHEN VON
FRITHWIN WAGNER-LIPPOK UND CHRISTINA SCHMUTZ

MIX
Papier aus verantwortungsvollen Quellen
FSC® C083411
FSC
www.fsc.org

Tropen
www.tropen.de
Die Originalausgabe erschien unter dem Titel »Mon frère, le Che«

Printed in Germany
Cover: Herburg Weiland, München
unter Verwendung eines Fotos von ullstein bild –
Pictures from History
Gesetzt von Dörlemann Satz, Lemförde
Gedruckt und gebunden von CPI – Clausen & Bosse, Leck
ISBN 978-3-608-50366-1

Bibliografische Information der Deutschen Nationalbibliothek
Die Deutsche Nationalbibliothek verzeichnet diese Publikation in der Deutschen Nationalbibliografie; detaillierte bibliografische Daten sind im Internet über http://dnb.d-nb.de abrufbar

INHALT

ANHANG

LA QUEBRADA DEL YURO

Ich habe siebenundvierzig Jahre damit gewartet, den Ort aufzusuchen, an dem man meinen Bruder Ernesto Guevara ermordete. Alle Welt weiß, dass er am 9. Oktober 1967 im ärmlichen Unterrichtszimmer der Gemeindeschule von La Higuera, einem gottverlassenen Dörfchen im Süden Boliviens, auf feige Art erschossen wurde. Man hatte ihn am Tag zuvor in der Talsohle der Quebrada del Yuro ergriffen, wo er sich in einer kahlen Schlucht verschanzt hatte, als ihm klar geworden war, dass sein aufgeriebenes, zahlenmäßig unterlegenes und von Hunger und Durst geschwächtes Guerillagrüppchen von der Armee umzingelt war. Man sagt, er sei in Würde gestorben und seine letzten Worte seien »Póngase sereno y apunte bien. Va a matar a un hombre« gewesen: Zeigen Sie Haltung und zielen Sie gut. Sie töten einen Menschen. Der unglückliche Mario Terán Salazar, den man auserkoren hatte, den schmutzigen Job zu erledigen, zitterte am ganzen Leib. Che galt seit elf Monaten als Staatsfeind Nummer eins der bolivianischen Armee, vielleicht des gesamten südamerikanischen Kontinents. Aber er war auch eine Legende, ein geradezu mythischer Gegner, umgeben von einer Aura des Ruhms und hochgeachtet für seine Tapferkeit und seinen Sinn für Recht und Gerechtigkeit. Und wenn dieser Che, der ihn jetzt mit seinen großen, dunklen Augen ansah, ohne mit der Wimper zu zucken und, wie es schien, ohne ihn zu verurteilen, nun doch der Freund und Anwalt der Gedemütigten und nicht der blutdürstige Revolutionär war, als den Salazars Vorgesetzte ihn abgestempelt hatten? Oder wenn seine Jünger, denen unbedingte Loyalität nachgesagt wurde, eines Tages beschlossen, ihn zu jagen und Ches Ermordung zu rächen?

Mario Terán Salazar hatte sich zuvor Mut antrinken müssen, um abdrücken zu können. Als er jetzt Che sah, der ruhig dasaß und wartete, dass sich, wie er wohl wusste, sein unausweichliches Schicksal erfüllte, war er schweißgebadet aus dem Klassenzimmer gestürzt. Seine Vorgesetzten hatten ihn zwingen müssen, wieder hineinzugehen.

Mein Bruder starb in aufrechter Haltung. Sie wollten ihn im Sitzen töten, um ihn zu demütigen. Er protestierte und gewann diese letzte Schlacht. Zu seinen zahlreichen Vorzügen und Talenten zählte eben auch die Kunst der Überzeugung.

Ich habe mir ein neues Paar Turnschuhe gekauft, um in die Quebrada del Yuro hinabzusteigen. Es ist eine tiefe Schlucht, die hinter La Higuera jäh senkrecht abstürzt. Hier zu sein, ist für mich sehr schwer und schmerzhaft. Aber notwendig. Seit Jahren nehme ich diese Wallfahrt auf mich. Vorher war es mir fast unmöglich, hierher zu kommen. In den ersten Jahren war ich noch zu jung und seelisch nicht gewappnet. Danach herrschten in Argentinien Faschismus und Unterdrückung, und ich vegetierte fast neun Jahre lang in den Kerkern der Militärjunta vor mich hin, die im März

1976 gewaltsam die Macht an sich gerissen hatte. Ich lernte, in Deckung zu bleiben. Im politischen Klima meines Landes mit Che Guevara in Verbindung gebracht zu werden, war lange lebensgefährlich.

Nur mein Bruder Roberto hat diesen Ort besucht, im Oktober 1967, als die Nachricht von Ernestos Tod eintraf und die Familie ihn entsandte, die Leiche zu identifizieren. Er kehrte tief bestürzt und verwirrt zurück. Als er in Bolivien eintraf, waren die sterblichen Überreste unseres Bruders spurlos verschwunden. Die bolivianischen Militärs hatten Roberto per Schiff von einer Stadt zur anderen geschickt und ihm jedes Mal eine andere Geschichte aufgetischt.

Mein Vater und meine Schwestern Celia und Ana María fanden nie den Mut zu dieser Reise. Eine Krebserkrankung hatte zwei Jahre zuvor meine Mutter hingerafft. Hätte sie nicht schon im Grabe gelegen, Ernestos Ermordung hätte sie mit Sicherheit dorthin gebracht. Sie hatte ihn geradezu vergöttert.

Ich bin die 2600 Kilometer von Buenos Aires im Auto von Freunden hergekommen. Wir hatten 1967 nicht die leiseste Ahnung, wo Ernesto sich aufhielt. Er hatte Kuba klammheimlich verlassen. Nur eine Handvoll Menschen, darunter Fidel Castro, wussten, dass er nun für die Befreiung des bolivianischen Volkes kämpfte. Meine Familie erging sich in Vermutungen, wähnte ihn am anderen Ende der Welt oder vielleicht in Afrika. In Wirklichkeit war er keine dreißig Autostunden von unserem Zuhause in Buenos Aires entfernt. Jahre später erfuhren wir, dass er sich zuvor mit einem Dutzend Afro-Kubanern im belgischen Kongo aufgehalten hatte, um die Simba-Rebellen zu unterstützen.[1]

Auf dem Kamm der Schlucht spricht mich ein Fremdenführer an. Er weiß nicht, wer ich bin, und ich verspüre wenig Lust, mich ihm zu erkennen zu geben. Er verlangt Geld von mir und verspricht, mich an die Stelle zu führen, wo Che festgenommen wurde. Der Tod meines Bruders hatte sich in ein Geschäft verwandelt. Ich bin wütend. Che verkörperte das genaue Gegenteil von skrupellosem Gewinnstreben. Vor Empörung kann der Freund, der mich begleitet, nicht mehr an sich halten und sagt dem Kerl, wer ich bin. Wie er es wagen könne, dem Bruder von Che Geld aus der Tasche zu ziehen, wenn dieser zum ersten Mal den Ort aufsucht, an dem sein Bruder ums Leben kam? Der Führer entfernt sich mit einer Verneigung und fixiert mich mit großen Augen, als habe er gerade eine Erscheinung gehabt. Er stammelt einen Rosenkranz von Entschuldigungen, die ich nicht einmal verstehe. Ich bin das gewohnt. Der Bruder von Che zu sein, war nie leicht. Sobald sie es wissen, verschlägt es ihnen die Sprache. Christus kann unmöglich Brüder oder Schwestern haben. Und mit Che verhält es sich ein bisschen wie mit Christus. In La Higuera und Vallegrande, wohin seine Leiche am 9. Oktober gebracht worden war, um der Öffentlichkeit präsentiert zu werden, bevor sie verschwand, ist er zum Heiligen Ernesto von La Higuera[2] geworden. Die Einwohner beten vor seinem Bild. Ich respektiere ja im Allgemeinen religiöse Bräuche, aber das hier ist mir unendlich peinlich. Seit meiner Großmutter väterlicherseits, Ana Lynch-Ortiz, glaubt in meiner Familie kein Mensch mehr an Gott. Meine Mutter ist nie mit uns zur Messe gegangen. Ernesto war ein Mensch. Man muss ihn von diesem Podest herunterholen, muss diese zur Bronzestatue erstarrte Figur wieder mit Leben füllen, damit seine Botschaft lebendig bleibt. Che hätte darauf gespuckt, zum Idol zu werden.

Schweren Herzens mache ich mich auf den Weg hinab zum Schicksalsort. Die Kargheit der Schlucht erstaunt mich. Ich hatte dichte Vegetation erwartet. In Wirklichkeit gleicht die Natur hier mit ihren wenigen trockenen, knorrigen Büschen einem Ödland. Ich verstehe jetzt besser, dass Ernesto sich wie eine Ratte in der Falle gefühlt haben muss. Es war praktisch unmöglich, nicht von den Soldaten entdeckt zu werden, die seit dem Vortag die Schlucht einkesselten.

Ich erreiche den Ort, an dem er durch eine Kugel ins linke Bein und eine zweite in den rechten Unterarm verwundet wurde. Ich bin aufgewühlt. Vor dem mickrigen Baum, an den er sich am 8. Oktober gelehnt hatte, bedeckt ein in Beton eingelassener Stern die trockene Erde. Er markiert genau die Stelle, an der Che saß, als man ihn aufspürte. Beklommenheit ergreift mich. Zweifel plagen mich. Ich spüre seine Gegenwart. Er tut mir leid. Ich frage mich, was er da ganz allein gemacht hat. Warum war ich nicht bei ihm? Natürlich hätte ich bei ihm sein müssen. Auch ich war ja immer aktiv im politischen Kampf. Schließlich war er nicht nur mein Bruder, sondern auch mein Kampfgenosse und Vorbild. Ich war damals erst dreiundzwanzig Jahre alt, aber das entschuldigt nichts. In der kubanischen Sierra Maestra, dem Gebirgsmassiv, von dem der bewaffnete Kampf seinen Ausgang nahm, in dessen Verlauf Fidel Castro ihn zum *Comandante* ernannt und wo er sich militärisch ausgezeichnet hat, kämpften auch Fünfzehnjährige. Ich wusste zwar nicht, dass er in Bolivien war, aber ich hätte es doch wissen müssen! Ich hätte damals, im Februar 1959, den Einspruch meines Vaters in den Wind schlagen und mit ihm auf Kuba bleiben sollen.

Ich setze mich hin, besser gesagt, ich sacke an der Stelle

zusammen, an der er gesessen hatte. Ich sehe sein schönes Gesicht wieder, seinen hypnotischen und forschenden Blick, sein verschmitztes Lächeln. Ich fand dieses Lächeln immer ansteckend, seine Stimme, seine undefinierbare Intonation. Mit den Jahren in Mexiko und später auf Kuba hatte sich sein Spanisch in eine Mischung aus drei Akzenten verwandelt. Hat er sich verlassen, besiegt gefühlt?

Manche der Fragen, die ich mir jetzt stelle, betreffen materielle Details. Andere haben mit meinen Gefühlen zu tun. Che war nicht allein, sondern hatte sechs Mitkämpfer bei sich, die mit ihm verhaftet wurden. Hätte ich ihm zur Flucht verhelfen können? Schließlich war es am selben Tag fünf weiteren Weggenossen, darunter Guido »Inti« Peredo, gelungen, dem Hinterhalt zu entkommen.[3] Warum nicht ihm? Ich lasse die Ereignisse Revue passieren, die dem Tod meines Bruders vorangingen. Hatte man Che verkauft? Und wenn ja, wer? Es gibt darüber mehrere Hypothesen, aber weil es eben nur Hypothesen sind, ziehe ich es vor, mich nicht damit aufzuhalten. Ernesto kämpfte unter dem Decknamen Ramón Benítez. Den Vornamen Ramón soll er im Andenken an Julio Cortázars Erzählung *Reunión* gewählt haben, die von den Schicksalen einer Gruppe von Revolutionären in der kubanischen Sierra Maestra handelt. Es umgab ihn ein mysteriöser Nimbus. Gefüttert mit Geheimdienstberichten der CIA – die sich schamlos in René Barrientos' Präsidentenpalast in La Paz eingenistet hatte – bekam das bolivianische Militär Wind davon, dass Ernesto Guevara die Armee von Ñancahuazú kommandierte, hatte aber noch keinerlei Beweise. Bis der Argentinier Ciro Bustos, der, nachdem Che ihm erlaubt hatte, die Guerillatruppe zu verlassen, im Urwald ergriffen wurde und unter der Androhung, den Rest seiner Tage im Gefängnis zu verbringen, ein Phantombild anfertigte.

Als ich die Klamm wieder hinaufsteige, fühle ich mich niedergeschlagen und leer. In La Higuera erwartet mich eine unschöne Überraschung. Sobald ich den Weiler erreiche und zu der Schule gehe, in der Ernesto getötet wurde, um mich dort zu sammeln, löst sich eine Frau aus einer japanischen Touristengruppe und bedrängt mich. Gerade habe sie von einem landsmännischen Journalisten erfahren, dass der Bruder von Che hier sei. Sie nuschelt weinend: »Der Bruder von Che, der Bruder von Che!« Sie bittet mich in aller Höflichkeit, für ein Foto mit ihr zu posieren. Es bleibt mir nichts anderes übrig, als ihr diesen Gefallen zu tun und auf diese Weise Trost zu spenden. Offensichtlich sieht diese Japanerin in mir die Verkörperung von Che. Die Situation verwirrt und rührt mich zugleich. Fast fünfzig Jahre nach seinem Tod ist mein Bruder im kollektiven Gedächtnis gegenwärtiger als je zuvor. Ich bin zwar ganz bestimmt nicht Che, aber vielleicht kann und muss ich das Medium sein, das sein Denken und seine Vorstellungen weiter verbreitet. Seine fünf Kinder hatten ihn ja kaum gekannt. Und meine Schwester Celia und mein Bruder Roberto weigerten sich kategorisch, über ihn zu sprechen. Meine Schwester ist nun ebenso wie meine Mutter an Krebs gestorben. Und mir läuft die Zeit davon, ich bin zweiundsiebzig Jahre alt.

Die Schule, in der Ernesto die letzte Nacht seines Lebens verbrachte, hat einige Veränderungen durchgemacht. Die Wand, die beide Klassenzimmer trennte, wurde abgerissen. Die Mauern sind mit Bildern und Plakaten übersät, die die letzten Stunden von Che nachzeichnen. Noch immer steht der Stuhl da, auf dem er saß, als Mario Terán Salazar in den Raum trat, um ihn hinzurichten. Ich stelle mir vor, wie mein Bruder dasitzt und seinem Tod entgegensieht. Es ist sehr schlimm für mich.

Den Dorfplatz beherrscht eine hohe Büste, die ein kubanischer Künstler Alberto Kordas berühmtem Foto *Guerrillero Heroico* nachempfunden hat. Auch die Büste, hinter der mahnend ein weißes Kreuz aufragt, hat eine bewegte Geschichte. Sie wurde erstmals zu Beginn des Jahres 1987 aufgestellt, dann von einem Kommando der bolivianischen Armee in einer Nacht-und-Nebel-Aktion abgerissen und durch eine Erinnerungstafel für die Opfer des Guerillakriegs ersetzt. Zwanzig Jahre später ist sie wieder an ihren Platz zurückgekehrt, zusammen mit einer vier Meter hohen Statue, die nun am Eingang des Dörfchens thront. Jahrelang lebten die Bewohner von La Higuera und Vallegrande in Angst. Niemand wagte es, über Che zu sprechen. Um jede Spur auf dem Lebensweg dieses »Subversiven«[4] zu tilgen, hatte das bolivianische Regime jedwede Erwähnung seines Namens untersagt. Als Antwort auf das verordnete Schweigen überschlug sich die Legendenbildung. Bei seiner Festnahme hatten die Bauern unter den aymarasprachigen Einwohnern, die die Gegend bevölkerten, nicht die geringste Ahnung von der Bedeutung dieses Gefangenen. Sie bekamen Fremde so gut wie nie zu Gesicht und sprachen nur wenige Brocken Spanisch. Erst der Tod von Che lockte Horden von Journalisten ins Dorf. Bis zum 9. Oktober 1967 hatte keine Menschenseele je von La Higuera gehört. Einen Tag später drängelten sich sechsunddreißig Flugzeuge auf der improvisierten Landebahn von Vallegrande, das etwa sechzig Kilometer entfernt liegt. Die Einheimischen begannen zu verstehen, dass sich hier soeben ein entscheidendes Ereignis abgespielt haben musste und dass dieser Gefangene nicht *irgendein* Gefangener war.

Ernestos Leichnam wurde auf einer Bahre, die man am Fahrgestell eines Hubschraubers befestigt hatte, in Richtung Vallegrande ausgeflogen. Das bolivianische Militär hatte angeordnet, ihn zur Abschreckung siebzehn Stunden lang im Waschhaus am Ende der Gartenanlage des kleinen örtlichen Krankenhauses auszustellen. Man musste doch zeigen, dass die »subversive« Brut vom Schlage eines Ernesto Che Guevara vernichtet war. Che war tot! Tot und nochmal tot! Auf dass dieses schmähliche Ende den Leuten zur Mahnung gerate und sich niemand auf ein derart ehrloses Abenteuer einlasse, das unausweichlich zum Scheitern verurteilt war!

Man legte seinen halb entkleideten Körper auf eine Zementplatte. Er war barfuß, und seine Augen waren geöffnet. Obwohl es geheißen hatte, ein Pfarrer in La Higuera habe sie ihm geschlossen … Manch einer hat den Anblick meines getöteten Bruders mit der Beweinung Christi auf dem Gemälde des italienischen Renaissancemalers Andrea Mantegna verglichen. Die Ähnlichkeit ist verblüffend, aber sie führt in eine Sackgasse. Einige Zeugen berichteten, die Augen von Che seien ihnen gefolgt, als sie um seine sterbliche Hülle herumgingen. Andere, dass der mit der Waschung des Leichnams beauftragte Arzt – ein heimlicher Bewunderer –, ihn einbalsamieren wollte, weil ihm dazu jedoch die Zeit fehlte, habe er ihm nur das Herz herausgeschnitten, um es in einem Einmachglas aufzubewahren. Derselbe Doktor soll auch zwei Totenmasken angefertigt haben, eine aus Wachs, die andere aus Gips. Eine Krankenschwester wiederum sei vom friedlichen Gesichtsausdruck Ches überrascht gewesen, der sich vollkommen von den Gesichtern der anderen getöteten Guerilleros abgehoben habe, auf denen Leid und Angst abzulesen waren. Ich glaube nichts von alledem. Das ganze dumme Gerede läuft einzig darauf hinaus, Che zum Mythos zu machen. Ich habe mir zum Ziel gesetzt, diesen Mythos zu zerstören und meinem Bruder wieder ein menschliches Antlitz zu geben.

Nach dem 19. Oktober verrichteten in La Higuera fünfzehn Soldaten noch ein Jahr lang ihren Dienst. Sie erklärten den Bauern, sie seien hier, um sie vor Ches Komplizen zu beschützen, die mit Sicherheit seinen Tod rächen und sie alle massakrieren würden. Schließlich seien sie, die Bauern, es gewesen, die ihn verraten hätten.

So wurde, im Schoß ängstlichen Geflüsters, ein Kult geboren.

Der schändliche Devotionalienhandel, der sich um Che herum entwickelt hat, stößt mich grenzenlos ab. Ernesto hätte diese blödsinnigen, am Rande des Mystizismus balancierenden Legenden entlarvt. In La Higuera und Vallegrande verwurstet eine ganze Tourismusindustrie Che. Es gibt Führungen entlang der »Wege von Che«. Man versucht, alles nur Erdenkliche zu verramschen. Es ist ekelerregend. Am Ausgang der Schule sah ich in den Auslagen Mitbringsel, T-Shirts, Flaggen. Ich empfand das als eine bodenlose Infamie. Ernesto kämpfte für die Befreiung des amerikanischen Kontinents, und da gibt es welche, die sein Konterfei dafür benutzen, sich zu bereichern. Die Leute beten zum Heiligen Che, erbitten sich Wunder von ihm, dass ihre Kühe wieder Milch geben und was weiß ich. Che wollte geben, nicht nehmen. Er glaubte an die Menschen als Meister ihres Schicksals, nicht als höheren Gewalten Unterworfene, die ihnen gnädig etwas vom Kuchen abgeben, wenn ihnen danach ist. Er glaubte an diesen Kampf. Er war Humanist.

Zweimal bin ich in La Higuera gewesen und werde gewiss kein drittes Mal hingehen. Das ist nicht mehr der Weiler mit vier ärmlichen Häusern, sondern eine Freiluftboutique, in der sie ständig versuchen, einem das Geld aus der Tasche zu ziehen. Mit meinem Bruder hat das hier nicht das Geringste zu tun.

Ernestos Leichnam verschwand am Morgen des 11. Oktobers 1967 auf rätselhafte Weise. Eine Ordensschwester, die im Krankenhaus Bereitschaftsdienst hatte, vertraute dem deutschen Franziskanerbruder Anastasio später an, sie habe auf den Gängen des Hospitals gegen ein Uhr nachts laute Geräusche wie von einer Prozession vernommen. Natürlich zirkulierten bald alle möglichen Gerüchte. Die Wahrheit kam zwanzig Jahre später ans Licht.

HAVANNA – JANUAR 1959

In unserem Haus an der Calle Aráoz in Buenos Aires klingelt am späten Morgen das Telefon. Meine Mutter schreckt hoch. Was, wenn er es ist? Sie springt auf und stößt beinahe den Tisch um, auf dem eine Patience ausliegt. Seit zwei Jahren ist sie sehr schwermütig, hat fast ununterbrochen Angst und findet einen gewissen Trost in diesem Kartenspiel, bei dem sie filterlose Zigaretten aus schwarzem Tabak raucht. Sie macht sich unablässig Sorgen um meinen Bruder, ihren Erstgeborenen. Der kämpft jetzt an der Spitze der Kolonne 8 »Ciro Redondo« des Ejército Rebelde, der Rebellionsarmee des jungen Revolutionsführers Fidel Castro und seiner Bewegung des 26. Juli, die sich das Ziel gesetzt hat, den kubanischen Diktator Fulgencio Batista zu stürzen und seinen brutalen Terror gegen die Bevölkerung zu beenden. Mehrfach hat die internationale Presse den Tod des »argentinischen Arztes Ernesto Che Guevara« verkündet und die ganze Familie in Aufruhr und Schrecken versetzt. Jedes Mal waren es nur Gerüchte, die das repressive Regime in Umlauf brachte, um die Kubaner zu verwirren und davon zu überzeugen, dass sie aufhören sollten, die Revolutionäre zu unterstützen. Ein ums andere Mal wurden die düsteren Meldungen zu unserer großen Erleichterung am Ende dementiert.

Nachrichten von Ernesto haben Seltenheitswert. Wir wissen, dass er irgendwo auf Kuba kämpft, dass das Revolutionsheer entscheidende Schlachten gewonnen hat, dass er auf die Unterstützung der Bevölkerung bauen kann und mittlerweile auf die Hauptstadt vorrückt. Wir leben 6500 Kilometer von der Insel entfernt, also so weit, dass es sich wie Lichtjahre anfühlt. Begierig saugen wir jeden kleinsten Tropfen Information vom Schauplatz des Geschehens in uns auf, das sich gerade in der Sierra Maestra abzuspielen scheint, einer unwirtlichen Gebirgskette im Südosten der Insel, wo eine undurchdringliche Vegetation gedeiht und die Temperaturen manchmal unversehens ins Winterliche kippen.

Ernestos Todesmeldungen sind mit der Zeit immer zweifelhafter, immer unglaubwürdiger geworden. Dennoch leben wir wie auf Messers Schneide, in permanenter Bereitschaft. Im Geheimen machen sich meine Eltern Vorwürfe, dass sie ihren tollkühnen und unbezähmbaren Sohn nicht davon überzeugen konnten, hierzubleiben, auch wenn sie niemals versucht haben, ihn von etwas abzuhalten. Sie haben uns sehr frei erzogen, uns zu unseren Reisen, Entdeckungen, Abenteuern, politischem Engagement, sogar zur Rebellion ermutigt. Aber das hier? Diese Revolution auf fremder Erde, wo man jeden Tag sein Leben riskiert? Es fällt ihnen verdammt schwer, das zu verstehen oder gar zu unterstützen. Ihr angebeteter Sohn, den sie verhätschelt haben, an dessen Bett sie unzählige zermürbende Stunden zugebracht hatten, um die fürchterlichen Ausbrüche seiner Asthmaerkrankung in Schach zu halten, die ihm jede Kraft und oft genug den Atem raubten, setzt sein Leben für ein Ideal aufs Spiel. Dabei ist er noch keine dreißig Jahre alt! Andererseits muss ihnen doch klar sein, dass sie ihm auch das beigebracht haben. Genau so haben sie uns erzogen – und nun werden sie darin noch übertroffen. Hartnäckig und unbeirrbar hat Ernesto ihre Lektionen mit der Muttermilch aufgesogen, um diesen schließlich eine neue Richtung zu verleihen.

Ich bin fünfzehn. Natürlich sehe ich genau, wie meine Eltern darunter leiden, dass er nicht da ist. Doch schätze ich die Gefahr falsch ein. Ich bewundere meinen Bruder, den großen Ausreißer, der sich im Alter von einundzwanzig Jahren allein und ohne jeden Cent am Lenker eines motorisierten Fahrrads auf eine 4500 Kilometer lange Fahrt macht, der, ein Jahr später, mit seinem Kumpel Alberto »Mial« Granado zu einer monatelangen Motorradtour aufbricht und sich anschließend auf eine noch längere Expedition einlässt, in deren Verlauf er einen Haufen kubanischer Revolutionäre kennenlernt und mit ihnen loszieht, um mit der Waffe in der Hand auf einer fernen, exotischen Insel die Welt umzukrempeln. Keiner meiner Freunde kann sich rühmen, einen solchen Bruder zu haben.

»Hallo?«, fragt meine Mutter, als sie sich den Telefonhörer greift.

»*Hola vieja*[5], ich bin's, dein Sohn, Ernestito.«

Meine Mutter war nie überschwänglich. Doch jetzt entfährt ihr unwillkürlich ein Schrei. In sechs langen Jahren hat sie Ernestos Stimme nur einmal kurz gehört, nämlich als er sie aus seinem Lager in der Sierra Maestra anrief. Seit seiner endgültigen Abreise aus Buenos Aires am 8. Juli 1953 hielten alle Familienmitglieder – mein Vater Ernesto Guevara

Lynch, meine Mutter Celia de la Serna, mein Bruder Roberto, meine Schwestern Celia und Ana María und ich – regelmäßig Briefkontakt mit ihm, zumindest solange er noch nicht in geheimer Mission unterwegs war. Die Kommunikation innerhalb der Familie fand schon immer eher schriftlich als über das Telefon statt.

»Es ist Ernestito!«, strahlt meine Mutter. Sie scheint plötzlich wie ausgewechselt, so überglücklich ist sie. Es gibt auch ausgezeichnete Nachrichten. Ernesto verkündet ihr den Sieg des Revolutionsheers und berichtet von seinem triumphalen Einzug in Havanna und von Fulgencio Batistas Flucht. Er rufe Buenos Aires aber nicht an, um mit seinen Heldentaten zu prahlen, beteuert er. Nicht der *Comandante* sei am Telefon, sondern der Sohn und Bruder. Er möchte den Klang der mütterlichen Stimme vernehmen, der ihm so sehr gefehlt hat. Die »alte Frau« und ihn verbinden eine große Liebe und ein tiefer Respekt voreinander. Schließlich ging er durch ihre Schule. Sie war schon vor ihm Politikerin und Protestlerin. Von ihr erlernte er die Lust am Lesen, ihm hat sie die französische Sprache beigebracht, die sie fließend spricht. Jeder sagt, Ernesto sei ihr Lieblingssohn. Diese Bevorzugung hat ihre Wurzeln in der Krankheit, die seine Kindheit verdunkelte: das heftige Asthma, das jeden normalen Schulbesuch unmöglich machte und meine Mutter zwang, ihn allmorgendlich bis zu seinem neunten Lebensjahr zu Hause zu unterrichten.

Ich habe unter der engen Beziehung der beiden nie gelitten. Als jüngster Sohn – ich bin fünfzehn Jahre jünger als Ernesto und elf Jahre jünger als Roberto – genoss ich meinen eigenen privilegierten Platz in der Familie. Außerdem lässt meine Mutter am Tag nach Ernestos Anruf, als die Welt vom

Sieg Fidel Castros erfährt, die Journalistin Angelina Muñoz von der Zeitschrift *La Mujer* wissen: »Von meinen fünf Kindern mag Ernestito das bekannteste sein, aber sie sind alle großartig«, und fügt hinzu: »Keine Ahnung, wen ich da in Havanna vorfinden werde. Die letzten sechs Jahre haben meinen Sohn entscheidend geprägt, und sicherlich hat ihn das alles auch verändert. Ich habe daher ein bisschen Angst. Aber ich wollte ihm nie in seinem Freiheitsdrang im Weg stehen. Hätten mein Mann und ich das getan, so wäre die Beziehung zu ihm nicht so, wie sie heute ist, nämlich wie zwischen Freunden. Mein Sohn hatte es nie nötig, seiner Familie die Stirn zu bieten, weil wir immer versucht haben, ihn zu verstehen und seine Sorgen zu teilen.«

Am Abend nach dem schicksalhaften Anruf sind wir im Haus zusammengekommen, beglückt und überwältigt. Aber alle fragen wir uns: Werden wir Ernesto als denselben Menschen wiedererkennen? Wer ist dieser bärtige Mann mit dem wilden langen Haar unter dem Barett, dieser *Comandante*, der auf den Titelseiten der internationalen Presse prangt? Was hat er noch mit unserem Ernesto zu tun?

Auf den Straßen von Buenos Aires wird gefeiert. Die Bevölkerung hat soeben vom Sieg ihres heldenhaften Landsmanns erfahren. Alle Zeitungen verkünden den Triumph der Revolution auf Kuba. Auch die Verwandten, die Ernestos Ideen immer ablehnend gegenübergestanden haben, feiern fröhlich mit. Die Clans der Guevara und de la Serna haben allem Anschein nach einer Berühmtheit das Leben geschenkt und platzen nun vor Stolz – zumindest während dieser Stunden. Manch einer wird in der Folgezeit versuchen, sich allmählich davon zu distanzieren, als die Dinge in Argentinien eine unerfreuliche Wendung nehmen.

Zwei Tage nach dem Telefonat, am 6. Januar 1959, biegen mein Vater, meine Mutter, meine Schwester Celia und ich von der Calle Aráoz zum internationalen Flughafen Ezeiza ab, um eine Maschine nach Kuba zu besteigen. Bedauerlicherweise können Roberto und Ana María nicht mitkommen. Roberto ist beruflich verhindert, warum, ist mir heute entfallen; und Ana María hat gerade entbunden. Ich trage stolz den Anzug, den mir meine Eltern zu diesem Anlass gekauft haben, es ist mein allererster Anzug. Endlich werde ich meinen großen Bruder wiedersehen, den Spaßvogel, der mir die Abenteuerromane von Emilio Salgari und Jules Verne schmackhaft gemacht hat. Was ändert das schon, wenn er jetzt *Comandante* oder *Che* geworden ist? Natürlich keimt von irgendwoher Stolz in mir auf – schließlich springt mir sein Konterfei aus sämtlichen Titelseiten entgegen – und doch fühlt sich das alles noch sehr, sehr unwirklich an.

Wir sind völlig aus dem Häuschen. Fidel Castro hat ganz nebenbei entschieden, uns zur Siegesfeier nach Havanna einzuladen, ohne mit Ernesto Rücksprache zu halten. Mein Bruder hätte den Vorschlag strikt abgelehnt, weil im neuen revolutionären kubanischen Staatsgebilde kein Geld verschwendet werden sollte. Nach zwei Jahren Seite an Seite im gemeinsamen Kampf verbindet Ernesto und Fidel eine tiefe Männerfreundschaft, die der große kubanische Intellektuelle Alfredo Guevara später in einem Interview mit der spanischen Tageszeitung *El País* auf den Punkt bringt: »Fidel ist in seinem Leben zu vielen begegnet, die ihn spiegelten; Che war kein Spiegel, er war gebildet und legte eigene Kriterien an. Er sprach mit ihm auf Augenhöhe, er war ihm, vielleicht als einziger von uns, ebenbürtig. Es bestand für ihn kein Zweifel, dass Fidel der Anführer war, und Fidel hörte Che an und respektierte seine Meinung; es war die perfekte Komplizenschaft.«[6]

Fidel weiß um Ernestos enge Bindung zu seiner Familie. Ernesto hat sein Leben riskiert, um ein Land zu befreien, das nicht seines war. Außerdem hielt Fidel es für ungerecht, dass Ernesto das einzige »Waisenkind« auf dem Fest sein sollte. Daher hat er seinen anderen *Comandante*, Camilo Cienfuegos, beauftragt, uns mitzuteilen, dass wir unsere Koffer packen und zum Flughafen kommen sollen. Dort würden wir ein Flugzeug der staatseigenen Fluggesellschaft Cubana de Aviación besteigen, das man eigens für die Rückführung kubanischer Exilpolitiker gechartert habe, nicht nur die aus Argentinien, sondern auch aus Chile, Ecuador und Mexiko. Der Charterflug verspricht interessant zu werden …

Die ersten Exilanten, die in Ezeiza auf die Maschine warten, sind beladen wie Mulis. Besonders einer von ihnen: Er hat Hunderte Bücher dabei, die aus mehreren Säcken quellen. Erschrocken spricht mein Vater den Piloten auf das überhöhte Gewicht an. Wir müssen die Gebirgskette der Anden überfliegen und in Santiago de Chile zwischenlanden, wo uns noch mehr Exilkubaner erwarten, dann geht es weiter nach Guayaquil und schließlich nach Mexiko. Der Pilot beruhigt meinen Vater, dann heben wir in feierlicher Stimmung ab.

Statt des Landeanflugs dreht die Maschine über Guayaquil große Warteschleifen. Fast eine Stunde lang fliegen wir Karussell. Das Fahrwerk ist blockiert. Eine fürchterliche Anspannung liegt in der Luft. Doch endlich lässt es sich lösen, und wir setzen glücklich auf. Das fehlte gerade noch, dass wir alle zerschellen, ohne Ernesto wiedergesehen zu haben!

Die Reise dehnt sich. An jedem Flughafen nehmen uns

Journalisten in Beschlag, die die Eltern von Che interviewen wollen. Und wir haben gedacht, unsere Anwesenheit im Flieger sei diskret behandelt worden! Mein Vater fügt sich freilich nur allzu gern ihren Wünschen: Sein vagabundierender Sohn hat es schließlich zum internationalen Helden gebracht.

Über Havanna fürchten wir erneut abzustürzen, weil uns besagtes Fahrwerk trotz der Reparaturen, die man in Guayaquil vorgenommen hat, ein zweites Mal im Stich lässt. Am Ende setzen wir dann doch noch sanft auf der Landepiste des internationalen Flughafens José Martí auf. Wir sind erschöpft, aber die Vorstellung, Ernesto wiederzusehen, entzückt uns über alle Maßen. Nach dem Verlassen der Passagiertreppe kniet mein Vater nieder und küsst die kubanische Erde.

Bewaffnete, bärtige Guerilleros erwarten uns auf dem Rollfeld und eskortieren uns durch die Menschenmenge zu Ernesto. Aus Sicherheitsgründen ist er im Inneren des Terminals geblieben. Am selben Morgen hatte Camilo ihm bedeutet, sich zum Flughafen zu begeben, es warte dort »eine Überraschung« auf ihn. Es ist ihm keine Zeit mehr geblieben, seinem Ärger Luft zu machen, zu bekunden, dass er jede bevorzugte Behandlung für sich und die Seinen verabscheue. Fidel ist bislang noch nicht in Havanna eingetroffen. Der Sieg ist noch sehr frisch. Che bleibt im Augenblick nichts zu tun, als sich darüber zu freuen, dass er endlich seine Familie wiedersieht.

Als meine Mutter Ernesto erblickt, stürzt sie ihm entgegen und stolpert über den Kabelsalat des Fernsehens, der den Boden bedeckt. Dann folgt eine nicht enden wollende Umarmung, ein Augenblick ungewöhnlicher Innigkeit.

Meine Mutter schluchzt hemmungslos in Ernestos Armen, die sie liebevoll festhalten. Vater, Celia und ich betrachten die Szene tief bewegt. Sechs Jahre lang hat meine Mutter von diesem Moment geträumt. Wie viele Male hat sie ihren Sohn tot geglaubt!

Mein Vater betrachtet die Angelegenheit von einem etwas anderen Standpunkt aus. Natürlich liebt auch er seinen Erstgeborenen, aber ihr Verhältnis ist schwierig. Jeder in unserer Familie ist ein bisschen durchgeknallt, aber mein Vater hält darin den uneinholbaren Rekord. Drücken wir es so aus: Seine ständigen Extravaganzen haben das Zeug, seine Lieben regelmäßig auf die Palme bringen. Dazu kommt, dass er sich auch noch über Ernestos Ideen lustig macht. Er teilt – in diesem Januar 1959 – weder dessen politischen Ansichten noch honoriert er seine unerschütterliche Rechtschaffenheit. Er hat für Ernesto andere Pläne. Er glaubt, er könne diesen Aufenthalt in Havanna nutzen, um ihm bei günstiger Gelegenheit den Kopf zurechtzurücken und ihn dazu zu bringen, nach Buenos Aires zurückzukehren und seine Karriere als Allergologe fortzusetzen. Wir werden bald sehen, dass Ernesto andere Projekte umtreiben. Mein Vater scheint nicht zu verstehen, dass diese Revolution für seinen Sohn weit mehr ist als ein hübsches kleines Abenteuer, das in diesem Augenblick seinem Ende zugeht, um anderen wichtigen Dingen Platz zu machen. »Meine Karriere als Arzt, lass dir das gesagt sein«, gibt Ernesto ihm vom ersten Tag an unzweideutig zu verstehen, »habe ich schon vor einer ganzen Weile aufgegeben. Ich bin jetzt ein Kämpfer, der seinen Einsatz zur Konsolidierung einer Regierung leistet. Wer weiß, was aus mir wird? Ich weiß nicht einmal, wo dereinst meine Knochen begraben werden.« Und mit dem üblichen Humor fügte er hinzu: »Bis dahin, *viejo*, kannst du ja, da du auch Ernesto Guevara heißt, mein Medizindiplom in dein Architektenbüro hängen und ohne jedes Risiko damit anfangen, Patienten abzumurksen.« Dazu muss man wissen, dass mein Vater sich Architekt schimpft und diesen Beruf ausübt, ohne jemals darin ein Diplom gemacht zu haben …

Nichts erinnert an meinem Bruder mehr an den Arzt, den wir am 8. Juli 1953 im Bahnhof Retiro in Buenos Aires verabschiedet haben, bevor er zu Che[7] wurde. Er hat sich verändert, ist älter und stattlich. Er, der immer rasend schnell sprach und die Wörter, die aus ihm heraussprudelten, schier verschluckte, um den dahingaloppierenden Gedanken hinterherzukommen, wirkt nun gesetzt. Mein erstaunter Vater registriert, wie Ernesto sich seine Worte offenbar genau überlegt und mit Bedacht wählt, bevor er den Mund aufmacht. Als er Buenos Aires verließ, war er glattrasiert; jetzt hat er einen Bart, aus dünnen und spärlichen Stoppeln zwar, aber doch einen Bart. Er trug immer liebend gern kurzes Haar, um sich nicht kämmen zu müssen: Nun hat er eine Löwenmähne, die kaum zu bändigen ist. Und mager ist er geworden. Bisher war sein Appetit immer sehr unregelmäßig, wilde Fressattacken wechselten im Rhythmus seiner Asthmaanfälle mit Phasen der Genügsamkeit ab. Er ist in eine olivfarbene Uniform gekleidet, die ein großer, khakifarbener, elastischer Gurt zusammenhält, auf dem Kopf ein schwarzes Barett mit rotem Kommandantenstern, Accessoires, die ihn von nun an ständig begleiten werden. Sein Auftreten ist selbstsicherer geworden, er strahlt noch mehr Charisma und Autorität aus, sofern das überhaupt möglich ist, denn Ernesto hatte immer schon einen starken

Charakter, sein Talent zum geschmeidigen Umgang machte ihn zu einer Führernatur. Bereits als kleiner Junge war er Chef einer Bande, was völlig natürlich schien, weil er Vertrauen einflößte. An seiner Seite fühlten sich sogar ältere Jungs sicher. Seine Freundschaft war unanfechtbar, er stand zu den Seinen fest wie ein Fels.

Ich bemerke den Respekt, den er auch hier seinen Leuten einflößt. Ich habe einen Bruder vor mir, der mir wie früher zärtlich zulächelt und mich neckt, und doch scheint er verwandelt. Ich bin begierig herauszufinden, wer dieser Bruder ist, der sich im Kampf so mutig hervorgetan und mit dreitausend Waffenbrüdern eine hartgesottene Fünfzigtausend-Mann-Armee geschlagen hat, die noch dazu von der größten Militärmacht der Welt, den Vereinigten Staaten von Amerika, unterstützt wurde. Am allerwichtigsten aber ist mir, den Komplizen meiner Kindertage zurückzubekommen.

Wir fahren im Jeep zum Hilton, wo wir für eine noch unbestimmte Zeit logieren werden. Das Straßenbild von Havanna zeigt ein Land, das man nach einer endlosen Zeit der Unterwerfung endlich befreit hat. In allen Stadtvierteln scheppert Musik, die Menschen tanzen auf den Straßen und feiern den Sieg der jungen Revolutionäre, denen sie ihre wiedererlangte Freiheit verdanken. Es ist ein ohrenbetäubendes Getöse. Gruppen von Guerilleros aus der Sierra Maestra, halbe Analphabeten, die nie aus ihren Dörfern und Bergen herausgekommen sind und weder Zeit noch Muße hatten, sich in aller Ruhe eine Stadt anzuschauen, bestaunen jetzt die Pracht der Metropole, ihre Wolkenkratzer, Luxusautos und Hotels.

Am Hilton angekommen, erwartet mich jungen Argentinier eine surreale Szenerie voll entfesselter Exotik. Ein großer Schwarzer und ein Kleinwüchsiger in Livree, Wächter einer anderen Welt, tummeln sich im Eingangsbereich. Der amerikanische Schauspieler Errol Flynn schreitet den Hotelflur ab: Die Ankunft von Ches Tross in Havanna hat ihn mitten im Urlaub überrascht. Die luxuriös gestaltete Vorhalle hat sich in ein barockes Gemisch aus Guerilleros, die in Kanapees lümmeln, und verblüfften Touristen verwandelt, die urplötzlich zu ungläubigen Augenzeugen einer gerade stattfindenden Revolution geworden sind. Die einen wie die anderen wirken noch immer wie vor den Kopf geschlagen: Sie hatten kaum Zeit, den Verlauf der Ereignisse zu verarbeiten. Während wir nicht weniger erstaunt die Szene beobachten, platzt der *Comandante* Camilo Cienfuegos mit seiner Truppe herein. Die erschöpften Guerilleros erheben sich wie ein Mann. Camilo ist gutaussehend und imposant, mit seinem Vollbart, langen Haaren, beigem Cowboyhut und einer Thompson-Maschinenpistole am Schulterriemen. Er bricht in schallendes Gelächter aus. Auch er ist bereits eine Legende. Ernesto wendet sich ihm zu und umarmt ihn zur Begrüßung, bevor er uns vorstellt. Sie sind richtige Freunde geworden. Die Angestellten des Hilton verstehen nichts von dem, was hier vor sich geht. Alles hat sich so rasend schnell abgespielt! Es ist ein unglaubliches Spektakel, von dem ich jede einzelne Sekunde in mich einsauge. Die Tische biegen sich unter der Last der Schusswaffen, sodass kein Platz mehr für einen Teller oder auch nur eine Tasse bleibt. Die Soldaten machen einen zotteligen und zerlumpten Eindruck. Sie kommen gerade aus einem zwei Jahre dauernden Untergrundkampf. Ihre Uniformen sind durch

Sonne und Witterung mit der Zeit schmuddelig und fahl geworden, nun liegen sie neben ihren Amuletten am Boden; ihre Halbstiefel sind abgewetzt und voller Löcher. Verwundert stelle ich fest, dass junge Männer in meinem Alter im Revolutionsheer schon militärische Dienstgrade innehaben. Der Erstaunlichste von allen ist aber Ernesto selbst. Meine Familie war immer eine Randerscheinung, unkonventionell und voller Ablehnung jeglicher Autorität gegenüber. Meinen Bruder, der sich wegen seines Asthmas in Argentinien vom Militärdienst freistellen ließ, jetzt als *Comandante* vor mir zu sehen, macht mich vollends sprachlos.

Wir sind in einer Suite im sechzehnten Stock des Hilton untergebracht. Meine Mutter sitzt auf dem Balkon, von hier aus kann sie das Geschehen wunderbar überblicken: den Stadtteil Vedado, La Rampa, die berühmte Uferstraße Malecón, das Castillo del Morro, das Meer. Sie ergötzt sich an so viel Glück. Sie hat ein Programm für sich aufgestellt: Sie will möglichst oft ihren Sohn sehen, dann diesen Fidel treffen, von dem in Ernestos Briefen und in der Presse so viel die Rede war, und möglichst alles über diese Revolution und ihre politischen, philosophischen, wirtschaftlichen und lebenspraktischen Ziele erfahren. Die Pläne meines Vaters sind profaner. Unter anderem hegt er den Wunsch, Beziehungen zu knüpfen, die ihm – wer weiß – in der Zukunft einmal nützlich sein könnten.

Unsere Reise war anstregend. Glücklich und noch immer ungläubig, dass wir unter demselben Himmel schlafen dürfen wie Ernesto, legen wir uns inmitten des Blaskapellen-Tohuwabohus, das von der Straße heraufplärrt, zur Ruhe.

Als er am nächsten Tag erscheint, um mit uns zu Mittag zu essen, platzt er zu seinem Erstaunen in einen Fototermin, den mein Vater mit einem Onkel und einer Cousine Fidels, Gonzalo und Ana Castro Argiz, arrangiert hat. Der Stolz des frisch erlangten Ruhms ihrer nächsten Verwandten hat sie einander nähergebracht. Ernesto ist aufgebracht. Er sähe es lieber, wenn sein Vater sich angesichts der Würde des Ereignisses mehr Zurückhaltung und Diskretion auferlegte. Aber ebenso gut könnte man einen Filmstar beim Festival in Cannes bitten, unsichtbar zu bleiben. Mein Vater ist ein leicht entflammbarer Mann, und diese schicksalhaften Ereignisse kommen ihm gerade recht, liefern sie ihm doch den perfekten Rahmen, sich in Szene zu setzen. Die Folge: Mit jedem neuen Fauxpas meines Vaters wird Ernestos – und meine – Gereiztheit in den nächsten Tagen anwachsen. Mein Vater wird in eine Reihe unverzeihlicher Fettnäpfchen treten und damit seine vorzeitige Abreise heraufbeschwören.

Eine der trefflichsten Qualitäten meines Bruders ist seine Rechtschaffenheit, sein angeborener und unerschütterlicher Sinn für Gleichheit und Gerechtigkeit. Eine unverbiegbare, fast starrsinnige Aufrichtigkeit, die er von unserer Mutter geerbt hat und die schon immer hart auf die Vorstellungswelt unseres Vaters und seine Neigung geprallt ist, es überall mit irgendeinem Dreh zu versuchen. Jetzt schwebt mein Vater im siebten Himmel. Er genießt den Luxus, schwelgt förmlich darin, besonders, weil er ihn schon längere Zeit entbehren musste. Dazu kommt, dass wir selbst im Haus meiner einigermaßen begüterten Eltern diese anscheinend typisch amerikanische Art von modernem Komfort nie gekannt haben. Unser Badezimmer hier ziert ein riesiger

Jacuzzi-Whirlpool. Der Kühlschrank hat einen Knopf, bei dessen Betätigung fertige Eiswürfel ausgeworfen werden. Auf einen Heranwachsenden wie mich, der nie gereist und in einem baufälligen Haus aufgewachsen ist, wirkt so viel Opulenz ungeheuerlich und irritierend. Meine Mutter, die immerhin mit Seidenkleidern und Privilegien groß wurde, findet das vor dem Hintergrund einer Revolution unerträglich und skandalös. Zwei Tage nach unserer Ankunft verlangt sie, dass wir in ein weniger luxuriöses Hotel verlegt werden. Wir landen schließlich im Comodoro, das unmittelbar am Strand liegt, in einer Suite mit einem verrückt großen, runden Bett, in dem schon die mexikanische Schauspielerin María Félix gelegen hat. Unser Fenster geht auf einen Pier hinaus, an dem Luxusjachten vertäut sind. Das Dach des Hotels verfügt über einen Hubschrauberlandeplatz, auf dem auch Ernesto für ein paar Überraschungsbesuche aufsetzen wird. Das Hotel Comodoro ist kaum weniger luxuriös als das Hilton, aber das einzig noch verfügbare. Wir müssen uns den Gegebenheiten fügen!

Fidel Castro ist zwei Tage nach uns von Santiago de Cuba nach Havanna gekommen und wie ein Held gefeiert worden. Er hat eine Rede gehalten und seine Gemächer in der dreiundzwanzigsten Etage des Hilton bezogen. Ernesto hat eine Beziehung mit Aleida March, einer jungen kubanischen Revolutionärin, der er in der Sierra Maestra begegnet ist und die sich im Dschungel vor Verhaftung und Folter verstecken musste. Trotzdem ist er in einem mönchischen Zimmer in der Festungsanlage San Carlos de la Cabaña[8] untergebracht, wo die Prozesse gegen Mitglieder des entmachteten Regimes bereits voll im Gang sind, mit deren Durchführung Fidel ihn betraut hat. Eine Verantwortung, die ihm wegen der zahlreichen Todesurteile schlimme Vorwürfe einhandeln wird. In einem Interview äußert er sich dazu: »Meine Position ist schwierig. Ich trage die Verantwortung für das Strafmaß. Unter den gegebenen Umständen kann ich zu den Beschuldigten keinen Kontakt haben. Ich kenne keinen einzigen der Gefangenen von La Cabaña. Meine Funktion beschränkt sich auf den Vorsitz des Obersten Gerichts und die nüchterne Analyse der Fakten. Und dabei lasse ich mich vom Prinzip leiten, dass revolutionäre Gerechtigkeit wahre Gerechtigkeit ist.« Wie Aleida später in ihrer Autobiographie[9] schildert, sind diese Prozesse, bei denen Che nie persönlich anwesend ist, außer manchmal in Berufungsverhandlungen, für ihn sehr unerfreulich und belastend, besonders wenn die Familien der Angeklagten gekommen sind und ihn um Milde anflehen.

Man hat Ernesto der Grausamkeit bezichtigt. Nichts könnte falscher sein. Im kubanischen Dschungel behandelte er feindliche Gefangene mit Menschlichkeit. Wenn sie verwundet waren, wurde er zu ihrem Arzt und pflegte sie. Im bolivianischen Urwald entließ er sie in die Freiheit. Die Gefangenen in der Cabaña aber waren keine Chorknaben: Hier hatte man ein Sammelsurium von Folterknechten schlimmster Sorte aus der kubanischen Diktatur vor sich. Typen, die andere Leute eingeschüchtert, bedroht, gequält und ermordet hatten. Ernesto hat uns erklärt, dass sich die Führer der Revolution zu den Prozessen entschieden hätten, damit es nicht zu der weit hässlicheren Selbstjustiz durch den Mob käme. Denn die Leute verspürten ganz allgemein große Lust, die Gehilfen jener Henker zu lynchen, die ihnen diese Gräuel angetan hatten.

Ernesto hat mir kategorisch verboten, zur Cabaña zu gehen. Bei einem Verfahren bin ich trotzdem gewesen: Am dritten Tag meines Aufenthalts in Havanna schlich ich mich zum Basketballstadion, das auf dem Weg zum Stadtbezirk Boyeros liegt. Dort fand der erste Prozess statt, der einzige, der öffentlich abgehalten wurde, und der einem für seine Grausamkeit bekannten Sadisten galt, Sosa Blanco. Ich habe eine abscheuliche Erinnerung davon zurückbehalten. Auf dem Basketballfeld, auf dem man ihn verurteilte, herrschte eine abstoßende Atmosphäre, als sei man bei einem Fußballspiel. Die Zuschauer waren äußerst aufgekratzt und johlten: »Mörder!« Auch wenn sich der Angeklagte unmenschlicher Taten schuldig gemacht hatte, war das Spektakel mehr als schrecklich. Ernesto hatte mir bereits gesagt, dass man aus diesen Prozessen keine wie immer geartete Befriedigung ziehen könne. Er hatte recht. Daher habe ich anschließend nie wieder versucht, mich in die Cabaña zu schmuggeln.

Manchmal, um auf andere Gedanken zu kommen, besucht Ernesto uns im Comodore. Wir warten bis seine Entourage den Raum verlassen hat, um die Revolution für eine Weile zu vergessen und über Argentinien und die guten alten Zeiten zu sprechen. Er fragt uns über die Familie aus und erkundigt sich nach jedem Einzelnen, vor allem nach dem Wohlergehen von Roberto und Ana María, die zu Hause geblieben sind. Ich lechze nach einer Gelegenheit, mit ihm allein zu sein. Als sie kommt, ziehe ich ihm zuerst das Barett vom Kopf und sage mehrmals zu ihm: »Für die anderen magst du der *Comandante* sein, aber nicht für mich!« Daraufhin fängt er an, mich zu provozieren und zu veräppeln. Das ist seine Art, Spaß zu haben, die Spannung etwas herauszunehmen. Auch er scheint diese intimen Augenblicke zu brauchen, in denen er seine Verantwortung vergessen und einfach wieder nur mein Bruder sein kann. Es gibt Dinge, die nur uns gehören und die er unmöglich mit den Menschen teilen kann, die jetzt um ihn sind. Außerdem haben wir ihm gefehlt, sechs Jahre lang.

Als wir eines Tages allein in seinem Büro sind, bekommt er Lust zu boxen. Er entledigt sich des Tragetuchs, das seiner ausgerenkten Schulter Halt geben soll, und versetzt mir einen Schlag mit der Faust. Ich erwidere die Attacke und erwische ihn am Ellbogen. Er sackt zusammen und setzt eine leidende Märtyrermiene auf. Als ich zu ihm gehe, um ihm aufzuhelfen, landet er einen überraschenden Hieb, der mich rückwärts stolpern lässt. Ich bin stocksauer und beschimpfe ihn. Er lacht sich kaputt. Dann fordert er mich auf, mich hinzusetzen, und sagt: »Lass dir das eine Lektion sein, *hermanito*[10]. Niemals die Deckung fallen lassen, solange der Feind noch in der Nähe ist.«

Die restliche Zeit bläut er mir ein, dass ich studieren soll. »Es ist wichtig, dass du lernst«, wiederholt er. Ich bin der Einzige von den Geschwistern, der sich geweigert hat, ein Universitätsstudium zu beginnen. Ernesto ist Mediziner, Roberto Rechtsanwalt, Celia und Ana María beide Architektinnen. Ich dagegen würde am liebsten möglichst bald arbeiten und ein proletarisches Leben führen. Als er anderntags wieder damit anfängt, bedeute ich ihm, ein für allemal den Schnabel zu halten: »Wenn mich nicht alles täuscht, hast du ein Arztdiplom, oder? Und was machst du damit? In welcher Praxis arbeitest du gleich?« – »Aber studieren ist doch nicht nur das«, antwortet er. »Es ist eine unentbehrliche geistige Tätigkeit.« Meine Argumente sind mehr Notwehr als Überzeugung. Ich habe keine Lust zu studieren, punktum! Meine Mutter ist es leid, mich zu motivieren, und mein Vater viel zu sehr damit beschäftigt, sein eigenes Leben außerhalb des Familienhorts auf die Reihe zu bekommen. Dafür bin ich eine gefräßige Leseratte, was uns erlaubt, packende Gespräche zu führen. Ernesto ist brillant und gebildet. Er ist ein Anhänger von Marx, Engels und Freud, aber auch ein Fan von Jack London und Jorge Luis Borges, von Baudelaire, León Felipe, Cervantes und Victor Hugo. Er verfügt über gründliche Kenntnisse der Werke von Merleau-Ponty und Jean-Paul Sartre. Als er in Havanna nach unserer Abreise Sartre – gemeinsam mit Simone de Beauvoir – empfängt, ist dieser überrascht, in dem Guerillero einen hochintelligenten und gelehrten Menschen zu entdecken. Ernesto verschlingt ungefähr ein Buch pro Tag, weil er jede freie Sekunde dazu nutzt, sich in seine Lektüre zu vertiefen. Seine besondere Liebe gilt *Don Quijote*, den er sechsmal gelesen hat, und dem *Kapital* von Karl Marx, das er für ein Kulturdenkmal menschlicher Erkenntnisfähigkeit hält. Pablo Nerudas *Canto General* (Der große Gesang)[11] kann er auswendig; es ist ihm zur Gewohnheit geworden, während der Angriffe Verse daraus zu rezitieren. Schon als Kind suchte er in Lyrik und Prosa Zuflucht, wenn es gefährlich wurde. In der Poesie und im Mate – jenem in Argentinien sehr beliebten bitteren, teeartigen Gebräu aus den Blättern des Mate-Strauchs, das man durch die *bombilla* trinkt, eine Art metallisches Röhrchen, dessen Ende mit winzigen Löchern durchsiebt ist. Außerdem schreibt er göttlich schön. Obwohl er sich nie als Schriftsteller gefühlt hat, hinterließ er ein dreitausendseitiges Œuvre aus Tagebuchaufzeichnungen, Essays, Vorträgen und einem Leitfaden zur Kriegsführung: so umfangreich und von solcher Qualität, dass der kubanische Autor Julio Llanes dem Schriftsteller Che »zwischen Leben und Literatur« ein Buch gewidmet hat[12].

Um sich unbeschwert in Havanna und Umgebung bewegen zu können, hat mein Vater von Ernesto einen Wagen mit Chauffeur verlangt, weil er sich von der Stellung Ches Vorteile, sozusagen Naturalleistungen, erhoffte. Er hat seinen Sohn völlig falsch eingeschätzt: Dessen Wesen begehrt jetzt mehr denn je gegen die kleinsten Privilegien auf, einschließlich oder gerade solche für seine Angehörigen. Ernesto hat darauf bestanden, wie ein einfacher Soldat, mit 125 Dollar monatlich, entlohnt zu werden. Er weigert sich, mehr zu verdienen als seine Männer, auch wenn andere »Würdenträger« des Regimes jeden Monat 700 Dollar einstreichen. Aus demselben Grund ärgert er sich über den Milchmann, der ihm eine die offizielle Vorgabe deutlich übersteigende Milchration vor die Tür gestellt hat. Diese Integrität bringt meinen Vater aus der Fassung. Er findet sie unangebracht und lächerlich im Vergleich zu den Opfern, die Ernesto für die Revolution gebracht hat. Deshalb ist es seiner Meinung nach auch angemessen, wenn die Eltern von Che gewisse Privilegien genießen. Schließlich haben sie ihren heißgeliebten Sohn, Augapfel ihrer elterlichen Fürsorge, an Kuba »verliehen« und furchtbar darunter gelitten. Natürlich hegt mein Vater für Ernesto die zärtlichsten Gefühle, wenn er ihn ständig auffordert, ihm doch seine Entscheidungen und seine ideologische Fahrtrichtung verständlich zu machen, und darüber regelmäßig mit ihm aneinandergerät. Aus diesem Sohn wird er nicht schlau. Er versteht nicht, warum Ernesto eine derart niedrige Bezahlung erhält. Die ganzen Skrupel sind ihm zu hoch. Genau wie die Tatsache, dass Ernesto sich weigert, Autogramme zu geben, und erklärt: »Ich bin kein Filmstar.«

Aus Rücksicht auf unsere Eltern und damit wir uns auf der Insel bewegen können, ließ Ernesto sich dann doch breitschlagen, uns ein Fahrzeug zur Verfügung zu stellen, allerdings nur unter der Bedingung, dass mein Vater den Treibstoff selbst bezahlt. Doch Ernesto senior nagt am Hungertuch. Er besitzt keinen Cent. Er versucht das seinem Junior begreiflich zu machen: »Mein lieber Sohn, wir gehen gerade durch eine finanzielle Talsohle.« Worauf Ernesto erwidert: »Die Kubaner auch! Komm damit klar, *coño*[13].«

Mein Vater setzt eine Miene auf, als habe er verstanden. Doch hinter Ernestos Rücken verfährt er dann weiterhin so, wie er es für richtig hält, und lässt durchscheinen, das gehe mit dem *Comandante* schon klar. Als der davon Kenntnis erhält, ist er aus dem Häuschen. Er macht ihm Vorhaltungen. Aber meinen Vater hält nichts auf. Er benimmt sich einfach so, wie es ihm in den Kram passt. Mir ist nie klar gewesen, was in seinem Schädel eigentlich vor sich geht: Meinen Vater zu verstehen war von jeher ein Ding der Unmöglichkeit. Ebenso könnte man in einem Labyrinth Blinde Kuh spielen.

Seit unserer Ankunft mangelt es meinem Vater entschieden an Urteilsvermögen oder Zurückhaltung – oder beidem. Er scheint nicht wirklich begriffen zu haben, was sein Sohn geworden ist, in welchem Maß diese Revolution aus ihm einen Menschen gemacht hat, dessen Gerechtigkeitssinn nun noch pedantischer ist, als es schon in seiner Jugend der Fall war. Ernesto wiederum ist klar geworden, dass selbst die unbedenklichste seiner Handlungen eine Botschaft aussendet. Will er ein Vorbild für den »neuen Menschen« sein, den er auf die Welt zu bringen gedenkt, um eine auf Gleichheit gegründete Gesellschaft aufzubauen, muss sein Verhalten untadelig sein. Und in Fortsetzung davon auch das unsrige. Wer ist dieser »neue Mensch« in Ernestos Vorstellung? In einer Rede Anfang Oktober 1962 wird er es erklären: »Ein junger Kommunist, dessen Aufgabe es ist, seinem Wesen nach menschlich zu sein, so sehr menschlich, dass er dem Besten nahekommt, was ein Mensch in sich trägt, der sich durch Arbeit, Bildung und die unaufhörliche Ausübung von Solidarität reinigt, diese dem Volk und allen anderen Völkern der Erde zuteilwerden lässt und seine Empfindsamkeit so weit entwickelt, dass es ihn peinigt, wenn irgendwo auf der Welt ein Mensch getötet wird, und mit Begeisterung erfüllt, wenn irgendwo anders die Fahne der Freiheit gehisst wird.«

Mein Vater versteht das offenbar nicht. Vielleicht steckt er auch einfach den Kopf in den Sand, um die Leitplanken nicht zu sehen, die Ernesto ihm aufstellt, damit er nicht vom rechten Weg der Revolution abkomme und ein gutes Beispiel gebe. Drei leitende argentinische Gewerkschaftler haben auf Einladung meines Vaters mit uns in Buenos Aires das Flugzeug bestiegen, was uns seltsam und im Grunde deplatziert erschien, doch wie gesagt, wir geben uns längst keine Mühe mehr, die Beweggründe unseres Vaters zu begreifen. Ich vermute, dass er hofft, mit Hilfe der Gewerkschaftler irgendwelche Geschäfte anleiern zu können. Nur welche? Ich habe keine Ahnung. Mein Vater versucht, aus allem etwas herauszuschlagen und bleibt am Ende trotz seiner außerordentlichen Intelligenz in allen Unternehmungen glücklos. Er ist ein Träumer und Künstler, aber ganz sicher kein Geschäftsmann, ungeachtet seiner vielfachen Versuche, einer zu werden. Als er mir eines schönen Morgens von seinem Treffen mit dem Generaldirektor des Spirituosen-Unternehmens Bacardi erzählt, hege ich schon Zweifel. Er bittet mich, ihn zu begleiten. Wie immer hat er Ernesto nichts davon gesagt. Wir begeben uns zum Firmensitz von Bacardi, einem beeindruckenden Art-Déco-Bauwerk an der Avenida Bélgica in der Altstadt. Wir werden von José »Pepin« Bosch in seinem prächtigen und großräumigen Büro empfangen. Man serviert mir einen Daiquiri im Glas, auf dem Grund schwimmt eine Perle. Ich traue meinen Augen nicht! Mein Vater unterhält sich in aller Seelenruhe mit Bosch. Er ist ganz in seinem Element. Wie meine Mutter entstammt auch er einer Patrizierfamilie des argentinischen Großbürgertums. Ich verfolge ihr Gespräch nur vage, während mich mein Staunen über den Luxus, der mich umgibt, vollkommen in Beschlag nimmt. Als wir uns verabschieden, macht mein Vater eine Bemerkung über mögliche Geschäfte mit Bacardi in Argentinien.

Tags darauf ist es der Generaldirektor der Bank Pedroso, der wichtigsten auf ganz Kuba, dem wir einen Besuch abstatten. Man stelle sich diesen Mann nur einen Augenblick lang als Revolutionär vor! Als Ernesto Wind von der Sache bekommt, gerät er außer sich. »Das kannst du nicht machen!«, versucht er meinem Vater zu erklären. »Ich habe gerade Revolution gemacht, *che!* Du kompromittierst dich doch, wenn du dich mit all den Generaldirektoren auf der Insel triffst. Wegen dir verliere ich noch meine ganze Glaubwürdigkeit. Wenn du dich unbedingt mit Würdenträgern treffen musst, dann verabrede dich mit dem Präsidenten der Republik. Ich kann ein Treffen für dich arrangieren!« So kam es, dass wir Manuel Urrutia kennenlernten.

Auch ich bin genervt. Mein Vater weiß nicht, was er tut. Bedenkenlos tritt er von einem Fettnäpfchen ins nächste, ohne sich über den Ernst der Lage im Klaren zu sein. Kuba steht an einem Punkt, an dem es mit wiederholten Angriffen seitens der größten Militärmacht der Welt rechnen muss. Dass mein Vater mit dem Präsidenten der größten Bank Gespräche führt, ist völlig inakzeptabel. Obschon ich nicht der *Comandante* bin, lege ich ihm nahe, abzureisen. Er stellt eindeutig eine äußerst ernst zu nehmende Belastung dar. Ich vermute, dass Ernesto bereits das Gleiche getan hat. Wie dem auch sei, wir stecken ihn in ein Flugzeug nach Buenos Aires. Später hat er herumerzählt, seine Geschäfte hätten ihn zur Rückkehr nach Buenos Aires gezwungen. Welche Geschäfte, bitte? Wir wissen es nicht – und die Wahrheit ist, dass es uns nicht im Geringsten interessiert. Wir haben alle gelernt, dem keine Aufmerksamkeit mehr zu schenken. Die Autorität meines Vaters hat die – äußerst uneindeutige – Trennung meiner Eltern nicht überlebt. Während dieser Zeit lebten sie eigentlich schon nicht mehr zusammen.

Wir atmen erleichtert auf, als mein Vater abgereist ist – wir müssen nicht mehr mit seinen Fehltritten leben, die uns den letzten Nerv kosteten. Ernesto ist sowieso am Rande seiner Belastbarkeit. Er arbeitet unablässig, sechzehn Stunden täglich; er hat sich mit Leib und Seele der Revolution verschrieben in der Überzeugung, die Vereinigten Staaten würden nicht lange zögern, um ihre Missbilligung deutlich zu machen. Er kann uns deshalb nur sehr wenig Zeit widmen. Auch seine Gefährtin Aleida March sieht ihn privat nicht oft. Aber sie ist immer noch seine Assistentin, wie in der Sierra Maestra, und so vermag sie wenigstens diese gemeinsamen Momente mit ihm der Zeitknappheit zu entreißen. Hin und wieder macht er sich trotzdem frei und kreuzt mal im Jeep, mal im Hubschrauber unerwartet am Comodoro auf. Meine Mutter und meine Schwester Celia leben ganz für diese Überraschungsbesuche, die sie Tag für Tag herbeisehnen. Nichtsdestotrotz sind sie recht umtriebig: Sie sehen sich eifrig an, was sie nur können. Seine Neugier und geistige Schärfe hat Ernesto von meiner Mutter. Ihren Rat schätzt er am meisten von allen. Sie zählt zu den wenigen, die ihm geradeheraus die Wahrheit ins Gesicht sagen. Auf diese Unverblümtheit wird er in der Position, die er fortan einnimmt, mehr denn je angewiesen sein. Was Celia betrifft, ist sie Ernesto von uns allen am ähnlichsten. Sie haben den gleichen Charakter, die gleiche überlegene Intelligenz, und sie lesen die gleichen Bücher.

Einmal findet Ernesto Zeit, uns nach Santa Clara mitzunehmen. Wir wollen den Ort sehen, an dem sich die Kolonne Ciro Redondo[14] ihren kriegsentscheidenden Sieg errungen hat. In Santa Clara hatte Ernesto nämlich vor einigen Wochen den Einfall, einen gepanzerten Zug entgleisen zu lassen, der Waffen und Munition für die Regierungstruppen transportierte. Der Sabotageakt führte in der Folge zur Einnahme der Stadt und zu Fulgencio Batistas[15] Sturz. Auch die Familie March, die Ernesto uns unbedingt vorstellen will, wohnt in Santa Clara. Die Hochzeit mit Aleida steht unmittelbar bevor. Sie wird Che vier Kinder schenken: Aleida, Camilo, Celia und Ernesto. Eine Tochter, Hilda Beatriz, bringt mein Bruder aus seiner ersten Ehe mit der Peruanerin Hilda Gadea mit. Wir verbringen einige Stunden mit Aleidas Eltern – sympathische, einfache und fleißige Bauern. Zu unserem Unglück werden Ernesto und

Aleida dringend nach Havanna zurückbeordert. Sie müssen aufbrechen. Wir anderen, auch Celia, ihr Mann Luis und ich, fahren weiter nach Escambray.

Wieder in Havanna, erkunde ich die Stadt, oft begleitet von Harry »Pombo« Villegas oder Leonardo »Urbano« Tamayo, zwei Guerilleros von der Sierra Maestra, die Ernesto später auf dem Feldzug am Río Ñancahuazú in Bolivien begleitet haben. Pombo und Urbano kämpften mit ihm im Guerillakrieg, und so ergreife ich die Gelegenheit, sie vor mir zu haben, beim Schopf und frage sie Löcher in den Bauch. All ihre Informationen sind für mich aufregend und neu. Sie zeichnen die militärischen Erfolge meines Bruders nach, seinen Heldenmut, seine Brüderlichkeit, seinen zutiefst menschlichen Charakter. Dennoch bleibt dieser außergewöhnliche Mensch, von dessen Tapferkeit und Glanzleistungen man mir berichtet, auch weiterhin einfach mein Bruder. Und trotz ihrer Schilderungen begreife ich die Bedeutung von Che nicht. Ich bin noch ein Jugendlicher. Erst zweieinhalb Jahre später, als wir anlässlich der Konferenz des Interamerikanischen Wirtschafts- und Sozialrats der Organisation Amerikanischer Staaten (OAS) in Punta del Este in Uruguay das letzte Mal mit ihm zusammentreffen, beginne ich schemenhaft, eine Vorstellung von seinem Platz in der Geschichte zu entwickeln. Rückblickend bedauere ich, dass ich die Tragweite der Ereignisse, die ich unmittelbar erlebt habe, damals nicht richtig einordnen konnte. Ich fühlte mich vor allem berauscht, wie von einem Strudel erfasst. Ich bedaure es außerordentlich, Fidel in diesen Tagen nicht kennengelernt zu haben. Wenige Monate später sollte er uns jedoch in Buenos Aires einen unvergesslichen Besuch abstatten.

Zwei Tage vor unserer Rückreise, am 9. Februar, ernennt ein Dekret des Premierministers Fidel Castro unseren Ernesto zum »geborenen kubanischen Staatsbürger mit allen Rechten und Pflichten«. Meine Mutter platzt vor Stolz. Sie ist überzeugt, dass die Kubanische Revolution gut und gerecht ist. Sie sieht in Che die Frucht ihrer Bemühungen. In Ernestos Augen ist meine Mutter die Architektin, die es ihm ermöglicht hat, die Stufen hochzuklettern. Er rechnet es ihr hoch an, dass sie eine Frau ist, die ihre Mutterrolle, die Rolle des »Ich schenke dir das Leben und umsorge dich«, aufgeben und gegen die der Kameradin eintauschen konnte. Sie haben sich, wie immer, auf einer Ebene wiedergefunden, auf der sie sich verstehen.

Als sie sich trennen, sind sie sich näher denn je. Meine Mutter ist beim Abschied hin- und hergerissen, aber sie hat anderweitige Verpflichtungen in Argentinien. Mein Bruder Roberto und meine Schwester Ana María sind Eltern geworden, und Mama nimmt ihre neue Rolle als Großmutter sehr ernst. Was mich angeht, würde ich über alle Maßen gern mit meinem Bruder auf Kuba bleiben und mich an der Revolution beteiligen. Mein Vater untersagt es mir von Buenos Aires aus. Vor seiner Abreise hat er Ernesto ein weiteres Mal gedrängt, zurückzukommen und seine Karriere als Arzt wieder aufzunehmen. Vergeblich. Kuba hat ihm seinen Erstgeborenen genommen – er will nicht auch noch seinen Jüngsten verlieren. So eigenbrötlerisch und gedankenlos er sein mag, hängt er doch an seinen Kindern. Ich bin zutiefst enttäuscht und wütend. Meine Mutter wäre bestimmt damit einverstanden gewesen, dass ich hierbleibe! Sie hätte das verstanden. Und Ernesto? Da bin ich mir weniger sicher. Ich habe ihn nicht gefragt. Die Entscheidung meines Vaters ist unwiderruflich, und niemand scheint sich entgegenstellen zu wollen. Schließlich bin ich erst fünfzehn Jahre alt.

Wenn ich geblieben wäre, hätte ich auch in Ñancahuazú gekämpft. Mit meiner Hilfe wäre Ernesto vielleicht noch am Leben. Ich glaube, dieses Veto werde ich meinem Vater nie verzeihen.

EIN PAAR, EXZENTRISCH UND IMMER KNAPP BEI KASSE

Bevor ich mich in meine Familiengeschichte stürze, möchte ich etwas klarstellen, das mir sehr wichtig ist. Es geht mir hier weniger um die Aspekte und Anekdoten, die Schlaglichter auf unsere Familie und ihre Bedeutung für Ernesto werfen, sondern um Ereignisse und Situationen, die er beobachtet und bewertet hat und die entscheidender waren als die drögen Details unseres Privatlebens. Ich versuche, mein Gedächtnis streng zu befragen. Gewisse Episoden werden sich mir eher als sinnliche Eindrücke vor Augen stellen denn als Erinnerungen im engeren Sinn. Demgegenüber gibt es Momente, die sich mir, als wären sie Fotografien, unauslöschlich ins Gedächtnis eingegraben haben.

Meine Eltern Ernesto Guevara Lynch und Celia de la Serna y Llosa heirateten im Dezember 1927 im allerengsten Kreis im Haus meiner Tante Edelmira de la Serna de Moore. Die Hochzeit wird in aller Eile angesetzt. Erst wenige Monate zuvor sind sie sich bei einem gemeinsamen Freund begegnet. Die Familie de la Serna ist am Hochzeitstag abwesend, weil sie die Verbindung missbilligt. Mein Vater ist ein Tangotänzer ohne Studienabschluss und voraussichtlich ohne Zukunft, ein Nachtschwärmer, der, wenn der Abend kommt, tanzfertig das Haus verlässt, um sich in der übel beleumdeten Vorstadt Barracas (»Baracken«) in der Peripherie von Buenos Aires dem Tango hinzugeben. Unser nationaler Entrechat[16] ist in dieser Epoche das unangefochtene Terrain von Arbeitern und Einwanderern. In den angeseheneren Stadtvierteln wird er nicht praktiziert. Die »anständigen« Leute verurteilen diesen erotischen Pas de deux, der die zutiefst vulgäre, lasterhafte Liebe so trefflich nachempfindet. Für einen Mann wie meinen Vater liegt genau darin der Reiz des Tango. Er ist ein großer Verführer. Offenbar derart unwiderstehlich, dass er meine Mutter verführte, kaum dass sie das Sacré Coeur, ein Mädchenkonvent französischer Schwestern, verlassen hatte. Zu jener Zeit ging man davon aus, dass die sexuelle Aufklärung junger Männer in den Bordellen unter der Anleitung Prostituierter zu erfolgen hatte und nicht mit Mädchen aus gutem Haus wie Celia de la Serna.

Meine Mutter, die einer eingesessenen, begüterten großbürgerlichen Familie Argentiniens entstammt, ist indessen nicht das scheue und demutsvolle junge Mädchen, das die Schwestern gern aus ihr gemacht hätten. Sie ist selbstbewusst, schwierig, rebellisch und unabhängig. Sie verschlingt spanische wie französische Literatur und lässt sich von niemandem in irgendeiner Form herumkommandieren. Schon früh feministisch orientiert, wird sie eine der ersten Argentinierinnen, die mit einem Bubikopf herumlaufen, Hosen tragen, Zigaretten rauchen und Auto fahren. Ob es wahr ist, weiß ich nicht, aber mein Vater erzählte oft, dass sie, als er sie kennenlernte, so strenggläubig war, dass sie sich zerstoßenes Glas in die Schuhe steckte, um sich zu peinigen.

Als ich meine Mutter kennenlernte, das heißt, als ich ein Bewusstsein für ihre Persönlichkeit erlangte, war sie schon eine ganz unverbesserliche Frau.

Als schwarzes Schaf der Familie, Außenseiter und Träumer kann der junge Ernesto Guevara Lynch meiner Mutter natürlich nur gefallen. Sie ist zwanzig, hat ein derbes, scharf geschnittenes Gesicht mit hohen Wangenknochen, einer prominenten Nase und weit auseinanderstehenden, dunklen, durchdringenden, zu den Schläfen hinlaufenden Augen, schwarze Haare und eine schlanke Figur. Sie ist keine klassische Schönheit, besitzt aber große Ausstrahlung. Sie hat ein sicheres Auftreten und das gewisse Etwas. Sie findet Beachtung.

Als sie heiraten, ist mein Vater Teilhaber der Werft Río de la Plata. Das Unternehmen ist schwer angeschlagen. Einer seiner Freunde bietet ihm an, in der nordöstlichen Provinz Misiones Land zu erwerben und Mate, *yerba mate*, anzubauen. Misiones ist eine subtropische argentinische Provinz, ein wildes, an Argentiniens Nordostgrenze abgedrängtes Land, eine Art schmaler Strom aus Lava oder Schlamm, eingeklemmt zwischen Brasilien und Paraguay und den Flüssen Paraná und Uruguay, wo Roland Joffés Film *Mission* gedreht wurde. Es wurde im 17. Jahrhundert von spanischen Jesuiten erobert und wird von der indigenen Ethnie der Guaraní bewohnt.[17] Morde und Raubüberfälle sind an der Tagesordnung. Der Landstrich gilt als mehr oder weniger rechtsfreier Raum. Um sich hier seiner Haut zu wehren, muss man mit Axt und Revolver umgehen können. Misiones ist zudem spektakulären Unwettern ausgesetzt und von einer undurchdringlich dichten, saftigen Vegetation bedeckt, in der alle erdenklichen Gefahren lauern. Alle Insekten hier – die exotische Namen tragen wie *jején*, *ura* oder *mbarigüi* – stechen, beißen oder übertragen Malaria. Die *mbarigüi-Mücke*[18] ist so winzig, dass man sie kaum sieht und sie durch die Maschen sämtlicher Moskitonetze schlüpft. Außerdem wimmelt es nur so von Schlangen.

Dennoch übt das Angebot auf einen Abenteurer wie meinen Vater ungeheure Anziehung aus. Und meine Mutter ist die ideale Frau, um ihm gern und freiwillig bei diesem verrückten Vorhaben zu folgen. Sie scheinen wie füreinander gemacht. Celia de la Serna hat vor nichts Angst. Sie tanzt mit der Angst, sobald sich eine Gelegenheit dazu bietet. Wenn sie sich dafür hübsch macht, diese raue Lebensweise in ihre Arme zu schließen, und mit diesem Zuwachs an Anstrengung schwanger geht, läuft sie damit nicht einfach blindlings ihrem Gatten hinterher – es ist das Abenteuer, das sie erregt. Außerdem bezaubert sie die Vorstellung der Fremde, wegzugehen von ihrer Familie, wo sie im Kokon eines mönchischen Ordens eingehüllt aufwuchs.

In den zahllosen Biographien über Che wird behauptet, meine Eltern entstammten der Aristokratie, der Oligarchie Argentiniens, dem Bürgertum. Darüber muss ich jedes Mal lächeln. Die Oligarchie zeichnet sich durch Macht und Geld aus. Meine Eltern hatten nichts davon. Im Gegenteil, sie besaßen die erstaunliche Fähigkeit, mit der etablierten Ordnung, mit allen Erwartungen, die man an sie herantrug, zu brechen. Sie kamen beide aus wohlhabenden und angesehenen Familien und waren nun ein exzentrisches und immerzu abgebranntes Pärchen, das fortwährend dem Geld hinterherlaufen musste. Sie hatten rein gar nichts Konservatives an sich. Sie lebten vielmehr als liberale Bohemiens, waren ständig in Bewegung und mit ihren finanziellen Engpässen von der Lebensweise ihrer Eltern weit entfernt. Nichtsdestotrotz hatte ihre wunderliche Natur ihre Wurzeln in ihren jeweiligen Familien.

Meine Großeltern väterlicherseits, Roberto Guevara Castro und Ana Lynch Ortiz, waren Kinder von Argentiniern, die vor der Autokratie und der Steuerpolitik des *Caudillo* Juan Manuel de Rosas[19] – der seine Armee zwangsrekrutierte – geflohen waren und ihr Glück in Kalifornien suchten. Um dorthin zu gelangen, hatte mein Urgroßvater Francisco Lynch, Sohn eines irischen Einwanderers, eine lange und gefährliche Reise auf sich genommen, die ihn von Uruguay über die Magellanstraße nach Chile, Peru, Ecuador und schließlich nach San Francisco führte, wo er dreißig Jahre seines Lebens verbrachte. Dort kam meine Großmutter zur Welt und verbrachte die ersten zwölf Jahre ihres Lebens. Auch die Familie meines Großvaters Juan Antonio Guevara, die ursprünglich aus der Provinz Mendoza stammte und bei deren Gründung und Entwicklung mithalf, floh aus politischen Gründen ins Exil. Sie hatte es gewagt, Juan Manuel de Rosas die Stirn zu bieten, und musste nun ständig mit Repressalien rechnen. Als der Druck zu groß wird, entscheiden sich Juan Antonio und seine Brüder auszuwandern. Sie überqueren die Anden und lassen sich zuerst in Chile nieder, bevor sie das Goldfieber packt und nach Kalifornien lockt. Doch während Francisco Lynch im »Golden State[20]« sein Glück macht, scheitert Juan Antonio jämmerlich. Der Traum vom Gold hat sich für ihn und seine Brüder nie erfüllt. Die Jahre im Exil in der Gegend der Hauptstadt Sacramento verstrichen erfolglos.

Juan Manuel de Rosas' Sturz im Jahr 1852 macht es möglich, dass beide Familien schließlich nach Argentinien zurückkehren und meine Großeltern väterlicherseits sich kennenlernen. Sie bekommen elf Kinder, die sie auf einer *estancia*, einer Ranch namens Portela in der Provinz Buenos Aires großziehen.

Als Ingenieurgeograph[21] mit gutem Ruf ist Roberto Guevara Castro für die Landaufteilung zwischen Argentinien und Chile sowie zwischen Argentinien und Paraguay zuständig, außerdem für das Kataster der Provinz Mendoza, das erst nach fünfzehn Jahren fertiggestellt wird. Monatelang ist er unterwegs, begleitet von Männern und Maultieren. Er verfügt über ein enormes Vermögen – weshalb ich ihn mir nie als richtigen Abenteurer vorgestellt habe. Aber er neigte dazu, seine Arbeit unter schwierigen Bedingungen und selbstverständlich bewaffnet zu verrichten. Auf seinen vorübergehenden Aufenthalten in Portela plauderte er über seine zahlreichen Expeditionen. Diese Anekdoten wurden von Onkeln und Tanten später an uns weitergereicht, denn mein Großvater starb 1918, lange bevor wir geboren wurden. Darunter hat eine meine Fantasie besonders beflügelt: Eines schönen Tages beschloss ein Maultier, dass es vom Leben genug hatte und nicht mehr weiterlaufen wollte. Es stürzte sich in einen Abgrund, voll beladen mit wertvollen und unverzichtbaren Instrumenten, was meinen Großvater in ernste Verlegenheit brachte. So lernte ich, dass Maultiere die einzigen Tiere sind, die sich umbringen.

Während mein Großvater mühsam auf den Bergen herumkraxelt, um Landesgrenzen zu bestimmen, und sich dabei allen möglichen Gefahren, nicht zuletzt ständigen

Indianerangriffen, aussetzt, zieht meine Großmutter ihre vielköpfige Sippe allein groß. Sie ist eine Powerfrau und vollkommen unabhängig. Und Atheistin! In einem erzkatholischen Land wie Argentinien verlangt diese Haltung eine außerordentliche Freigeistigkeit. Alle ihre Kinder sind später religiös, sei es unter Druck oder aus eigenem Antrieb, mit Ausnahme meines Vaters, der sein Leben lang auf gesellschaftliche Normen pfeift.

Ernesto betet unsere Großmutter väterlicherseits an und begibt sich bei der erstbesten Gelegenheit nach Portela. Er ist es auch, der bis zuletzt an ihrem Bett ausharren wird, als sie erkrankt. Und er wird sich nach ihrem Tod entscheiden, sein Ingenieurstudium aufzugeben, und sich für Medizin einschreiben. Meine Großmutter schüttet hundertfach ihre Liebe über ihn aus. Er ist ihr Lieblingsenkel, so wie er der Liebling meiner Mutter und meiner Tante Beatriz ist. Beatriz ist die Schwester meines Vaters, eine unglaubliche Person! Immer und überall hat sie ihr kleines Hütchen auf. In Portela schläft sie mit dem Gewehr neben dem Bett. Wenn eine Mücke sie sticht, feuert sie einen Schuss ab, der über die ganze Pampa donnert. Darum hat mein Großvater in das Moskitonetz eine Öffnung für den Gewehrlauf gebohrt, die de facto aber zu nichts nütze ist. Beatriz hat nie geheiratet. Sie vergöttert Ernesto. Nach dem Sieg der Revolution auf Kuba macht sie es sich zur Aufgabe, selbst die unbedeutendsten Artikel über ihn aufzustöbern, zu lesen und auszuschneiden, die sich nach und nach zu einer wertvollen Dokumentation ansammeln. Von Zeit zu Zeit schneit sie überraschend mit ein paar ausgeschnittenen Zeitungsartikeln zu uns herein und beschwert sich: »Ich kann nicht verstehen, warum alle Ernesto vorwerfen, er sei Kommunist. Er ist doch ein so liebenswerter und guter Mensch!« Für sie sind Kommunisten eine böse, grausame Spezies, mit der man keinen Kontakt pflegt. Wie also kann es möglich sein, dass ihr Goldneffe Kommunist ist? Und doch, Ernesto schickt ihr regelmäßig Briefe, die er ostentativ mit »Dein Neffe, der Kommunist«, »Dein proletarischer Neffe« oder »Stalin II« unterzeichnet, um sie zu ärgern. Zugleich aber liebt er sie sehr. Er möchte, dass sie ihn versteht, weil er sich ihr so nah fühlt. Er hat die Gewohnheit, die Leute zu provozieren, um eine Reaktion zu erzielen. Das belustigt ihn. Ernesto ist ein Störenfried, geboren für die Polemik.

Was meine Mutter betrifft, wurde sie im Alter von fünfzehn Jahren zur Waise. Die Familie ihrer Mutter Edelmira Llosa ist sehr einflussreich. Die Llosas haben zum Beispiel 1908 die erste Untergrundbahn von Buenos Aires gebaut. Die Familie ihres Vaters steht dem um nichts nach. Juan Martín de la Serna entstammt einer alten Familie der Kolonialzeit, die im Land großen Einfluss besaß. Unser Ururgroßvater Martín José de la Serna nahm an der Revolution gegen Juan Manuel de Rosas teil (vor dem meine Urgroßeltern väterlicherseits geflohen sind). Er wurde gefasst und wegen subversiver Aktivitäten eingekerkert, doch es gelang ihm, zu entkommen und in Montevideo wieder zu General Juan de Lavalle zu stoßen. Mit diesem kämpfte er bis zu Rosas' Niederlage in der Schlacht von Monte Caseros[22] im Jahr 1852. Daraufhin gründete er die Stadt Barracas del Sur (heute Avellaneda), deren Bürgermeister er wurde. Auch wenn die de la Sernas dem Großbürgertum zuzurechnen sind, teilen sie weder dessen Vorstellungen noch dessen Werte.

Sie sind eine Intellektuellenfamilie, die mit beiden Beinen fest auf der Erde steht, antiklerikale Freidenker, selbst wenn sie ihre Kinder mitunter auf Konfessionsschulen schicken.

Mein Großvater Juan Martín de la Serna ist Anwalt, Diplomat und Juraprofessor an der Rechtswissenschaftlichen Fakultät in Buenos Aires. Unter seinen Studenten finden sich mehrere künftige Führungsfiguren der Radikalen Partei[23], in der auch er aktives Mitglied wird. Nach dem, was man mir erzählt hat, war er ein höchst intelligenter, kultivierter Kopf, der des Französischen und Deutschen mächtig war. Er ist außerdem ein Pionier der argentinischen Luftfahrt. Alles scheint ihm zu gelingen, dennoch stürzt er sich im Jahr 1908 von der Brücke eines Passagierdampfers ins Meer. Über die Gründe für diesen Suizid schwebte lange Zeit ein Verdacht. Man erzählte sich, er wäre an Syphilis erkrankt. Meine Mutter war damals zwei Jahre alt.

Ihre Mutter wiederum stirbt dreizehn Jahre später nach langer Krankheit. Die sieben Kinder aus der Verbindung de la Serna-Llosa erben ein enormes Vermögen. Sie bewohnen fortan ein prächtiges Landgut hundert Kilometer südlich von Buenos Aires mit dem Namen Manantiales (»Quellen«). Wenn sie nicht gerade in ihrem Nonnenkloster ist, wird meine Mutter von ihren großen Schwestern Sara und Carmen aufgezogen. Obgleich auf Manantiales eine Atmosphäre disziplinierter Strenge herrscht, bespricht man engagiert die politischen Geschehnisse. Drei Serna-Llosa-Sprösslinge tanzen ganz besonders aus der Reihe: meine Tante Carmen, mein Onkel Jorge und meine Mutter.

Als Jugendliche verliebt sich Carmen hoffnungslos in den mexikanischen Dichter Amado Nervo, dessen Werke sie liest. Das geht so weit, dass sie ihm Briefe schreibt, auf die er ihr, wider Erwarten, tatsächlich antwortet. So entsteht eine regelmäßige Korrespondenz zwischen dem reifen Mann und dem unschuldigen jungen Mädchen. Als sie schließlich erfährt, dass er in Montevideo im Sterben liegt, setzt sie sich an sein Krankenbett und harrt dort bis zu seinem Tod aus. Sie ist damals achtzehn Jahre alt. Einige Jahre später heiratet sie den Dichter, Journalisten und Kunstkritiker Cayetano »Policho« Córdova Iturburú. Beide erhalten das Parteibuch der Kommunistischen Partei Argentiniens, deren aktive Mitglieder sie bleiben, bis Policho vierzehn Jahre später aus der Partei ausgeschlossen wird.

Das militante Auftreten der Linken hält Carmen indes nicht davon ab, peinlichst auf ihr Äußeres zu achten. Als sie von Schergen Peróns, der das Land mit eiserner Hand regiert[24], verhaftet wird und ins Gefängnis wandert, ist sie über die scheußliche Gefängniskleidung der Insassen aufgebrachter als über die Inhaftierung selbst. Bei einer antiperonistischen Demonstration, an der sie teilnimmt, schießt die Polizei in die Menschenmenge. Die Demonstranten werfen sich flach auf den Asphalt, um sich vor den Kugeln zu schützen, nur sie nicht. Meine Tante bleibt aufrecht stehen, um ihr schönes Kleid nicht zu ruinieren! Die Beziehung zwischen ihr und Iturburu wird einen herausragenden Einfluss auf Ernesto haben.

Mein Onkel Jorge de la Serna ist völlig durchgeknallt. Es war nie ganz klar, wer den größeren Schlag weg hat, er oder mein Vater. Die Familie de la Serna hatte sich angewöhnt meinen Vater als »el loco Guevara«, den verrückten Guevara, zu titulieren. Doch Jorge ist genauso ein Dummkopf. Nach einer Reihe von Ehejahren und mehreren Kindern verliebt er sich heftig in eine junge Angestellte, für die er meine Tante verlässt. Diese wiederum ist außer sich, lässt ihre Beziehungen spielen und erreicht, dass man Jorge für unzurechnungsfähig erklärt und er in einer geschlossenen Anstalt landet. Dort verbringt er einige Wochen, bis er beweisen kann, dass er geistig gesund ist. Als mein Vater ihn einmal bei einer ihrer unzähligen Streitereien wie einen *viejo loco* – verrückten Alten – behandelt, zieht Jorge einen Zettel aus seiner Tasche, fuchtelt damit meinem Vater erregt vor dem Gesicht herum und erklärt: »Aha, ich, der alte Spinner? Ja, sie haben mich vielleicht in die Klapse gesperrt, aber sie haben mich wieder herausgelassen! Ich habe hier sogar diese Bescheinigung, die klipp und klar beweist, dass ich nicht plemplem bin! Während du, auch wenn sie dich frei herumlaufen lassen, einen kompletten Dachschaden hast.«

Jorge ist Agraringenieur. Auch er ist ein Abenteurer mit ausgeprägter Neigung zum Risiko. Als hervorragender Schwimmer stürzt er sich mit Vorliebe in die kältesten und stürmischsten Fluten, gern splitterfasernackt, aber immer mit einem weißen Mützchen auf dem Kopf, damit man ihn auch sieht. Denn er hasst es, unerkannt zu bleiben. In Mar del Plata[25] wirft er sich vorsätzlich erst in den Atlantik, wenn rote Beflaggung am Strand vor tückischen Strömungen und hohen Wellen warnt. Er schwimmt dann weit aufs Meer hinaus und hält vier oder fünf Stunden lang durch. Am Strand kommt es unvermeidlich zu einer Menschenansammlung. Uns versaut er den gesamten Ausflug, weil wir befürchten, dass er ertrunken ist. Eines Tages, als die Schwimmmeister wieder einmal wegen seiner Mätzchen auf der Palme sind, fassen sie sich ein Herz und rufen die Polizei, um dem Spuk ein Ende zu bereiten. Jorge wird verhaftet. Selbstredend nur, um tags darauf genau so weiterzumachen. Zu der Zeit praktiziert er Extremsportarten, die noch keinen Namen tragen. Er hebt mit seinem alten Vogel von Sportflugzeug vom Boden ab und schaltet dann mitten im Flug den Motor aus. Er fliegt auch Segelflugzeuge. Er ist ein Mann mit klarem und unternehmerischem Verstand, der nie studiert hat, aber durchaus annehmbare Gedichte schreibt – mehrere Poeme hat er der Araukarie, einer Konifere der Anden[26], gewidmet. Nachdem er für eine ultranationalistische Partei gekämpft hat, wird er Kommunist. Er ist außerdem ein hervorragender Mechaniker, der mit dem Motorrad das Land durchquert. Anschließend heiratet er eine Tochter aus gutem Hause, um sie später wegen des oben erwähnten Dienstmädchens sitzen zu lassen, dessen er schließlich ebenfalls überdrüssig wird. Die Scheidung laugt ihn aus: Er verliert Grundbesitz und Vermögen. Mittellos beginnt er, für das Kulturministerium zu arbeiten. Während dieser Zeit taucht er in unserem Leben auf, und Ernesto schließt sich mit ihm zusammen. Vor seiner Scheidung haben wir Jorge nur selten zu Gesicht bekommen. Meine Mutter hatte sich von ihrer Familie distanziert: Sie war der Ansicht, man habe sie aufgrund ihrer Verbindung zu ihrem verrückten Mann, dem »loco Guevara«, um ihr rechtmäßiges Erbe gebracht. Das Vermögen meiner Großeltern hätte unter den sieben Erben zu gleichen Teilen aufgeteilt werden müssen. Doch einige meiner Onkel und Tanten haben getrickst, um meiner Mutter ihren Anteil abzuluchsen. Meine Eltern konnten daher nicht seelenruhig von ihren Renten leben, wie sie es sich ausgemalt hatten. Das Gesetz untersagte damals, dass eine junge Frau unter einundzwanzig Jahren ohne das Einverständnis ihrer Familie heiratete, und berechtigte letztere, sie im Falle des Ungehorsams zu enterben. Nun konnte meine Mutter mit dem Heiraten aber nicht mehr länger warten.

Also brechen meine Eltern ihre Zelte ab und gehen nach Misiones, wo sie eine zweihundert Hektar große Mate-Plantage erworben haben. Sie lassen sich in Puerto Caraguatay nieder, einem Ort, besser gesagt, einer Stelle, in extremer Abgeschiedenheit, 2700 Kilometer, das ist eine Woche Schiffsreise, von Buenos Aires entfernt. Puerto Caraguatay hat nichts von einem Hafen. Es ist ein undurchdringlicher Dschungel mit Landungssteg. Das ist alles. Es gibt keine Straße. Man kommt über den Fluss hin, den Paraná. Und sollte heute eine Straße hinführen, ist sie in der Regenzeit unpassierbar.

Mein Vater macht sich ohne Zögern an die Konstruktion eines Pfahlbau-Landhauses. Er kann zwar keine Berufsausbildung vorweisen, besitzt aber ungeahnte Fertigkeiten. Von den Fenstern des Chalets aus begrüßt einen der Paraná, der in dieser Gegend sechshundert Meter breit ist. Meine Mutter, wie ihr Bruder und später auch Ernesto eine ausgezeichnete Schwimmerin, badet dort regelmäßig, trotz der gefährlichen Strömung und dem Einspruch meines Vaters.

Für die Ankunft ihres Erstgeborenen, die unmöglich im unwirtlichen Dschungel von Puerto Caraguatay stattfinden kann, mieten meine Eltern eine Wohnung in Rosario, der Hauptstadt der Provinz Santa Fe. Dort wird Ernesto am 14. Juni 1928 geboren. Ein paar Wochen nach der Geburt machen sich meine Eltern wieder auf den Weg nach Misiones. Sie sind glücklich. Meine Mutter ist einundzwanzig

Jahre alt, mein Vater achtundzwanzig. Sie verwachsen rasch mit ihrem Blockhaus, ihrer Pionierexistenz. In regelmäßigen Abständen reiten sie aus. Trotz der Schwierigkeiten und dem völligen Mangel an Komfort begeistert sie dieses Leben, das, was meine Mutter angeht, so gar nichts mehr mit dem Konvent Sacré Coeur zu tun hat, oder mit San Isidro, dem Nobelvorort im Norden von Buenos Aires, in dem mein Vater gelebt hat.

In dieser Wildnis verbringt Ernesto seine ersten beiden Lebensjahre. Mein Vater betonte immer liebend gern, wie tief Ernesto davon geprägt sei. Mein frühreifer großer Bruder saugt alles hier in sich ein. Um sich mit Lebensmitteln zu versorgen, müssen meine Eltern mit dem Boot zu einer Ortschaft fahren, die von *mensú* bewohnt wird (Abkürzung für »mensualero«: der für monatlichen Lohn arbeitet), einer bis aufs Blut gequälten Volksgruppe von saisonalen Landarbeitern, Abkömmlingen der Guaraní, jenes indigenen Stammes, dessen Aufgabe es zweihundert Jahre lang war, die jesuitischen Missionsstationen zu bewachen. Ein Jahrhundert nach dem Abzug der Missionare haben die *mensú* ihre Ketten noch immer nicht abgeworfen. Sie arbeiten auf den Mate-Plantagen und fristen als Quasi-Sklaven ein Dasein in extremer Armut. Sie sind in der Hand von Landbesitzern, die sie total beherrschen und grausam unterdrücken. Bezahlt werden sie in Naturalien: Man stellt ihnen als Gegenleistung für ihr Tagwerk irgendeine Bruchbude und zur Verköstigung ekelhaften Fraß hin. Sie stürzen sich in Schulden, um sich für ihre spärliche freie Zeit Alkohol zu kaufen. Versuchen sie davonzulaufen, fangen die Landbesitzer sie ein und prügeln sie als Abschreckung zu Tode. Dieses schreiende Unrecht entsetzt meine Mutter zutiefst. Sie begehrt gegen das Unrecht auf, gleich als sie es zum ersten Mal mit eigenen Augen sieht. Mein Vater beschließt, seine *mensú* in Pesos zu bezahlen, und wird für seine Standesgenossen augenblicklich zur Persona non grata. Die anderen Bauern verbünden sich gegen ihn und beschuldigen ihn, ein Kommunist und Subversiver zu sein. Vermutlich ist das der Grund, warum das Abenteuer in Misiones mit einem Mal zum Scheitern verurteilt scheint. Die Familie kehrt nach Buenos Aires zurück, vorübergehend, wie mein Vater denkt, der die Bewirtschaftung der Plantage einem Kompagnon anvertraut hat. Er rechnet allen Ernstes damit, dass sie wieder zurückkehren, sobald er es geschafft hat, die Río-de-la-Plata-Werft vor dem Ruin zu retten. In Wirklichkeit ist das Kapitel Puerto Caraguatay soeben zu Ende gegangen. In San Isidro, wo meine Eltern unerwartet bei meiner Großmutter aufkreuzen, erleidet Ernesto seinen ersten Asthmaanfall. Das subtropische Klima von Misiones ist für seine empfindliche Lunge alles andere als zuträglich. Die niederschmetternde Diagnose wird von nun an unser Familienleben beherrschen. Ernestos Krankheit hat uns zu Nomaden gemacht.

Ernestos Zustand verschlechtert sich in San Isidro rapide. Während mancher Monate verschlimmert die Feuchtigkeit wegen der Nähe zum Río de la Plata sein Asthma noch weiter. Seine Gesundheit hat für meine Eltern nun oberste Priorität. Sie packen die Koffer und verbringen die nächsten Monate mit Reisen quer durchs Land, auf der Suche nach einem geeigneten Klima. Mittellos wandern sie von einem Familienwohnsitz zum anderen: zur *estancia* meiner Großmutter in Portela; zur *estancia* meiner Cousins Moore de la Serna in Galarza im Land der Gauchos; zum Haus einer Tante in

Miramar. Es ist eine Zeit, während der sie im Grunde keinen festen Wohnsitz haben.

Auf diese Weise waren wir von Kindesbeinen an daran gewöhnt, uns nach den Umständen zu richten und uns ihnen anzupassen. Beständigkeit oder finanzielle Sicherheit haben wir nie gekannt.

1932 ist Ernesto vier, meine Schwester Celia drei Jahre alt. Roberto ist gerade geboren. Meine Eltern leben in dauernder Angst wegen Ernestos Asthmaanfällen, die offenbar zunehmen. Sie sind überzeugt, dass die Krankheit ihres Erstgeborenen die Folge einer Lungenentzündung ist, die er sich kurz nach seiner Geburt in Rosario zugezogen hat. Sie leben im Rhythmus der Anfälle, die immer häufiger und immer beängstigender werden. Sie konsultieren die besten Lungenspezialisten. Diese verschreiben verschiedenste Heilmittel und bemerken, dass sie einen derart schweren Verlauf bei einem so kleinen Kind selten erlebt hätten. Meine Eltern sind verzweifelt. Schließlich rät ihnen ein bekannter Arzt, nach Córdoba zu ziehen, einer bergigen Provinz mitten in Argentinien, die sie noch nie gesehen haben und in der sie keine Menschenseele kennen. Und wenn schon! Sie sind bereit, alle Opfer auf sich zu nehmen, wenn sie damit nur das Leid meines Bruders lindern können. Sie machen die Leinen los, die sie mit Buenos Aires verknüpft haben, und nehmen den nächsten Zug nach Córdoba, wo sie die kommenden fünfzehn Jahre ihres Lebens verbringen werden. Wir werden nie wirklich an einem Ort Wurzeln schlagen, von dem wir sagen könnten: »Das ist unser Haus, unser Ankerplatz.« Doch Alta Gracia[27] ist der Ort, der dieser Vorstellung immerhin noch am nächsten kommt. Hier in diesem unbekannten Landstrich wachsen wir alle auf.

FREI WIE DIE VÖGEL IN DER LUFT

In den Dreißigerjahren war Alta Gracia im Grunde ein Kurort mit etwa 20 000 Einwohnern in der zentral gelegenen Provinz Córdoba am Fuße der Gebirgskette Sierras Chicas. Es heißt, dass das dortige trockene Klima hervorragend zur Heilung von Lungenkrankheiten taugt. Alta Gracia ist ein friedlicher Ort, viel zu ruhig für meine Eltern, die nur eines hierher treibt: die Chance, dass es hier mit Ernestos Gesundheit bergauf gehen und er ein angenehmeres Leben haben könnte.

Im Laufe der fünfzehn Jahre, die meine Familie dort verbringt, zieht sie siebenmal um. Zuerst macht sie ein Jahr lang Station im Hotel de la Gruta, danach geht es in die Villa Chichita, in die Villa Nydia, die heute als Che-Museum fungiert, dann in die Villa Carlos Pellegrini[28], später in die Chalets Fuentes, Forte und Ripamont und schließlich wieder zurück in die Villa Nydia. Wir sind ein Wanderzirkus in permanentem Chaos – genauer, alle anderen aus meiner Familie, ich selbst bin ja noch nicht geboren. Jede Wohnstätte der Guevaras verwandelt sich unvermeidlich in einen Gerümpelschuppen, ein regelrechtes *capharnaüm*[29]. Gründlich gereinigt werden sie nur, wenn sich Besuch ankündigt. Besonders die Villa Chichita ist in einem bemitleidenswerten Zustand, Risse ziehen sich durch Boden, Wände und Decke. Die oberen Abschnitte der Decke sind miserabel isoliert, was dazu führt, dass Windstöße durch die Wohnung fegen. Die Heizung funktioniert natürlich nicht und meine Eltern haben kein Geld, um Abhilfe zu schaffen. Zur Ehrenrettung meines Vaters ist zu sagen, Alta Gracia war kein Ort, der sich für Geschäfte eignete. Dennoch konnte er dank der Intervention eines Freundes einen Vertrag für einen Hotelbau an Land ziehen, zeichnete dafür die Pläne und beeilte sich, das verdiente Geld rasch zu vermehren. Ich meine mich zu erinnern, dass er gleich darauf auch die Pläne für einen Golfplatz entwarf. Doch es waren immer nur ein paar fette Monate.

Im Winter schlottert die ganze Familie. Eines Tages kommt meine Mutter auf die Idee, ein großes Tischtuch zu kaufen, das bis auf den Boden reicht, und einen kleinen Heizlüfter unter den Tisch zu stellen. So werden wenigstens Beine und Füße warm. Das restliche Haus ist ein Eisschrank. Trotzdem beklagt sich meine Mutter nie. Sie scheint sich bereitwillig an alle Situationen zu gewöhnen. Sie, die in ihrer Jugend so schöne Kleider trug, läuft nun im bescheidensten Aufzug herum. Gewöhnlich trägt sie eine Hose und darüber eine einfache Hemdbluse, ab und an auch einmal einen Rock oder ein Kleid. Sie schneidet ihr Haar kurz, damals unvorstellbar für eine Frau. Wenn die Leute ihr begegnen, raunen sie: »Celia sitzt am Steuer!«, »Celia trägt eine Hose!«, »Celia war nicht in der Messe!« Alta Gracia ist eines jener Provinznester, in denen jeder jeden kennt und alle übereinander tratschen. Nachdem sich meine Mutter in ihrer Jugend ernsthaft mit dem Gedanken beschäftigte, ins Kloster einzutreten, hat sie die Pfaffen mittlerweile gefressen. Wir hegen den Verdacht, dass ihr Antiklerikalismus sich den Jahren im Internat verdankt, der Tatsache, dass die Schwestern sie gezwungen haben, auf Maiskörnern zu knien und zehntausendmal hintereinander das Vaterunser zu beten. Es ist nur natürlich, dass sie, seit sie das Mädchenpensionat hinter sich gelassen und das Weltliche entdeckt hat, eine tief verwurzelte Abneigung gegen die Kirche hegt. Sobald sie ein religiöses Gebäude auch nur von außen sieht, bekommt sie schlechte Laune. Sie ist das Lieblingsthema des örtlichen Geredes, aber sie macht sich nichts daraus. Wir haben einen schlechten Ruf. Meine Eltern sind als liberale und permissive bunte Vögel verschrien, deren Kinder alles dürfen, Bälger, die nach Lust und Laune mit allem möglichen Gesindel herumhängen. In der Tat leben die Guevara-Sprösslinge frei wie die Vögel in der Luft. Sie müssen sich an keinerlei Zeiten halten. Dazu kommt, dass die Eltern ihre Töchter genauso behandeln wie ihre Jungs: Sie machen keinerlei Unterschied zwischen ihnen. Das Einzige, was sie ihren Kindern abverlangen, ist, dass sie lernen und andere mit Respekt behandeln. Die Familie hält zusammen wie Pech und Schwefel. Niemand kümmert sich um das Geschwätz der Leute, am wenigsten Ernesto.

Meine Mutter ist alles andere als eine Hausfrau, Haushalt und Küche sind ihr egal, sie hat davon nicht die leiseste Ahnung. Ohne falsche Scham gibt sie zu, dass die Führung des Haushalts nicht ihr Ding ist, und bereut das aber gleich wieder in Augenblicken der Selbstkritik, in denen sie sich ihre Fehler minutiös vor Augen führt. Und doch ist sie ihren fünf Kindern eine großartige Mutter (Ana María und ich kommen 1934 und 1943 zur Welt). Viel wichtiger für sie ist, dass wir etwas lernen. Auf diesem Gebiet ist ihr kein

Aufwand zu groß. Besonders gilt das für Ernesto – weniger für mich später –, dem sie Lesen, Schreiben und Französisch beibringt. Bis er neun Jahre alt ist, muss Ernesto wegen seines Asthmas immer wieder zu Hause bleiben. Meine Mutter lehrt ihn, was er in der Schule versäumt. Dank der Qualität ihres Unterrichts kann er am Ende nicht nur mit den Klassenkameraden mithalten, sondern sie locker überholen.

Celia de la Sernas Standhaftigkeit ist legendär. Sie ist weder besonders herzlich noch mitteilsam. Zuneigung oder ein Lob von ihr zu bekommen, ist ziemlich aussichtslos. Weil Disziplin und Wissen in ihren Augen über allem stehen, beharrt sie darauf, dass wir uns weiterentwickeln, lernen, Erkenntnisse sammeln und Kritik üben. Sie vertritt einen unerschütterlichen Stoizismus, der in seiner Opferbereitschaft sehr jüdisch-christlich ist. Aber sie hat auf der anderen Seite ein enormes Mitgefühl, eine ausgeprägte Fähigkeit zu Solidarität und Einfühlungsvermögen. Sie ist ganz anders als mein Vater, nämlich beständig und zuverlässig. Während sie fünfhundert Seiten dicke Bücher verschlingt, liest er Gedichte, weil das schneller geht – wenn er sich nicht sogar damit zufriedengibt, den Klappentext eines Buchs zu überfliegen und anschließend haarklein dessen Inhalt herzufabulieren, als hätte er das Buch von der ersten bis zur letzten Seite durchgeackert.

Bei uns macht jeder, was ihm behagt. Meine Eltern schreiben uns keine Regeln vor, weil Kinder nach ihrer Überzeugung in einem Klima unbedingter Handlungs- und Gedankenfreiheit aufwachsen sollen. Von klein auf müssen wir unsere Probleme alleine lösen. Meine Eltern versuchen nie, uns Lösungen vorzugeben. Sie ermutigen uns dazu, findig zu sein, weil sie wissen, dass wir unsere eigenen Erfahrungen machen und daraus lernen müssen. Unermüdlich wiederholen sie, dass das Leben unser Lehrmeister ist. Wir haben nicht das Recht, das Boot auf Grund zu setzen, das Spiel zu verlieren, zu kapitulieren oder uns zu beschweren. Wenn jemand quengelt, weisen sie ihn zurecht: »Heulsusen ab in die Kirche!« Sie sind extrem anspruchsvoll, was eigene Leistung betrifft. Für uns ist alles klar, glasklar. Wir wissen genau, was sie von uns erwarten.

Es ist ein Tollhaus: Jeder, aber auch jeder von uns hat einen Sprung in der Schüssel, angeführt vom Oberverrückten, meinem Vater. Wir piesacken, streiten uns, bis die Fetzen fliegen, und bringen einander zur Weißglut. Es ist nie langweilig. Im Gegenteil, es ist ein Riesenspaß! Mein Bruder Roberto beispielsweise hat eine Regel etabliert, die wie folgt lautet: »Wer sich beugt, hat das Nachsehen. So will es das Gesetz!« Das bedeutet schlicht, wenn du dich bückst, um irgendetwas aufzuheben, tritt dir irgendeiner in den Hintern. Deshalb wagt keiner von uns mehr sich zu bücken. Sieht man etwas auf dem Boden liegen, wittert man sofort eine Falle und ignoriert es. Als uns eines Tages ein Cousin besucht, steckt sich Roberto einen tragbaren Bratgrill hinten in die Hose und zieht ein langes Hemd darüber, das den Abdruck der Metallrippen im Hosenstoff verdeckt. Dann beugt er sich weit hinunter, als wolle er etwas vom Boden aufheben. In Beachtung der Strafregel bricht mein Cousin sich beinahe den Fuß, als er ihm einen Tritt in den Hintern verpasst. Wir haben auch das Spiel der reifen Frucht eingeführt. Alle Kumpels im Viertel müssen diesen Härtetest bestehen, um in der Guevara-Bande akzeptiert zu werden. Er besteht darin, dass man in drei bis vier Metern Höhe mit den Armen am Ast eines Baums hängt, bis man vor Erschöpfung herunterfällt.[30] Wie in vielen anderen brilliert Ernesto auch in diesem Spiel. Er schafft es, fast eine Ewigkeit dort hängenzubleiben. Außerdem macht es ihm Spaß, auf Brückengeländern zu spazieren und in den Abgrund zu schauen. Wenn Roberto und Ernesto miteinander kämpfen, behält Ernesto normalerweise die Oberhand. Er ist nicht nur älter, sondern auch leidenschaftlicher bei der Sache. Aber Roberto kennt die Schwachstelle seines älteren Bruders und weiß sie auszunutzen. Als Racheakt versteckt er dann und wann einen Kübel mit eiskaltem Wasser irgendwo im Garten, den er Ernesto im rechten Augenblick über den Kopf gießt. Das bringt ihn wegen seines Asthmas zur Strecke.

Schon als kleines Kind zeigte sich Ernestos starker Charakter. Er ist ein Trotzkopf. Meine Tante Carmen ist sich sicher, dass seine Menschenscheu von seiner überlegenen Intelligenz herrührt. Tatsache ist, dass er alles mit einer schwindelerregenden Schnelligkeit erfasst. Nur selten braucht er eine Erklärung. Sein eiserner Wille, seine Entscheidungskraft und Verwegenheit sind ungewöhnlich. Er hat die manchmal widersprüchlichen Charaktereigenschaften meiner Eltern geerbt: das Nachdenkliche und dennoch mutig Unternehmerische von meinem Vater und die Bestimmtheit und Beharrlichkeit von meiner Mutter. Diese perfekte Mischung erlaubt es ihm, seinen Ideen auf den Grund zu gehen und seine Vorhaben erfolgreich abzuschließen. Meine Eltern bestehen immer darauf, dass wir zu Ende bringen, was wir begonnen haben. Dabei ist ihr Vorgehen völlig unterschiedlich: Mein Vater schert sich keinen Deut darum, *wie* man sein Ziel erreicht hat, während es für meine Mutter wesentlich ist, dass man auf gerechte und anständige Weise agiert. Das erinnert mich an zwei bezeichnende Anekdoten. Als ich das Gymnasium besuchte, unterschrieb ich meine Zeugnisse selbst. Weit davon entfernt, der beste Schüler meiner Klasse zu sein, verspürte ich nie besondere Lust, mir langweilige Strafpredigten anzuhören. Außerdem verlangte niemand von mir Rechenschaft – außer Ernesto, der darauf bestand, dass ich mich mehr anstrengte. Eines Tages bekam mein Vater zufällig mein Zeugnis in die Finger und zeichnete es ab. Am Tag darauf bestellt mich die Schulleiterin ein und bittet mich, ihr den Unterschied zwischen den beiden Unterschriften zu erklären. Ich log das Blaue vom Himmel herunter und erzählte, mein Vater sei unpässlich gewesen, und seine Hand habe gezittert. Sie ruft an, um die Geschichte zu verifizieren. Mein Vater eilt daraufhin zur Schule, wo ihn die Rektorin mit ihrem Verdacht konfrontiert. Er hört aufmerksam zu, wobei er eine ernste Miene aufsetzt, die nicht den geringsten Zweifel an seiner Seriosität aufkommen lässt. Doch was macht er? Er bestätigt meine Lügen, ohne mit der Wimper zu zucken! Als wir aus der Tür sind, sagt er zu mir: »Dummkopf! Warum sagst du mir nicht, dass du deine Zeugnisse selber unterschrieben hast? Und warum kannst du meine Unterschrift nicht ordentlich nachmachen?« Meine Mutter hat nie davon erfahren. Sie wäre ausgerastet. Als ich dreizehn war, wurde ich einmal von der Polizei in Gewahrsam genommen. Mein Vater warf mir anschließend vor, dass ich mich hätte festnehmen lassen, ohne zu versuchen, den Grund meiner Verhaftung zu erfahren. Meine Mutter fragte mich, was ich angestellt hatte, um auf der Polizeiwache zu landen. Das ist typisch. Meinen Vater interessierte lediglich das Ergebnis, aber wie es dazu kam, war ihm egal. Für meine Mutter zählt der Weg dahin genauso viel.

Weitere Qualitäten, die bei den Guevaras hoch im Kurs stehen, sind Schneid und Wagemut. Auch hier geht Ernesto mit leuchtendem Beispiel voran. Man hat mir erzählt, dass eines Morgens – Ernesto muss zehn oder elf Jahre alt gewesen sein – ein Schafbock aus der Koppel entkommen ist und das Viertel in Aufregung geriet. Der Junge machte Jagd auf ihn, erwischte ihn bei den Hörnern, kämpfte eine Weile mit ihm, bis er ihn schließlich niederrang und bändigte. Er hatte ganz blutige Knie, was er offenbar gar nicht bemerkte. Dann ging er zur Schule, als wäre nichts gewesen. Alle Klassenkameraden bewunderten ihn. Sie unterwarfen sich aus freien Stücken seiner Autorität. Er musste gar keine Befehle erteilen oder sich aufplustern: Er war eine geborene Führungspersönlichkeit. Für Roberto war es manchmal nicht leicht, einen solchen Bruder zu haben. Und mit den Jahren wurde es für ihn noch schwerer. Dennoch war Ernesto weder eingebildet noch ein Aufschneider. Er erledigte seine Angelegenheiten mit größter Bescheidenheit, ohne jemals damit zu prahlen.

Unser Haus ist ein Taubenschlag, andauernd gehen irgendwelche Freunde aus allen erdenklichen gesellschaftlichen Schichten ein und aus. Die Tür steht immer offen. Meine Eltern haben keiner sozialen Klasse gegenüber Vorbehalte. Sie wünschen sich ganz im Gegenteil, dass ihre Kinder mit allen Milieus in Berührung kommen. Also sind unsere Freunde die Söhne und Töchter von Bergarbeitern, Golfjungen, Arbeitern, Hotelangestellten und später auch Flüchtlingen aus dem Spanischen Bürgerkrieg. Meine Mutter streitet für die kostenlose Schulspeisung für bedürftige

Mitschüler (und erreicht am Ende ihr Ziel). An den Wochenenden fährt sie in unserem Auto eine ganze Ferienkolonie zum Wandern in die Berge, in der »Catramina«[31], einer Rostlaube, die mein Vater einem Freund abgehandelt hat. Unser fahrender Schrotthaufen Catramina besteht eigentlich aus nicht viel mehr als einer Sitzfläche. Etwas später hat sie nur noch eine Tür, weil die anderen der Reihe nach weggerostet sind! Was soll's, so lange sie fährt. Sie wird übrigens unser erstes und letztes Auto gewesen sein. Mein Vater ist nämlich der Typ Mann, dessen Geschäfte sich regelmäßig vom Schlechten zum Schlechteren hin entwickeln. Es beginnt mit einem bildhübschen Auto, geht weiter mit einem fahrbaren Untersatz und endet mit – gar keinem Auto! Er kann ebenso gut in einem Palast wie in einem Baumhaus leben.

Ches zahllose Biographen haben sich gern bei meiner Mutter aufgehalten und meinen Vater geflissentlich übergangen, als hätte er nie existiert, als hätten wir gar keinen Vater gehabt. Das ist ein schwerer Fehler. Man muss diese rettungslos versponnene Persönlichkeit ausgraben, die alle so anhimmelten und so furchtbar drollig, so charmant, brillant, liebreizend, unglaublich begabt und manchmal schon beinahe göttlich fanden. Er war ein Schlangenbeschwörer, von einem schier unglaublichen Spürsinn, einer herausragenden Fähigkeit, Wissen zu speichern, und einem verblüffenden Verständnis für Mathematik. Das Problem bestand einzig und allein darin, dass er mein Vater war. Denn als Vater war er eine Null, verantwortungslos, unbeständig, einer, der den Karren andauernd gegen die Wand fuhr, der unablässig neue Projekte entwarf, ohne sie jemals zu Ende zu bringen. Er war ein Künstler, dem wir es zu verdanken hatten, dass wir ständig auf der Kippe lebten, ein Mensch mit hochfliegenden Plänen und ohne jedes Durchhaltevermögen, ein Dichter, der keine Gedichte schrieb, sondern immerzu die Metapher suchte, ein in das Leben Verliebter, mal hierhin, mal dorthin unterwegs, stets mit durchgedrücktem Gaspedal. Gleichzeitig an- und abwesend, war er eher Rädelsführer als Vater. Er spielte mit uns, während er sich gleichzeitig nicht die Bohne um uns kümmerte.

Er war groß von Statur, sah gut aus und war ein exzellenter Tänzer. Ein gut aussehender, athletischer, leichtfüßiger Mann, der die Frauen betörte. Ich glaube außerdem, dass er zahlreiche Liebschaften hatte, bevor ihn meine Mutter endlich vor die Tür setzte. Es kursiert hierzu eine Familienanekdote, die uns noch heute zum Lachen bringt: Eines Tages, als er mit Ana María in Mar del Plata spazieren geht, begegnen sie einer Frau, die er kennt. Er beginnt, ihr Avancen zu machen und mit ihr zu flirten. Plötzlich ruft meine Schwester aus: »Aber Papi, du sagst zu allen Frauen dasselbe!« Mein Vater war wie vom Blitz getroffen.

Er war über die Maßen geistreich und gescheit, aber alles, was er sagte, musste man zuerst filtern. Man wusste nie, was übertrieben war und was nicht. Er ließ alles in einem schöneren Licht erscheinen, modellierte Wahrheit und Wirklichkeit derart feinsinnig nach seinem Belieben, dass es schier unmöglich war, ihn der Lüge zu überführen. Er, der nie sein Architektur- oder Ingenieurstudium beendet hatte, baute dank seiner Verbindungen Häuser und Hotels, und offenbar hatte er eine unfassbar große Zahl von Freunden. Wenn die Leute ihn als »Architekt« bezeichneten, nickte er mit dem Kopf als Zeichen der Zustimmung. Auch wenn sie ihn »Doktor« nannten, erwiderte er ein Ja. Er bezeichnete sich als Graphologe, hatte Graphologie aber natürlich nie studiert. Was ihn nicht hinderte, den Charakter einer Person absolut zutreffend zu erraten, wenn er ihre Handschrift untersuchte.

Seine Taschen waren fast immer leer. Und waren sie einmal voll dank eines Großprojekts, so zögerte er keine Sekunde, das Gewonnene mit vollen Händen zu verprassen. Er ging mit uns dann in die besten Restaurants oder ins Kino. Der Form halber fragte er, welchen Film wir sehen wollten. Doch am Ende wurde gemacht, was *er* wollte: Er wählte den Film aus, schlief im Kinosessel ein und besaß anschließend die Stirn, darüber zu fabulieren, als hätte er den Film wirklich gesehen, und mit uns auch noch herumzudiskutieren, die wir ihn von Anfang bis Ende aufmerksam verfolgt hatten! Das machte Ernesto rasend. Wir konnten an einem Abend über den edelsten Gerichten dinieren und die nächsten Monate am Hungertuch nagen. Stand er mit einem Blumenstrauß vor der Haustür – und das geschah oft! –, wussten wir, dass er wieder einmal bis auf den letzten Cent abgebrannt war. Er war zufrieden, wenn er in Geld schwamm, und genauso zufrieden, wenn er blank war. In seiner Familie galt er als Versager. Alle seine Brüder hatten Diplome und Karrieren vorzuweisen. Und auch wenn er sich, Spross der Familie, als Guevara-Lynch ansprechen ließ, war er doch eine durchgeknallte Existenz, die mit niemandem klarkam. Er war ein deklassierter Bourgeois. Was umgekehrt nicht heißt, dass er Revolutionär, Proletarier oder Sozialist gewesen wäre. Er war vielmehr ein Flattergeist, der sich, leicht wie eine Feder, immer nach dem Wind richtete. Jahrelang war er Yankeefreund, dann Antikommunist, schließlich Erzkommunist auf Kuba, wo er die Rolle »Vater von Che« gab, sich vom kubanischen Staat aushalten ließ und die *Internationale* schmetterte. Und natürlich war er auch Antiperonist, Antifranquist, Prorepublikaner und unterstützte einmal sogar eine antifaschistische Organisation in Córdoba. Er griff exilierten Spaniern unter die Arme, die in Alta Gracia wohnten und zu einer ansehnlichen Kolonie angewachsen waren. Er war nicht einzuordnen. Alles war ihm egal, wie eine Katze fiel er immer wieder auf die Füße. Es war vollkommener Wahnsinn, wie seine Kinder von der Hand in den Mund lebten. Wir hatten immer nur alles oder nichts.

Er veralberte uns unaufhörlich und erfand Streiche, er hatte einen beißenden Humor. Unsere Freunde sagten immer, er sei das witzigste und sympathischste Mitglied der Familie. Alle Welt brachte er zum Lachen. Er war ein genauer Beobachter und hatte eine exzellente Strichführung, wenn er in wenigen Minuten eine seiner tollen Karikaturen hinwarf. Aber er schien Angst vor allem Neuen zu haben. Wenn er sich an etwas Neues wagte, verpfuschte er es mit Absicht. Er war Atheist, aber überaus abergläubisch – was er allerdings zu verschleiern suchte. Oft trug er eine Weste über dem Hemd. Er zog sie mehrmals an und aus, bevor er sie schließlich am Körper behielt, um auf diese Weise Unglück von sich abzuhalten. In diesem Punkt konnte ihm niemand mit Vernunft kommen: Er ärgerte sich dann und sagte, das zerstöre seine Inspiration. Wenn er eine Dreizehn sah, strich er wie ein Vogel mit dem Arm von oben nach unten durch die Luft, um den bösen Zauber zu verscheuchen. Auf Treppen vermied er grundsätzlich die dreizehnte Stufe. Eines Tages machte ich ihn darauf aufmerksam, dass das Überspringen dieser Stufe wenig half: Wie immer er es anstelle, sei doch jede Stufe, auf die er nach der zwölften den Fuß setzte, unweigerlich die dreizehnte. Damit brachte ich ihn in ein derartiges Dilemma, dass er verstummte und einen Monat lang nicht mehr mit mir sprach. Übrigens verließ er auch jeden Ort immer genau an der Stelle, von der aus er ihn betreten hatte. Einmal gingen wir zu einem Freund, der nicht zu Hause war, seine Tür war verschlossen. Wir hatten keinen Schlüssel und stiegen durchs Fenster ein. Als wir wieder aufbrachen, verließ mein Vater das Haus durch genau dieses Fenster. Einfach aus der Tür zu gehen, war ihm unmöglich. Er war im Übrigen hochgradig hypochondrisch und wähnte sich stets kurz davor, ins Gras zu beißen. Sein ganzes Leben verbrachte er damit, über eingebildete Krankheiten zu klagen. Wenn es nicht Kinderlähmung war, war es irgendetwas anderes. Niemand gab etwas darauf. Unsere Freunde hielten uns für hartherzig und unsensibel. Manchmal sahen sie, wie mein Vater sich erhob und, die rechte Hand aufs Herz gepresst, das Herannahen eines Infarkts befürchtete. Sie wunderten sich darüber, dass meine Mutter nicht die Ambulanz rief. Gleichzeitig war er dazu imstande, die dümmsten Risiken auf sich zu nehmen und in den verrufensten Vierteln Tango zu tanzen.

Unser Haus ist mit Büchern vollgestopft. Alle interessieren wir uns für Literatur, Philosophie und Kultur. An allem darf es uns mangeln, alles um uns herum mag einstürzen und kaputtgehen, die Leitungsrohre konnten zum Beispiel komplett verstopfen und derlei Dinge mehr – es würde niemanden weiter beunruhigen. Eine Versorgungslücke in Sachen

Bücher aber – wie grauenhaft! Wir haben französische Bücher, die noch nicht ins Spanische übersetzt sind, Trotzkis Werke zum Beispiel. Meine Brüder und Schwestern sind allesamt lernbegierig. Vor allem Celia und Ernesto sind regelrechte Lesemaschinen. Sie versehen sämtliche Ausgaben mit Anmerkungen und fressen sie in sich hinein. Wer eines dieser Bücher nachher lesen will, bekommt die ganzen Randnotizen mit aufgehalst. Ernesto ist noch schlimmer als Celia. Es hat den Anschein, als unterhalte er sich mit dem Autor. Er liest viel auf Französisch. Und er hat die schreckliche Gewohnheit, die Bücher mit aufs Klo zu nehmen und Ewigkeiten dort sitzen zu bleiben. Pech für den, der mal muss. Bittet man ihn, endlich das Klo freizugeben, fängt er an, Gustave Flaubert, Alexandre Dumas oder Baudelaire zu zitieren, auf Französisch versteht sich, damit man sich noch mehr aufregt! Das Ganze mündet üblicherweise in ein Streitgespräch, das bedeutet endlose Dialoge, die in der ganzen Nachbarschaft widerhallen. Bei uns spricht man nämlich nicht, man schreit sich die Seele aus dem Leib. Sogar gemäßigte Unterhaltungen enden regelmäßig in Geschrei. Meine Eltern gehen nie von dem Grundsatz aus, dass sie recht haben. Im Gegenteil, alles und jedes kann, ja muss, ausdiskutiert, mit Argumenten belegt werden. Der kritische Geist steht ganz oben auf der Agenda. Sie bringen uns bei, niemals ein Dogma oder einen bestimmten Glauben blind zu akzeptieren. Alles geht durch den Fleischwolf der Auseinandersetzung. Ernesto ist der beste Debattierer von uns allen, der Intelligenteste in puncto Logik, analytische Schärfe und Provokation. Er bringt immer die tiefschürfendste, klarste und präziseste Kritik hervor. Von klein auf zeigt er eine erstaunliche Lesedisziplin: Die Zeit, die er durch sein Asthma ans Bett gefesselt ist, nutzt er dazu, Texte zu verschlingen.

Der militante Aktivismus meiner Mutter hat seine Wurzeln vermutlich in ihrer Familie. Die de la Sernas haben sich immer endlose Debatten geliefert. Sie hatten von Natur eine protestlerische Ader. Zum Beispiel prangerten sie Franco an, während alle argentinischen Familien des oberen Bürgertums ihn befürworteten. Doch Politik war für meine Mutter noch ein abstrakter Begriff, als sie schon zwei Jahre in Misiones lebte. Erst das Unrecht, das den *mensú* zugefügt wurde, weckte in ihr ein politisches Bewusstsein, das sich aus Erfahrung und persönlicher Zeugenschaft schöpfte. Von dem militanten Antifaschismus meines Vaters bis zu den politischen Aktivitäten meiner Mutter ist unsere Familie entschieden engagiert und aktiv. Dennoch haben meine Eltern niemals einer wie auch immer gearteten Partei angehört, nur den entsprechenden Bewegungen. Bei uns ist jeder frei, mehr oder weniger das zu denken, was er will, unter der selbstverständlichen Bedingung, dass er keine faschistischen Ideen vertritt. Unser Haus ist für zahlreiche engagierte Persönlichkeiten ein Ort der Begegnung. Auf diesem durch und durch politisierten familiären Boden gedeiht Che.

Im Jahr 1934 wird mein Vater in den Krieg zwischen Paraguay und Bolivien verwickelt. Als Bolivien, unterstützt von den Vereinigten Staaten, den schwächeren Nachbarstaat angreift in der Absicht, ihn sich einzuverleiben, treffen sich die Parteigänger Paraguays regelmäßig in unserem Haus. Später hat meine Mutter mir erzählt, dass Ernesto, der zu der Zeit fünf Jahre alt ist, diese Unterhaltungen mit einer für Kinder dieses Alters äußerst ungewöhnlichen Aufmerksamkeit verfolgte, um jeden noch so winzigen Krümel dieser Gespräche aufzupicken.

Als unser Onkel »Policho« Iturburu als Korrespondent der Zeitung *Crítica* nach Spanien geschickt wurde, um über den Bürgerkrieg zu berichten, wohnte meine Tante Carmen bei uns. Sicherheitshalber schickte Policho seine Chroniken zu uns. Meine Familie las sie, bevor sie an die Zeitung weitergeleitet wurden, sodass wir die Ersten waren, die von den Geschehnissen erfuhren. Ernesto hatte eine riesige Spanienkarte an seine Zimmerwand gehängt. Er verfolgte den Konflikt in allen Einzelheiten und markierte das Vorrücken der Republikaner durch kleine Fähnchen. Da war er neun Jahre alt. Es gab noch einen anderen Grund, sich für die schicksalhaften Ereignisse in Spanien zu begeistern: Der Arzt und republikanische Aktivist Juan González Aguilar war nach Alta Gracia ins Exil geflüchtet, unmittelbar gefolgt von Oberst Enrique Jurado, dem Helden der Schlacht von Guadalajara.[32] Unsere beiden Familien waren einander sehr nahe gekommen.

Wo wir auch wohnen, immer sind Boden und Wände von politischen Flugblättern übersät. In den Vierzigerjahren, als meine Mutter Mitglied des Comité de Gaulle geworden war, einer französisch-argentinischen Unterstützungsorganisation der Résistance, schmückte sie die Wohnzimmerwände mit einem Porträt des Generals. Anschließend trat sie der antiperonistischen Organisation Monteagudo bei, nahm an geheimen Versammlungen teil und demonstrierte auf den Straßen gegen General Juan Perón, wobei sie rief: »Es lebe die Freiheit, nieder mit Perón!« Als Polizisten sie eines Tages an den Armen festhielten, um ihr Geschrei zu beenden, brüllte sie: »Lasst mich los, ihr Schergen der Gestapo!«

1954 berauschte sie sich an der Niederlage der Franzosen in Điện Biên Phủ. Sie arrangierte sogar ein Fest in unserem Haus in Buenos Aires, wo als Beweis eine Ausgabe der *Paris Match* auf dem Tisch lag, auf deren Titelseite die Rede von der Wunde war, die man Frankreich zugefügt hatte. Dieser Kontrast machte auf mich einen tiefen Eindruck.

Die Jahre in Alta Gracia waren eine schöne Zeit, auch wenn sich die Beziehung meiner Eltern allmählich zum Schlechten wandte. Zwischen ihnen herrschte eine Hassliebe. Ich glaube, meine Mutter war in den ersten Jahren ihrer Ehe sehr verliebt. Es brauchte auch ein gehöriges Maß Liebe, um einen Unterhaltungskünstler und Traumtänzer wie meinen Vater zu ehelichen und all seine Verstiegenheiten zu ertragen. Doch nach und nach wurde sie seiner Eskapaden überdrüssig. Mein Vater wiederum begann, schwermütig zu werden. Er gab vor, an Neurasthenie zu leiden. Alta Gracia war ein Provinznest. Es passierte nicht nur nichts, es war auch ein stiller Rückzugsort für Schwerkranke. Für einen nachtaktiven Hafenmenschen wie ihn, einen *porteño*[33], war diese Ruhe eine Tortur. Den größten Teil seiner Zeit verbracht er im Hotel Sierras, dem schicken Treffpunkt ortsansässiger Kleinbürger. Das Etablissement verfügte über einen fantastischen Swimmingpool, in dem wir alle schwimmen gingen. Ernesto hatte mit dem Schwimmen angefangen und brillierte darin schon genauso wie meine Mutter und mein Onkel. Der Champion im Schmetterlingsschwimmen, Carlos Espejo Pérez, hatte sich im Übrigen mit ihm angefreundet und gab ihm kostenlose Trainingsstunden. Jahre später, während der Invasion auf Kuba[34], waren Ernestos Schwimmkünste ihm selbst von großem Nutzen, nämlich bei der Überquerung der Flussläufe der Sierra Maestra.

Wenn es gilt, Blödsinn zu treiben oder Streit anzuzetteln, halten Ernesto und Roberto wie Pech und Schwefel zusammen. Sie führen eine Bande an, Weltverbesserer in kurzen Hosen. Meine Eltern hegen den Verdacht, dass ihre Unternehmungen nicht immer ganz einwandfrei sind, lassen sie aber gewähren, vertrauen auf ihre Nichteinmischungspolitik. Außerdem tun meine Brüder nichts Untadeliges. Ihre Vertrauenswürdigkeit bezeugt eine gelungene Heldentat, die in die Annalen von Alta Gracia Eingang fand. Die Elektrizitätsgesellschaft (ein Ableger der Schweizer Firma Erliska) hatte die Stromtarife auf skandalöse Weise in unverantwortliche Höhen geschraubt. Die Bewohner der Provinz Córdoba waren es nicht gewohnt, sich derartigen Willkürakten zu beugen. Doch wiederholten Protesten zum Trotz wurden die Preise um kein Jota nach unten korrigiert. Meine Brüder kamen auf eine Lösung: Wie sie herausfanden, schrieb eine städtische Verordnung vor, dass jede durchgeschmorte Glühbirne in einer öffentlichen Straßenlaterne noch am selben Tag vom Elektrizitätsunternehmen ersetzt werden musste. Außerdem stand der Firma von Seiten der Stadtverwaltung ein Bußgeld von zehn Dollar pro defekter Laterne ins Haus. Nun machten sich Ernesto, Roberto und ihre Bande ans Werk und sorgten dafür, dass sämtliche Birnen kaputtgingen. Der Bürgermeister drückte hinsichtlich der Ursache des plötzlichen Funktionsausfalls beide Augen zu, und das Stromunternehmen korrigierte am Ende seine Tarife. Ernesto zog daraus eine Lehre: Manchmal ist die Aktion das einzig wirksame Mittel gegen Ungerechtigkeit.

Meine Eltern sind beide ganz mit Ernestos Krankheit beschäftigt. Sie wachen abwechselnd an seinem Bett, lesen ihm vor, helfen ihm bei den Hausaufgaben. Mein Vater verbringt Stunden damit, ihn Schach zu lehren. Ernesto braucht nicht lange, um ihn zu schlagen. Schon bald spielt er konkurrenzlos gut. Dank des Klimas in Alta Gracia werden seine Asthmaanfälle seltener, sie haben zudem an Heftigkeit verloren. Meine Eltern bestehen darauf, dass er ein normales Leben führt, und lassen ihn Sport treiben. So trainiert er Golf und Rugby und verausgabt sich dabei restlos. Er kann nichts nur mittelmäßig machen. Auf dem Rugbyfeld dreht Ernesto derart auf, dass seine Freunde ihm den Spitznamen »Fuser« geben, ein Akronym aus »Furibundo[35] Serna« (er unterschreibt mit Guevara-Serna, also ohne die Adelspartikel, die für seinen Geschmack zu bürgerlich waren). Er mag nicht der beste Spieler sein, ist aber immer am Ball. Seinen anderen Vornamen, »Chancho« (Schwein), verdankt er seiner abgeplatteten Nase und der Tatsache, dass er es nach einem Match nur in Ausnahmefällen unter die Dusche schafft. Er geht, ohne sich vorher umzuziehen, tanzen – wo er allerdings eine klägliche Figur macht und jedes Rhythmusgefühl vermissen lässt. Die Welt erinnert sich an den Ernesto in der makellosen grünen Armeeuniform, dem breiten Gurt und dem Barett auf dem Kopf. Sein Kleidungsstil wurde emblematisch. Innerhalb der Familie haben wir uns darüber totgelacht. Ernesto war der abgerissenste, Moden gegenüber resistenteste Mensch auf der Welt! Er trug jeden Tag dasselbe abgewetzte Nylonhemd, das zur Hälfte aus der Hose hing, dazu völlig unpassende Schuhe, die er irgendwo auf dem Trödel erstanden hatte. Sein Hang zum Spöttischen ging immerhin weit genug, dass er sich über sein Hemd selbst lustig machte. Er taufte es »das Wöchentliche«, weil er es nur einmal in der Woche wechselte. Wenn er sich endlich unter die Dusche bequemte, kam es vor, dass er das Hemd noch anhatte! Er dachte, so würde es gleich mitgewaschen. Er trieb es so weit, dass er den Beinamen »Chancho« übernahm und, weit davon entfernt, erbost zu sein, selbst darüber lachte. Und wenn er Artikel für die Rugby-Zeitschrift *Tackle* verfasste, diese sogar mit »Chancho« unterschrieb. Mein Vater empfand das als Kränkung und wurde wütend. Es war ihm sehr unangenehm, wenn sein Sohn sich zum Gespött machte, weil er sich dadurch persönlich getroffen fühlte. Mit dem üblichen Humor hielt Ernesto dagegen, indem er fortan kurzerhand mit »Chang Cho« unterzeichnete.

Kurz, er pfiff auf seine äußere Erscheinung und schien seinen Sexappeal nicht zu bemerken. Dem ungeachtet drängten sich die Mädchen, von seinem Charme und seiner Persönlichkeit sichtlich angezogen, seit seiner Jugend um ihn. Tatsache ist, dass er mit seinen ausdrucksstarken, lachenden Augen, seinem üppigen Wuschelkopf und seinem einnehmenden Lächeln als äußerst verführerisch galt. Obendrein war er waghalsig und sportlich und strahlte Brillanz und Kultiviertheit aus – *todo el paquete*, wie die Argentinier sagen. Sein Freund Alberto Granado (der ältere Bruder von Tómas, einem seiner besten Freunde in Alta Gracia), mit dem er zu seiner berühmten Motorradtour aufgebrochen war – er hat sie in seinen *Diarios de motocicleta*[36] verewigt –, erzählte mir Jahre später, alle seine Freundinnen hätten ihn ausnahmslos angefleht, dem schönen Ernesto vorgestellt zu werden.

Mein Bruder lebte seine Liebschaften mit derselben Hingabe wie alles andere auch. Ich werde oft zu Ernestos Liebesbeziehungen befragt: »Wie war das mit den Frauen?« Und ich antworte darauf immer: »Ich kenne ihn als Abenteurer. Natürlich liebte er die Frauen.« Nur liebte er einige von ihnen auf diskretere Weise als andere. »Ich wäre kein Mann mehr, wenn ich die Frauen nicht liebte«, räumte er einem Journalisten gegenüber ein. Er war eben ein Gentleman. Aleida March machte er sehr dezent und mit großer Geduld Avancen. Er schrieb ihr Liebesgedichte, nahm sich Zeit, um sie nicht zu überrumpeln, bat sie, seinen Hemdkragen zu richten, während er am Steuer saß, oder ihn zu kämmen, als er sich den Arm gebrochen hatte, bevor er Anstalten machte, sie zu küssen. Die junge Revolutionärin war acht Jahre jünger als er und sah in ihm einen reifen Mann.

In ihrer Autobiographie erzählt sie, dass seine Augen und vor allem die Art und Weise, wie er die Menschen sah, sie augenblicklich verführt hätten. Er hatte eine bestimmte Aura, war ein mutiger, von Virilität und Poesie gleichermaßen durchdrungener Mann. Ernesto hatte sich in der Sierra Maestra in sie verliebt. So gründlich und hoffnungslos, dass, wie er ihr 1965 in einem Brief aus dem Kongo gestand, »in meinem Inneren zwangsläufig der makellose Revolutionär mit dem anderen (ein wenig) rang«. Das erste Geschenk, das Ernesto Aleida machte, war das Parfum Fleur de Rocaille von Caron.

Seine große Jugendliebe aus der Zeit vor Aleida hieß María del Carmen Ferreyra. 1950 erlebte das schöne junge Mädchen mit Ernesto seine erste große Liebe. Chichina – so ihr Spitzname – kam aus großbürgerlicher Familie. Sie führte ein goldenes Leben in einem Schloss, dem Palacio Ferreyra, und auf einer *estancia*, der Rinderfarm La Malagueña. Die Guevara de la Sernas waren zwar stadtbekannte Außenseiter, die am Hungertuch nagten, unser Name war aber noch immer gut genug, uns die Türen zur besseren Gesellschaft zu öffnen. Nicht, dass die Begegnung mit den Großbürgern uns sonderlich interessant erschien oder schmeichelte, außer vielleicht meinem Vater. Ganz bestimmt nicht Ernesto. Gegen seinen Willen hatte er sich wie wahnsinnig in die Tochter der Familie verliebt, eine Thronfolgerin, genau das also, was er immer verabscheut hatte. Die Ferreyras waren wohlhabende Landbesitzer und äußerst konservativ.

Die Nähe zu den Proletariersöhnen und den Bauern von Alta Gracia hatte die tief verwurzelte Abneigung meines Bruders gegenüber Ungerechtigkeit noch weiter verfestigt. Mein Vater erzählte immer gern, dass sein Erstgeborener schon als kleines Kind keinerlei Ungleichbehandlung ertrug und sich darüber empörte. Es war unmöglich, ihm etwas abzuverlangen, das ihm willkürlich erschien. Die Folge waren Wutanfälle, die sich nur durch allerlei Wiedergutmachungen und Entschuldigungen besänftigen ließen. Er verteidigte seine Ansichten um jeden Preis und mittels unwiderlegbarer Argumente. Für ihn war klar, dass eine Klasse die andere unterdrückte, und er hatte schon zu diesem frühen Zeitpunkt damit angefangen, gegen derlei Ungerechtigkeit zu rebellieren.

Wir lebten in beiden Welten, der kargen Welt von Alta Gracia und in einer Welt diskreter Opulenz während der Sommermonate, die wir jedes Jahr bei wohlhabenderen Verwandten zubrachten. Ernesto registrierte sehr wohl den Kontrast zwischen ihrer Lebensweise und der mancher seiner Kumpels. Er stürzte sich in die Philosophie, um dort eine Erklärung für die Ungleichheit zu finden. In Portela suchte er fast ausschließlich die Nähe der Armen und Landstreicher. Zusammen trafen sie sich unter den Brücken und tranken Mate. Er widersetzte sich immer der Norm, machte alles auf seine Art. Nicht, um Eindruck zu schinden oder auf sich aufmerksam zu machen; er war einfach ein besonderer, einzigartiger Mensch. Meine Mutter spornte ihn zu solcher Einzigartigkeit an. Sie wusste, dass sie in ihm ein hochbegabtes Ausnahmekind hatte, das auf beinahe professionellem Niveau das Schachspiel beherrschte und für sein Alter erstaunliche politische und philosophische Theorien entwickelte. Sie sorgte dafür, seinen Wissensdurst nach Kräften zu stillen. Was meinen Vater angeht, so lehrte er ihn, seine Krankheit in den Griff zu bekommen, indem er ihn körperlich forderte und zum Sport animierte. Aus Ernesto wurde ein glänzender Sportler. Er begleitete meinen Onkel Jorge oft auf seinen verrückten Reisen zu Luft, übers Meer oder in den Bergen. Sie standen sich an Kühnheit in nichts nach. Und nichts amüsierte Jorge mehr, als mitanzusehen, wie Ernesto im Gewand des armen Schluckers den Großbürgern seine Protestvorstellungen auftischte, um ihre Reaktionen zu beobachten.

Tatsächlich kreuzte Fuser-Chancho immer in völlig unmöglichen Klamotten bei den Ferreyras auf. Er studierte zu diesem Zeitpunkt Medizin. Chichinas Eltern, ein versnobtes Ehepaar, wussten zunächst nicht, was sie von diesem Besessenen halten sollten. Sie waren fasziniert von seiner überragenden Intelligenz und seiner immensen Belesenheit und gerieten, befremdet von seiner Selbstgewissheit und Impertinenz, seiner Clochard-Kluft und seinem philosophischen

Esprit, völlig aus dem Konzept. Die Vorstellungen, die er entwickelte, waren in ihren Augen albernes Zeug. So zogen sie für sich den Schluss, dass er noch jung sei und mit den Jahren Vernunft annehmen würde. In der Zwischenzeit legte er ihnen in ihren diversen Salons endlos und pedantisch und mit erstaunlicher Gewandtheit seine Ansichten dar, umgeben von einem regelrechten Hofstaat. Konnte dieser Rebell, dieser aufrührerische Hippie, eines Tages eine gute Partie für ihre Tochter abgeben? Zweimal hielt Ernesto um Chichinas Hand an, zweimal wurde er von der Schönen abgewiesen. Ich habe mich oft gefragt, ob sie das später bereut hat, als aus ihm ein Mythos geworden war. Politisch sicher nicht, denke ich, denn sie stand in keiner Weise für seine Ideen ein und hätte mitnichten die Frau eines Revolutionärs sein wollen. So oder so, die Journalisten lassen sie bis heute nicht in Ruhe.

EINE AUSSERGEWÖHNLICHE PERSÖNLICHKEIT

Ich wuchs in Ernestos strahlendem Glanz auf. Ich konnte nie aus ihm heraustreten. Bis 1956 war ich nur Juan Martín Guevara, »El Tin«, »Patatín« oder »Tudito«, wie meine Kosenamen lauteten. 1956 wurde ich allmählich der Bruder des Revolutionärs, Weggenossen Fidel Castros und furchtlosen Kämpfers Che Guevara. Und danach der einer Legende. Ich habe gelernt, damit zu leben, auch wenn es nicht immer leicht war. Seine Abwesenheit betrübte, sein Tod zerrüttete mich. Ich weiß, wie wichtig es für ihn war, jemanden zum Bruder zu haben. Ich habe mich von der fast unwirklichen Vorstellung, der Ikone, die dieser Mensch für die Öffentlichkeit war, gelöst. Das war dringend notwendig. In Buenos Aires ist sein Porträt allgegenwärtig: Es schmückt Mauern und Gehwege. Korrupte Politiker nehmen ihn für sich in Anspruch, weil er die Inkarnation des Integren ist. Ernesto war ein Fanatiker der Wahrheit um jeden Preis. Er verabscheute jeglichen Luxus.

Er war fünfzehn Jahre alt, als ich in der Calle Chile in Córdoba zur Welt kam. Schon damals war es wie ein frischer Wind, wenn er kam und ging, umhertrieb, wieder zurückkehrte, weiterzog und sein Leben lebte. Wenn er da war, behandelte er mich wie einen Sohn. Die Menschen aus dieser

Zeit bestätigen, dass er mich innig liebte, auf mich aufpasste, mit mir spazieren ging, mich in seine Arme schloss und verhätschelte. Mein Vater sagte immer, Ernesto sei seiner Familie, seinem Zuhause, hingebungsvoll zugetan und hätte sie nötigenfalls mit Zähnen und Klauen verteidigt, und dass er für mich eine besondere Schwäche gehabt habe. Er schrieb mir von all seinen Reisen Briefe. Natürlich erinnere ich mich nicht daran. Ich erkannte das Ausmaß seiner Zärtlichkeit später auf Fotos oder wenn ich seine Briefe noch einmal las: Noch in den schwierigsten Situationen wollte er, wenn er nicht direkt an mich schrieb, zumindest wissen, was es bei mir Neues gab. Von dem Moment an, da ich sprechen und die Dinge verstehen konnte, sah ich in ihm ein Vorbild. Er war kühn, verrückt, schelmisch, ulkig und abenteuerlustig. Er war außerdem selbstlos und unerbittlich rechtschaffen. Keine Spur von Schmerz oder Leid – wie er uns zuweilen präsentiert wird. Sehen Sie sich die Fotos an! Er lachte andauernd, riss die ganze Zeit Witze. Sein Lachen war ansteckend. Wir aßen oft gemeinsam zu Mittag. Keine Ahnung, wo die anderen waren: Jeder ging eben seiner Beschäftigung nach. Ich wusste, dass er mittags zurückkommen würde und wartete auf ihn. Ich wollte so viel wie möglich von ihm haben, wenn er schon mal da war, denn mir war klar, dass er nur auf der Durchreise war. Ich kostete diese Augenblicke aus. Obgleich Ernesto sehr früh zum Nomaden wurde, so blieb er uns doch immer aufs Engste verbunden, besonders meiner Mutter. Er war ein Sonnenstrahl in unserem Haus, mag es auch wie ein Klischee klingen. Genau das war seine Wirkung. Ich weiß gar nicht, wie ich das anders beschreiben könnte.

Er erzählte mir kauzige Geschichten. Er war ein Schalk

und Spötter, des tiefen Ernsts wie der albernen Posse gleichermaßen mächtig. Oft bat er mich, ihm seinen Matetee zu kochen. Bei der Zubereitung seines Lieblingsgebräus war er überaus pedantisch. Für mich war es eine Freude, für ihn das Wasser zu kochen, ich war glücklich, dass ich ihm von Nutzen sein konnte. Kühlte das Wasser während unserer Plauderei ab, versuchte er, mich in die Küche zu scheuchen, um es von neuem heiß zu machen. Ich weigerte mich. Er setzte dann eine Miene auf, als wollte er mich hauen. Wir taten, als schlügen wir uns, und fielen uns am Ende doch nur in die Arme.

Er war ein wundervoller Bruder, mehr als das: ein treuer Gefährte. Trotzdem waren seine Beziehungen zu uns vielschichtig. Er spielte zwar nicht die Rolle des dominierenden, autoritären großen Bruders, aber er war unser Beschützer. Wissen und Erkenntnis waren für ihn elementar, und genau wie meine Eltern versuchte er nie, mir irgendetwas aufzuzwingen. Er zog es vor, seinen Einfluss geltend zu machen, indem er Überzeugungsarbeit leistete. Es genügte, wenn er sagte: »Ich denke, es wäre gut, wenn du …« Mit ihm auszugehen war dagegen eine Befreiung. Wenn er mich ins Kino mitnahm, war das für mich wie ein Fest.

Genauso benahm er sich gegenüber den anderen Geschwistern, auch wenn die Beziehungen zu ihnen anders waren. Celia und Ana María liebten ihn abgöttisch. Untereinander verstanden sie sich nicht immer – zu manchen Zeiten kam es sogar vor, dass sie sich hassten –, mit Ernesto aber war immer alles gut. Celia war und ist noch heute sehr schwierig, um nicht zu sagen, unmöglich. Sie konnte lustig sein, doch die Ernsthaftigkeit war ihr auf den Leib geschneidert. Fing Ernesto an, Karl Marx zu lesen, tat sie es ihm gleich. Sie trat in seine Fußstapfen und vertraute blind seinem Urteil. Ernestos Tod riss ihr den Boden unter den Füßen weg. Sie fühlte einen furchtbaren, unerträglichen Schmerz, der nicht wegging, einfach nicht wegging. Von uns allen ist sie es, die sein Ableben am längsten leugnete. Sogar nach Robertos Rückkehr aus Bolivien weigerte sie sich, daran zu glauben. Sie klammerte sich an Zweifel und Lücken in den Darstellungen. Sie ist nie in die Quebrada del Yuro gegangen, weil sie es nicht ertragen würde. Noch heute ist sie kaum in der Lage, eine Dokumentation über Che anzusehen. Wenn sie über ein Bild des toten Ernesto stolpert, vergräbt sie ihr Gesicht in den Händen. Sie hat sich geschworen, nie öffentlich über ihn zu sprechen, und ihren Schwur bis heute gehalten. Sie macht mir zum Vorwurf, mich zu sehr auf den Medienrummel eingelassen zu haben, und missbilligt, dass ich über Ernesto spreche. Sie findet, dass das nur die Familie angeht, dass es etwas Privates und Heiliges ist. Sie sieht die Dinge schwarzweiß, Grautöne sind nicht ihre Sache. Sie verhält sich noch immer wie meine große Schwester und vergisst dabei, dass ich zweiundsiebzig Jahre alt bin. Ich konnte mit ihr nicht über dieses Buch sprechen.

Bis zu ihrer Pubertät waren sich Roberto und Ernesto sehr nahe und hingen mit derselben Clique herum. Roberto war nicht so ein durchgeknallter Typ wie Ernesto, sondern eher sesshaft und vernünftig. Er war ein guter Schüler, wurde Anwalt, heiratete eine Tochter aus gutem Hause, Matilde Lezica, mit der er fünf Kinder großzog und sich in San Isidro niederließ, bevor er sich von ihr trennte, erneut heiratete und zwei weitere Kinder bekam. Er führte ein völlig normales Leben. Aber auch er war ein Streithammel. Einer, der dir unter dem Tisch einen Fußtritt versetzt und dir anschließend vorwirft, ihn gestreift zu haben. Er hatte den eisernen Willen mit Ernesto gemein. Ich erinnere mich, wie er mit ein paar Kumpels an einem Marathon im Viertel teilnahm. Der Parcours führte an unserem Haus vorbei. Nach ein paar Kilometern verließen die anderen die Strecke, als sie dort vorüberkamen. Sie pfiffen darauf, den Lauf bis zum Ende durchzuziehen, weil sie ihn einfach nicht so ernst nahmen. Roberto dagegen schon. Er rannte weiter. Die Vorstellung aufzugeben, war einem Guevara, der seinen Namen in Ehre halten wollte, unerträglich. Völlig erschöpft lief er den Marathon zu Ende und war danach in einem derart erbarmungswürdigen Zustand, dass man ihn nach Hause tragen musste. Er brauchte Tage, um sich zu erholen.

Roberto war von uns drei Söhnen derjenige, der die Erwartungen meines Vaters am besten erfüllte. Dennoch stand er immer im Schatten Ernestos. Der fiel in allem aus dem Rahmen, machte sich durch Abwesenheit rar, stach immer heraus, erst in der Familie, dann auf lokaler, nationaler und schließlich internationaler Ebene. Ernesto triumphierte auf jedem Parkett. Nicht ganz einfach für Roberto, auch wenn er keine Eifersucht oder Neid verspürte. Politik interessierte ihn nicht sonderlich. Dennoch wurde er am Ende unter dem Zwang der Ereignisse unweigerlich in sie verwickelt: Zuerst durch den Tod von Ernesto, dann durch meine Verhaftung während der Militärdiktatur. Seine militante Haltung ist mit den Jahren gewachsen. So sehr, dass er 1981 in Mexiko – wie schon Ernesto 1956 – wegen seiner Aktivitäten innerhalb der Revolutionären Arbeiterpartei[37] (PRT) ins Gefängnis wanderte, jener Partei, derentwegen man mich sechs Jahre zuvor inhaftiert hatte.

Zum Zeitpunkt seiner Festnahme lebte er im Exil, er war ins Ausland geflohen, um der entsetzlichen Repression zu entgehen, die Argentiniens Erde mit Blut tränkte. Er hatte seine politische Arbeit vom Ausland aus fortgesetzt. Vergessen wir nicht, dass es zwischen 1957 und 1983 sehr gefährlich sein konnte, ein Verwandter von Che zu sein.

Auch wenn Celia ohnehin immer engagiert war, so stürzte sie sich in der Zeit der Militärdiktatur kopfüber in die politische Arena, ohne sich um die Risiken Gedanken zu machen. Sie heiratete, ließ sich ein paar Jahre später wieder scheiden und blieb kinderlos. Während der »bleiernen Jahre«[38] in Argentinien, die 1974 – schon vor dem Staatsstreich am 24. März 1976 – begannen und bis 1984 andauerten, versuchten Roberto und Celia ohne Erfolg, für mich unter Lebensgefahr einzutreten: Die Schergen der Diktatur zögerten nicht, die »Subversiven«, wo immer sie sie aufspürten, zu jagen und auszumerzen.

Ana María war von uns allen die Zurückhaltendste. Nach ihrer Heirat mit Fernando »dem Kleinen« Chaves, einem Universitätsprofessor und militanten Mitglied der PRT, der ebenfalls die politische Haft erlebt hat, zog sie fort, um in der Provinz zu leben, zuerst in Tucumán, dann in Jujuy[39]. Sie war ein Sturkopf wie Celia. Sie hatte dieselbe Beharrlichkeit: Auch während ihrer Schwangerschaften setzte sie ihr Architekturstudium fort. Es stand für sie außer Frage, dass sie sich auch von ihrer fünffachen Mutterschaft nicht bremsen ließ.

Manche von uns verstanden sich mit unserer Mutter besser, andere mit unserem Vater. Es gab somit zwei Parteien. Auf der einen Seite meine Mutter, Ernesto und ich. Auf der anderen mein Vater, Roberto und Ana María. Celia pendelte phasenweise hin und her, je nach Art des Konflikts. Die zwei Ernestos stritten sich häufig. Der Vater warf dem Sohn dessen politische Ansichten und sein unstetes Leben vor. Der Sohn beschuldigte den Vater der Verantwortungslosigkeit und seines Wankelmuts. In einem Brief aus Bogotá von 1952 an meine Mutter schrieb Ernesto zum Beispiel: »Der Alte soll endlich den Hintern hochkriegen und nach Venezuela auswandern; dort ist das Leben zwar teurer als hier, aber man wird viel besser bezahlt, und das ist doch perfekt für einen Geizkragen (!!!) wie ihn … *Papi* ist und bleibt intellidoof.« Ich glaube, dass mein Bruder darunter litt zu sehen, wie unglücklich unsere Mutter war. Die Seitensprünge ihres Gatten und ihre wirtschaftliche Unsicherheit zermürbten sie. Ihre Trennung, die in Alta Gracia beschlossen wurde, wurde in Buenos Aires zur Wirklichkeit. Doch nie war eine solche Ent-Bindung widersprüchlicher.

Mit sechzehn Jahren schrieb sich Ernesto an der Universität Córdoba ein, um Ingenieurswissenschaften zu studieren und Chichina nahe zu sein. Er traf sich weiterhin mit seinen Freunden Carlos »Calico« Ferrer und den Brüdern Tómas und Alberto »Mial« Granado. Um seinen Unterhalt zu bestreiten, arbeitete er bei der Dirección Provincial de Vialidad[40] für den städtischen Straßenbau. Unterdessen hatten meine Eltern beschlossen, die Familie wieder im heimatlichen Buenos Aires anzusiedeln. Wir ließen uns zuerst bei meiner Großmutter väterlicherseits nieder, um danach dank des bisschen Geldes, das meine Mutter doch noch aus dem Prozess erhielt, den sie gegen ihre Familie angestrengt hatte, ein sehr renovierungsbedürftiges Haus in der Calle Aráoz zu kaufen, Nummer 2180, an der Ecke zur Calle Mansilla im Stadtteil Palermo. Heutzutage ist Palermo sehr angesagt. Doch damals markierte diese Ecke eine Grenze. Zwischen den Straßen Mansilla und Santa Fe[41] befand man sich in der Zivilisation. Zur anderen Seite hin gelangte man in die berüchtigten Vororte mit ihren Flohmärkten, ihrer Baumwollkultur und ihren Ganoven.

Unser Haus war eine alte steinerne Behausung, hübsch, aber verwahrlost, vier Zimmer auf zwei Etagen mit einer großzügigen Terrasse und zwei geräumigen Balkonen. Das Erdgeschoss nahm eine Garage ein, allerdings hatten wir ja kein Auto mehr. In die obere Etage kam man über eine düstere Treppe, der mehrere Stufen fehlten. Die erste Zeit über war unsere Eingangstür nie verriegelt, weil niemand wusste, wohin der Schlüssel geraten war. Als wir ihn schließlich fanden, ging er auch gleich wieder verloren. Derlei praktische Details hatten für uns keinerlei Gewicht. Wie oft musste ich unter den verblüfften Blicken von Passanten und Nachbarn an die Dachrinne geklammert die Fassade hochklettern, um von innen die Tür zu öffnen? So etwas störte meine Eltern in keinster Weise. Mir ist in dieser Zeit klar geworden, dass ich mich dank meiner Eltern später niemals für irgendetwas schämte.

Das Innere des Hauses war ein schlechter Witz, es schwebte irgendwo zwischen Unordnung und Zerfall. Die Wandfarbe blätterte ab, von der Decke rieselte es herab, und im Parkett gähnten die Lücken ausgebrochener Dielen. Niemand reparierte jemals etwas. Eines Morgens ging der Boiler kaputt. Tage später zerbarst das Badezimmerfenster in tausend Scherben, sodass wir uns von nun an nicht nur mit kaltem Wasser waschen, sondern obendrein den eisigen Wind aushalten mussten, der im Winter ins Bad blies. Duschen wurde zur Folter. Der Türgriff des Kühlschranks verblieb eines Abends in der Hand eines Gastes und wurde einfach nicht mehr ersetzt. Das Ergebnis war, dass jeder, der den Kühlschrank öffnen wollte, einen Stromschlag bekam. Das Ärgernis wandelte sich rasch zum Vergnügen: Wir schickten einen Besucher in die Küche, etwas aus dem Kühlschrank zu holen, und amüsierten uns köstlich, wenn er aufheulte. Wir hatten nur wenige Möbel und die, die wir besaßen, waren grauenvoll. Der Tisch im Esszimmer wackelte. Er war aus zwei Werkbänken zusammengeschraubt. Wir zankten uns regelmäßig darum, wer an der Bank zur Wand hin Platz nehmen durfte, denn das bedeutete, dass man eine Sitzlehne hatte.

Andererseits hatten wir wie immer eine reichhaltige und gut sortierte Bibliothek. Unsere Freunde versorgten sich dort mit Lesestoff. Sie bestätigten, dass unsere Bücher ihnen die Augen öffneten und sie dazu einlüden, die konservativen Ansichten ihrer Eltern zu hinterfragen. Meine Mutter war eine Pädagogin: Sie riet ihnen zu dieser und jener Lektüre und unterhielt sich mit ihnen anschließend über Politik, Literatur, Geschichte, Philosophie und Religion, was dazu führte, dass sie bei der Jugend einen Stein im Brett hatte, die ihr regelmäßig die Bude einrannte. In diesem Taubenschlag ging es oft so hoch her, dass sie gar nicht mehr wusste, wer alles im Haus war. »Aráoz« wurde zum Treffpunkt, zu einem Haus des Volkes. Wenn meine Mutter nicht kochte, war sie zumindest immer darauf vorbereitet, einen Salat zu machen und ein Steak auf den Grill zu legen. Oft aßen wir aber auch nur Eier und Reis, wenn kein Geld da war, um etwas Besseres zu kaufen. Unsere Freunde fanden Gefallen daran zu betonen, dass unsere Familie einzigartig sei. Und das war sie auch!

Wir wussten nie genau, wo mein Vater wohnte. Er hatte im Zentrum, in der Calle Paraguay 2014, ein Appartement erstanden und all unseren Schulfreunden Schlüssel in die Hand gedrückt, damit sie dort ein- und ausgehen und in Ruhe studieren konnten. Manchmal schlief auch er im Haus. Gelegentlich hielt er dann Mittagsschlaf, *siesta*, mal im Esszimmer, mal in einem der Etagenbetten, die in unserem Zimmer standen, die Jungenbetten, und zwar immer im oberen, von dem er hin und wieder herabfiel. Die meiste Zeit war er nicht da, und wenn doch, fragte ich mich insgeheim, wozu er denn eigentlich gut war.

Meine Eltern hatten häufig Streit. Und wenn es wieder einmal soweit war, ergriff man besser die Flucht. So kam es, dass es mich weit mehr beunruhigte, sie zusammen zu wissen, als das Gegenteil. Mein Vater war ein schlechter Verlierer. Eines Tages in Portela ging es im Garten um eine Partie Schach mit meiner Mutter, die drauf und dran war, ihn zu schlagen. Die Vorstellung zu verlieren, war meinem Vater unerträglich. Ein Schachmatt zeichnete sich ab. Seine schlechte Laune äußerte sich in erbitterten Stoßseufzern und tiefem Stirnrunzeln. Plötzlich sprang er aus dem Sitz auf, kippte den Tisch um und schleuderte Brett und Steine durch die Gegend. Mutter bekam einen Wutausbruch. Mein Vater war empört. »Wie kommst du auf den Gedanken, dass ich das absichtlich gemacht habe?« Dabei hatte er nie Hemmungen, durch faule Tricks zu gewinnen.

Als meine Großmutter Lynch eine Hirnblutung erlitt und Ernesto davon erfuhr, ließ er alles in Córdoba stehen und liegen, eilte unverzüglich nach Buenos Aires und wich nicht mehr von ihrem Bett. Er sorgte dafür, dass sie aß und trank, und wischte ihr mit unendlicher Geduld die Stirn. Aber es war nicht mehr zu ändern, siebzehn Tage später starb sie.

Ernesto richtete sich in unserem Zimmer ein. Der Raum war winzig, führte aber zu einem großen Balkon hinaus. Es gab Etagenbetten, einen Kleiderschrank, eine Kommode, zwei Regale und einen Tisch, auf dem sich die Bücher stapelten. Als Jüngster musste ich im Esszimmer auf der abgenutzten Couch schlafen, aber das war mir egal: Ernesto war zurückgekommen, diesmal für immer! Meine Freude kannte keine Grenzen. Er schrieb sich in der Medizinischen Fakultät ein, wo er Berta Gilda »Tita« Infante, seine beste Freundin, kennenlernte. Sie waren von Beginn an unzertrennlich und machten sich daran, ihre Entdeckungen auf literarischem, philosophischem, politischem und medizinischem Gebiet zu teilen. Als das Leben sie auseinanderriss, hielten sie über eine umfangreiche Korrespondenz ihre Freundschaft aufrecht, die, intim und wunderbar, bis zum Schluss andauerte. Tita ist die Urheberin des schönsten Textes, der jemals über Che geschrieben wurde.[42]

Auch wenn Ernesto an der Universität nicht brillierte, hatte er doch gute Zensuren. Darüber hinaus war er imstande, eine beeindruckende Zahl von Kursen zu absolvieren. Aber hat ihn das Studium begeistert? Ganz sicher nicht. Eines Tages waren die Beine von Ana María und ihrer Freundin Olga über Nacht mit roten Flecken übersät, vermutlich ein Ekzem. Besorgt fragten sie Ernesto um Rat. Er antwortete mit einen Lachanfall: »Woher soll ich das wissen? Geht zum Arzt!« Olga fürchtete sich vor ihm. Oder genauer, sie war eingeschüchtert. Er zog sie unentwegt auf, und sie wusste nichts darauf zu antworten. Ernesto war ein Meister der Schlagfertigkeit, die mitunter sehr schneidend sein konnte. Immer fielen ihm geistreiche Bemerkungen ein, mit denen er vor allem die Mädchen neckte. Das amüsierte ihn. In seiner Gegenwart, so schien es, streckten die Frauen ihre Waffen.

Als er begann, sich unter Anleitung seines Professors Pisani, eines anerkannten Allergologen, auf Allergien zu spezialisieren, verfiel er dem Gedanken, uns als Versuchskaninchen zu benutzen. Wir weigerten uns. Bei ihm wusste man nie, was einen erwartete! Als sich doch ein Schulkamerad fand, der sich auf die Experimente einließ, verpasste Ernesto ihm mehrere Injektionen, woraufhin dieser prompt krank wurde. Fortan wich unser neuer Medizin-Azubi auf ein echtes Kaninchen aus, das er auf der Terrasse wohnen ließ, zum großen Missfallen meines Vaters. Ernesto war das gleich. Damals interessierten die Ansichten meines Vaters niemanden mehr. Er hatte für uns jede Autorität eingebüßt. Jedenfalls gelang es dem Kaninchen auszubüchsen, indem es von der Terrasse auf die Straße hüpfte. Das ganze Viertel geriet in Aufruhr: Unsere Nachbarn waren überzeugt, dass Ernesto dem Tier ein Virus geimpft hatte, das alle anstecken würde.

Als hätte er es meinem Vater abgeschaut, wechselte Ernesto zwischen mehreren Wohnstätten hin und her: dem Zuhause meiner Mutter, meiner Großmutter, meiner Tante Beatriz und dem Appartement in der Calle Paraguay. Wir wussten selten, wo er war, und niemand stellte Fragen. Er tauchte auf und verschwand. Er brauchte Ruhe, um zu studieren, und in unserem Haus fand die permanente Revolution statt. Bei uns machte er es sich am liebsten, mit einem Buch bewaffnet, auf dem Balkon gemütlich. Wenn er nicht in der medizinischen Fakultät oder mit Tita Infante im Naturgeschichtlichen Museum war, brachte er die Zeit mit Bücherlesen, Schreiben, Schachspielen und Gelegenheitsarbeiten für ein paar Pesos zu. Er war immer in Eile und schien hoffnungslos der Zeit hinterherzulaufen. Um an Geld zu kommen, stürzte er sich in gewagte Unternehmungen. Die erste war die Herstellung eines Insektizids, das er in der Garage durch Fraktionierung eines Gemischs aus Gamexan[43] und Talkumpuder zusammengebraut hatte, um ein Kakerlakengift zu gewinnen, das er dann Vendaval taufte und zum Patent anmeldete. Das Pulver wurde in kleine, runde, grüne Schächtelchen gefüllt und im Viertel verkauft. Mein Vater bot ihm sofort seine Hilfe an, indem er ihm investitionswillige Freunde vorstellte. Ernestos Antwort war: »Du glaubst doch nicht im Ernst, ich lasse mich von deinen Freunden über den Tisch ziehen, oder?« Die Beziehungen meines Vaters waren sämtlich hohe Tiere, Politiker, Industrietycoons und Landbesitzer, vor denen Ernesto bereits jetzt auf der Hut war. Einige Monate später musste er die Vendaval-Herstellung stoppen: Nicht nur war seinem Produkt nicht der erhoffte Erfolg beschieden, das Pulver war mittlerweile auch in sämtliche Ritzen der Umgebung gedrungen und verbreitete einen unerträglichen Gestank.

Ernestos Ideen hatten immer etwas Fantastisches. Darin ähnelte er meinem Vater. Nach dem Vendaval-Fiasko beschloss er, im Ausverkauf einen Sack Schuhe zu erstehen, um sie weiterzuverkaufen und sich so ein paar Pesos zu verdienen. Zu Hause angekommen, entdeckte er, dass der Typ ihm keine Schuhpaare, sondern an die hundert linke Schuhe angedreht hatte! Da stand er nun mit all diesen Schuhen, von denen er später tapfer den einen oder anderen abtrug.

Eine seiner größten Genugtuungen zu dieser Zeit war, dass es ihm gelang, sich vom Militärdienst freistellen zu lassen. »Diese verdammte Lunge ist am Ende doch zu irgendetwas nutze«, war sein Kommentar. Eine Uniform? Nichts für ihn! Er verabscheute Benimmregeln, von denen meine Eltern lächelnd sagten, er wisse nicht einmal, was das ist, machte sich weiterhin über die Bourgeoisie lustig und schenkte seiner äußeren Erscheinung nicht die geringste Beachtung.

Ich war noch ein Kind, aber ich wusste bereits, dass mein großer Bruder eine einzigartige Person war. Ich verglich ihn mit Roberto, der sich mit meinem Vater weit besser verstand und sich immer deutlicher zum würdigen Bürgersohn entwickelte. Er machte weniger Wirbel, stattete den Söhnen und Töchtern der besseren Familien Besuche ab und spielte Rugby in der Mannschaft von San Isidro. In jenen Tagen war Rugby ein Sport, der den Kindern der Reichen, vorbehalten war. Wie schon erwähnt, war auch Ernesto in dieser Mannschaft mit von der Partie, bevor er unter dem Protest meines Vaters mit dem Spielen aufhörte. Ich bin später seinem Beispiel gefolgt. Ich hasste dieses elitäre Ambiente.

Ich hing viel mit allen möglichen Typen herum, mit Ganoven und Aussteigern. Unter ihnen fühlte ich mich wohl. Wir kickten zusammen, trunken von der Freiheit der Straße. Ich lernte, was Zusammenhalt bedeutet, Kameradschaftlichkeit, Diskretion und Verschwiegenheit – Verhaltensregeln, die sich in der Zeit meiner Verhaftung als äußerst nützlich erweisen sollten. Unsere schlimmsten Feinde waren die »Bullen«. Einmal wurde ich wegen eines harmlosen Vergehens auf die Wache geschleppt. Das Viertel war voll von Kleinkriminellen. Wir wussten natürlich, was sie trieben, aber keiner wäre auf die Idee gekommen, sie zu denunzieren oder auch nur ein Wort über ihre Missetaten verlauten zu lassen. In ihrer Gegenwart musste ich mein Vokabular schrumpfen, zumindest wenn ich weiterhin von meiner Bande akzeptiert werden wollte. Man warf mir vor, ich redete wie ein Erwachsener, sei zu reif für mein Alter, drücke mich zu gewählt aus, was im Gegensatz zu meiner geringen Körpergröße stünde. Ich verdankte meine Frühreife Ernesto. Von Kindesbeinen an schlug er mir Bücher zum Lesen vor, erklärte mir alles, sprach mit mir über Politik wie mit einem Gleichaltrigen. Ich war von seiner Gelehrsamkeit ungeheuer beeinflusst. Er brachte mir auch eine ganze Schar anzüglicher Gedichte bei, die ich eiligst vor den Freundinnen meiner Schwestern zum Besten gab. Sie waren entrüstet. Als ich es Ernesto erzählte, lachte er Tränen. Ernesto hatte ein besonderes Verständnis von Selbstkritik. Er war sich selbst gegenüber vollkommen unnachsichtig, verzieh sich nichts und gönnte sich keinerlei Vorteile. Seine moralische Strenge und Integrität verliehen ihm später das Recht, anderen etwas abzuverlangen. Aber nicht alle hatten Lust, sich seiner Disziplin zu unterwerfen. Er war vernünftig und starrköpfig zugleich. Für ihn teilte sich die Zeit in ein wenig Muße und sehr viel Arbeit auf. Er machte nie Pause, dachte unaufhörlich über die nächste Etappe nach, über die vor ihm liegenden Projekte. Er war eine menschliche Maschine. Auf Kuba, als er das Amt des Industrieministers ausübte und zwölf bis vierzehn Stunden täglich arbeitete, schnitt er außerdem noch Zuckerrohr im Rahmen eines freiwilligen Arbeitsdienstes, den er selbst eingerichtet hatte.

Als Gymnasiast machte ich eine Erfahrung, die mich tief geprägt hat. Andere maßen dem Ereignis vermutlich nur geringe Bedeutung zu, für mich aber, der ich in einer atheistischen, hyperpolitisierten Umgebung aufgewachsen war, kam es einer Naturkatastrophe gleich. Durch eine Ausnahmeregelung des Artikels 1420 bezüglich des öffentlichen, laizistischen und gebührenfreien Unterrichts sollte Religion wieder als Unterrichtsfach eingeführt werden. Ich kämpfte auf der Stelle dagegen, zusammen mit einer Gruppe von Mitschülern. Es war meine erste unmittelbare Erfahrung mit der Repression und den bürgerlichen Rechten. Ich wurde einer der Gründer der Schülervertretung. In dieser Zeit begann meine Militanz.

Meine Mutter bestärkte mich darin. Auch sie hat mich zu dem gemacht, der ich bin. Dass ich so viel Zeit auf der Straße zubrachte, war der Tatsache geschuldet, dass ich völlig frei aufwuchs und machen konnte, was ich wollte, und auch, dass sie es leid war, Kinder zu erziehen. Ich war sieben, als sie von einem zweiten Krebsleiden attackiert wurde – das erste ereilte sie gleich nach meiner Geburt – und man ihr beide Brüste amputierte. Mein Vater war zur Zeit der Untersuchungen weitgehend abwesend. Wir hatten ihn im Verdacht, sich eine neue Geliebte zugelegt zu haben. Ernesto dagegen war sehr für sie da. Meine Mutter war für ihn immer ein Fels in der Brandung gewesen. Nun studierte er wie besessen ihre Krankheit, weil er in der Lage sein wollte, ein Heilmittel zu finden, um sie zu behandeln.

Seine Beziehung zu meinem Vater war sehr schwierig und konfliktreich geworden. Sie ließen keine Gelegenheit aus, sich zu schikanieren. Mein Vater begann sich darüber aufzuregen, dass dieser Sohn so unumstößliche Meinungen hatte. Dazu kam, dass er allen Einfluss auf ihn verloren hatte. Ernesto war nicht mehr zu kontrollieren und machte Anstalten, sein Medizinstudium ruhen zu lassen, um zu reisen. Er träumte von Abenteuern. So politisiert er einerseits war – als unser Cousin Guillermo Moore de la Serna ihm den Vorschlag machte, sich der antiperonistischen Bewegung anzuschließen, für die er kämpfte, entgegnete ihm Ernesto: »Nein, nein, sowas interessiert mich nicht.« Er glaubte, seine Sehnsucht nach fernen Horizonten befriedigen zu können, indem er sich während des Sommers auf einem Tanker der nationalen Ölgesellschaft YPF[44] als Sanitäter einspannen ließ. Ein Tanker, man stelle sich das einmal vor! Die Idee fand bei meinen Eltern wenig Gegenliebe, aber gemäß ihrer Philosophie mischten sie sich nicht ein. Einige Jahre zuvor hatten Ernesto und Roberto, die damals ungefähr vierzehn und elf Jahre alt waren, in Córdoba eines schönen Morgens beschlossen, zur Weinernte zu fahren. Der Weinberg lag weit weg. Sie waren in den Bus gestiegen und dann kilometerweit zu Fuß gelaufen, um dort hinzugelangen. Das Vorhaben hatte meine Eltern sehr beunruhigt, aber sie ließen sie gewähren. Als meine Brüder nach ein paar Tagen zurückkamen, ging es ihnen hundeelend: Sie hatten sich an den Trauben übergessen. Damals waren Trauben schierer Luxus.

Ernestos Erfahrung auf dem Öltanker geriet zur bitteren Enttäuschung. Anstatt die Welt zu sehen, bekam er monatelang nichts als die Laderäume im Schiffsbauch zu Gesicht. Die Seeexpedition hatte ihn am Ende dazu bewegt, sein abenteuerliches Leben fortan auf dem Landweg fortzusetzen.

»DAS AMERIKA MIT DEM BESTEN ESSEN«

Oft werde ich gefragt, was ich fühlte, als Ernesto uns verließ. Die Frage müsste aber vielmehr lauten: Was fühlte ich, wenn er zurückkam? Denn er kam und ging meistens ohne Ankündigung. Wenn er wieder auftauchte, war es jedes Mal ein Fest. Die ganze Familie brach in Freudenrufe aus: »Schaut mal, Ernesto ist zurückgekommen, Ernesto ist da!« Man griff zum Telefon, um den anderen Bescheid zu geben. Jeder wollte ihn sehen und hören, meine Eltern, meine Brüder und Schwestern, meine Onkel, Tanten und Cousins.

Ich war noch klein, aber ich erinnere mich genau an die Gefühle, die seine Abreise am 1. Dezember 1950 auslöste, der ersten einer langen Serie von Reisen, die ihn jedes Mal weiter von Argentinien wegführten. Er war einundzwanzig Jahre alt, als er, nur mit einem Fahrrad und wenigen Lebensmitteln bewaffnet, auf seine erste lange Reise ging. Das Angebot meiner Eltern, ihm Geld mitzugeben, hatte er abgelehnt. Er bestand darauf, sich auf eigene Faust durchzuschlagen.

Mein Onkel Jorge de la Serna hatte an Ernestos Fahrrad einen kleinen Motor der Marke Micrón befestigt. Bevor er in die Pedale stieg, posierte Ernesto für ein Foto vor dem Haus mit einem Barett auf dem Kopf, einer Sonnenbrille auf der Nase, einem Ersatzrad am Schulterriemen und den restlichen Sachen in der Gepäcktasche. Wir standen alle auf der Straße und verfolgten, wie er am Ende der Straße, die von Bäumen gesäumt war, verschwand. Sein Ziel war, den Norden Argentiniens zu durchqueren, ohne festen Anlaufpunkt und so, wie es seine Kräfte gestatteten. Er wollte die Provinzen San Juan, San Luis, Mendoza, Salta, Jujuy und Tucumán entdecken. Einige davon waren noch ziemlich zurückgeblieben. Während Buenos Aires eine hochentwickelte Stadt war, bot der Norden des Landes ein fremdartiges, wunderbar rückständiges Bild. Heute gilt *el norte* als schick. Doch zu damaliger Zeit war das ein anderes Universum, vergessen, verachtet. Er erinnerte die Bürger der Hauptstadt daran, dass Argentinien eben nicht europäisch, sondern südamerikanisch war.

Die Landschaften des Nordens waren – und sind es noch heute – spektakulär und befremdend. Das grüne und bergige Tucumán gilt als Garten der Republik. Die weit auslaufenden Weinhänge von Mendoza strecken sich ins schier Unendliche, im Schatten der ehrfurchtgebietenden Kordilleren der Anden und ihren schneebedeckten Gipfeln. Salta war berühmt für seine Riesenkakteen, seine karmesinroten Felsen, seine welligen Berghöhen wie Meereswogen und seine weißen Kolonialstädte. Jujuy war andisch, im Aussehen Bolivien sehr ähnlich mit seinen schönen Dörfern aus Lehmziegelhäusern, erbaut im Schutz der berühmten Quebrada de Humahuaca, einer in sieben verschiedenen Farben geschichteten Gebirgskette.

Ernesto machte einen ersten Zwischenstopp in Alta Gracia bei Tómas Granado. In San Francisco del Chañar stattete er seinem Freund Alberto »Mial« einen Besuch ab, der Biochemiker war und in einer Leprakolonie arbeitete. Dort sah Ernesto zum ersten Mal das Elend. Es hatte eine zutiefst verstörende Wirkung auf ihn.

In wenigen Monaten durchquerte er zwölf Provinzen und legte 4500 Kilometer zurück. Er erlebte unvergessliche Abenteuer. Auf seinem Weg lernte er das indigene Volk der Aymara kennen, wohnte mit ihnen unter einem Dach und teilte ihre magere Kost. Er lernte, eisige Nächte unter freiem Himmel und Tage ohne Nahrung zu überstehen. Ganz allein bekam er sein Asthma in den Griff und bewies den Zweiflern – und vielleicht auch sich selbst –, dass er sehr wohl imstande war, eine Reise dieser Größenordnung zu überstehen.

Währenddessen wurde meinen Eltern die Zeit lang. Die Nachrichten wurden spärlich. Sie malten sich aus, zum einen wegen seines Asthmas, zum anderen aufgrund seiner Neigung zum Risiko, welchen Gefahren Ernesto ausgeliefert war. Nie zuvor war er ganz allein so weit weg gewesen. Er war sich selbst überlassen, in Gegenden, in denen er keine Menschenseele kannte. Doch dann veröffentlichte die Lokalzeitung von Tucumán, *El Trópico*, den allerersten Artikel über ihn, eine Kurzmeldung mit der Überschrift »Guevara, un joven raidista cumplirá una extensa gira« (Guevara, ein junger Globetrotter auf langer Rundreise). Irgendwie hatte Ernesto es geschafft, in Tucumán aufzufallen. Die Nachricht erreichte uns allerdings gar nicht. Zu dieser Zeit beschränkte sich die Verbreitung lokaler Zeitungen auf die unmittelbare Umgebung ihres Erscheinungsorts.

Nach drei Monaten kehrte Ernesto gesund und wohlbehalten nach Hause zurück. Und das war ein Fest. Er hatte so viel zu erzählen! Er wirkte verändert, irgendwie düsterer. Wir ahnten nicht im Entferntesten, dass die Beklemmung, die uns dieses erste Abenteuer beschert hatte, nur der Auftakt zu einer ganzen Serie von Schrecken war, die auf die Familie zukommen sollten. Ernesto hörte im Grunde nicht mehr auf abzureisen. Weit davon entfernt, das Fernweh zu stillen, hatte ihm die Reise geradezu Flügel verliehen. In sein Tagebuch schrieb er: »Ich bemerke nun, dass etwas gereift ist, das im Inneren des Städters, der ich bin, allmählich immer mehr Raum eingenommen hat: Es ist der Hass auf die Zivilisation, auf das grobschlächtige Abbild einer Masse, die sich geistesgestört im Rhythmus dieses furchtbaren Getöses bewegt; mir scheint, es ist die Antithese zum Frieden.«

Er hatte den Rest seiner Rundreise mehr oder weniger mit Hilfe der Pedale zurückgelegt, weil der Micrón-Motor am Ende doch noch den Geist aufgab. In Buenos Aires brachte er ihn in eine Werkstatt, um ihn reparieren zu lassen. Der Mechaniker war völlig verblüfft von der Strecke, die damit gefahren worden war, und bot ihm einen neuen Motor an, falls er bereit wäre, die Verdienste des Micrón in einer Werbeanzeige zu rühmen. Und das war das zweite Mal, dass Ernestos Foto in einer Zeitung erschien.

Die Familie war wieder vereint – wenigstens beinahe. Mein Vater kam und ging nach Lust und Laune. Roberto setzte sein Studium an der juristischen Fakultät fort; Celia hatte sich für Architektur eingeschrieben; Ana María war auf dem Gymnasium, und ich in der Grundschule. Ich dümpelte leistungsmäßig vor mich hin. Lernen war nicht meine Stärke. Ich war eine Anomalie. Ich bevorzugte die Schule der

Straße und den Fußball. Ernesto war besorgt wegen meiner Lernunlust. Er ermahnte mich unablässig: »Du musst dich anstrengen, lernen, Zusammenhänge begreifen.«

Er hatte seine Kurse an der medizinischen Fakultät wieder aufgenommen und schlief oft bei meiner Tante Beatriz, die eifersüchtig über ihn wachte. Wenn er nach Hause kam, war es meist in Begleitung eines Freundes, mit dem er sich zum Lernen im Zimmer verbarrikadierte. Meine Mutter hatte eine bolivianische Haushaltshilfe eingestellt, Sabina Portugal (das war nicht ihr wirklicher Name, der zu schwer auszusprechen gewesen wäre, weswegen sie sich wie viele Indios der Hochebene einen spanischen Namen zugelegt hatte). Sabina gehörte dem Volksstamm der Aymara an. Sie war eine typische Vertreterin der bolivianischen Hochebene: streng, sehr bescheiden, und sie erledigte ihre Obliegenheiten mit Pflichteifer, aber ohne Worte. Sie sprach schlecht Spanisch, ihre Muttersprache war Quechua. Dennoch konnte Ernesto sie problemlos verstehen. Er liebte nichts so sehr, wie mit ihr Zeit zu verbringen, wollte alles über ihr Leben wissen, ihre Herkunft, ihr Volk. Er fragte sie aus, und sie antwortete ihm nur zu gern. Es kam äußerst selten vor, dass sich ein Argentinier aus diesem Milieu so sehr für jemanden mit ihrem sozialen Hintergrund interessierte. Sie war darüber zunächst verwirrt, doch Ernesto wurde allmählich die einzige Person, der gegenüber sie sich ohne Vorbehalte äußerte. Sie wurde zu einer Art Komplizin. Zu welcher Stunde auch immer er heimkam, kochte sie ihm sein Lieblingsessen. Ernesto war weder anmaßend noch dünkelhaft. Auch wenn er sehr gelehrt und gebildet war, erweckte er nicht den Anschein, die Mysterien des Universums besser zu durchschauen als diese einfach gestrickte Hausangestellte. Er dachte im Gegenteil, dass er von ihr viel lernen konnte. In der Tat brachte Sabina ihm einen ganzen Haufen Dinge bei. Erst *a posteriori* verstand ich den Einfluss, den sie auf sein Denken als Revolutionär gehabt haben muss, der in ihm keimte. Denn sie war es, die ihm das Verlangen weckte, nach Bolivien zu gehen.

Wenn Ernesto auch emsig lernte, um die Prüfungen zu bestehen, er wollte nur noch eines: sich aus dem Staub machen. In einem Studienjahr bestand er Prüfungen in einer beeindruckenden Zahl von Fächern. Dann kündigte er uns seine zweite Abreise an. Dieses Mal hatte er vor, mit seinem Freund Alberto Granado für acht Monate auf Tour zu gehen. Als mein Vater sich über seinen Entschluss wunderte, die schöne Chichina über so lange Zeit allein zu lassen, erklärte Ernesto: »Wenn sie mich liebt, wartet sie auf mich.« Die erste Etappe der Reise sollte nach Miramar gehen, ein Seebad an der Atlantikküste, wo die Ferreyras ein Ferienhaus hatten. Dort würde er von ihr Abschied nehmen müssen, nur vorübergehend, dachte er.

Von Miramar wollten Ernesto und Mial anschließend von Ost nach West das Land in Richtung Patagonien überqueren bis zu den Kordilleren der Anden, die sie überwinden mussten, um weiter nach Chile zu kommen, dann nach Peru, Ecuador und so fort. Das Ende der Route war noch nicht entschieden. Alles hing von ihrem Fortbewegungsmittel ab, der Poderosa II[45], einem alten Motorrad mit fünfhundert Kubikzentimetern Hubraum. Sie hegten die Hoffnung, dass sie sie in die Vereinigten Staaten bringen würde. Mein Onkel Jorge de la Serna hatte die Maschine frisiert, damit sie wieder gut in Schuss war. Er war ein glänzender Mechaniker. Ernesto erfreute sich außerdem einer finanziellen Unterstützung von meinem Onkel Ernesto »El Pato« Moore (dem Ehemann von Edelmira de la Serna und Vater unseres Cousins Guillermo, bei denen meine Eltern geheiratet hatten), der gelegentlich seinen Safe öffnete. Wie ich schon erwähnte, wurde Ernesto von allen sehr geliebt. Die Glücksritter in der Familienchronik, und davon gab es einige, schienen sich in ihm wiederzuerkennen. Nur dass die Geschichte bewies, dass er noch verrückter, vermessener, entschlossener und idealistischer war als alle anderen vor ihm.

Ernesto und Alberto verließen Córdoba eines Morgens im Januar 1952 in einer Wolke aus Rauch und Geknatter. Wir hatten einige Tage davor Ernestos Abreise gefeiert. Ich war acht Jahre alt und fand alles an dieser Motorradreise atemberaubend. Ich fragte mich, wie sie es wohl schaffen würden, die Staaten zu erreichen, dieses unendlich weite Land, in dem unsere Großmutter geboren war. Das erinnerte mich an die Abenteuer von Mancha und Gato von Aimé Tschiffely, dessen Reisebuch Ernesto mir empfohlen hatte. Es erzählt die Geschichte der beiden Pferde, die von Buenos Aires mit ihrem Besitzer, dem Schweizer Lehrer Tschiffely, nach Washington aufbrechen.[46] Dieser hatte die wahnwitzige Reise unternommen, um die besondere Widerstandsfähigkeit argentinischer Reitpferde zu demonstrieren. Beim Lesen verschwindet der Reiter hinter den beiden Tieren – die Geschehnisse werden aus ihrer Sicht geschildert. Gato stirbt auf der Strecke, aber Mancha erreicht das Ziel. Ernesto muss an die beiden Pferde gedacht haben, als er beschloss, das Abenteuer bis zu den Vereinigten Staaten auszudehnen.

Meine Eltern hatten Mial angefleht, auf ihren Sohn aufzupassen, ihn von jeder Verwicklung in gefährliche Situationen abzuhalten. Die neue Reiseroute war ihnen in keinster Weise geheuer. Sie klammerten sich an den Gedanken, dass Mial Ernestos Verrücktheiten nötigenfalls zu bremsen vermöchte. Er war sechs Jahre älter als Ernesto. Die Ironie war natürlich, dass, je länger der Trip ging, Ernesto mehr und mehr zum Meister und Mial zum Schüler wurde. Am Ende war es Ernesto, der den Weg wies. Was das Abhalten von was auch immer betraf, so stellte sich das als schlicht unmöglich heraus. Als Ernesto sich beispielsweise entschloss, den Amazonas schwimmend zu überqueren, war Alberto außerstande, ihn daran zu hindern: »Du bist vollkommen wahnsinnig. Der Fluss ist voller Piranhas. Die fressen dich bei lebendigem Leibe!«, versuchte er ihn abzuhalten. Ernesto stellte sich taub, sprang und schwamm bis zum anderen Ufer. »Ich habe mir geschworen, dass ich es mache. Ich musste doch meinem Schwur treu bleiben«, erklärte er anschließend einem versteinerten Alberto.

Meine Mutter war traurig und mein Vater wütend. Er verstand nicht, dass Ernesto entschlossen war, sein Studium aufzugeben, obwohl er nach seiner Rückkehr doch versprochen hatte, es zu Ende zu bringen. Andererseits hatte mein Vater zweifellos, aufgrund seiner eigenen Geschichte, nichts auf dieses Versprechen gegeben. Was hatte er denn erfolgreich abgeschlossen, dass er jetzt von seinen Kindern Beständigkeit verlangen durfte? Er brachte nichts anderes fertig, als ins Haus zu schneien und sich als Lehrer aufzuspielen. Meine Mutter und er zankten sich weiterhin, und ich flüchtete weiterhin auf die Straße, um sie nicht zu hören. Ihre Streitereien waren furchtbar. Mein Vater lebte mit einer anderen Frau zusammen, ohne es zuzugeben. Meine Mutter litt unter der Trennung. Sie litt noch mehr darunter, als auch noch Roberto und meine Schwestern das Haus verließen. Wie gewöhnlich waren unsere Finanzen im Keller. Ich erinnere mich nicht mehr genau daran, was mein Vater in dieser Zeit beruflich machte. Klar ist aber, dass er kein Geld verdiente oder nicht genug oder es anderweitig ausgab. Was immer es war, meine Mutter durchlebte eine sehr schwierige Zeit. Bald darauf musste sie arbeiten gehen. Sie, die so bescheiden lebte, sah sich gezwungen, zuerst eine Anstellung in einem Schmuckladen im Alvear, einem der prunkvollsten Hotels von Buenos Aires, anzunehmen, danach in einer Buchhandlung, die zugleich auch ein Blumenladen war. Sie machte außerdem Übersetzungen ins Englische und Französische. Sie beklagte sich nie und versuchte, wie es immer ihre Gewohnheit war, die Dinge positiv zu sehen. Trotzdem war sie drauf und dran, schwermütig zu werden. Ihre legendären Aufwallungen und ihr politisches Engagement waren schwächer geworden. Sie wirkte abgeschlagen. Die Brustamputation, die Untreue ihres Mannes und das Fehlen ihres vergötterten Sohns waren mehr, als sie ertrug. Das Einzige, was sie etwas aufmunterte, waren die Briefe von Ernesto. Sie kamen sporadisch, er entschuldigte sich, es fehle ihm Geld, um Briefmarken zu kaufen. Manchmal habe er nicht einmal mehr etwas zu essen.

Ich werde hier nicht die Tour Ernestos mit Granado schildern. Mein Bruder führte ein Tagebuch, das unter dem Titel *Diarios de motocicleta* erschien und von Walter Salles mit Gael García Bernal und Rodrigo de la Serna – einem entfernten Cousin – in den Hauptrollen verfilmt wurde. Was ich stattdessen sagen möchte, ist, dass wir im Laufe der Monate eine Veränderung in seiner Korrespondenz bemerkten. Auf seiner Weiterreise wurde er ein Anderer. Der Tonfall wurde besonnener, seriöser, weniger touristisch, stärker der Wirklichkeit und den sozialen Problemen verpflichtet, die ihm auf dem Weg begegneten. Er sprach immer mehr von Politik, versuchte sich in Wirtschaftsanalysen.

Am Ende der Reise trennte er sich von Mial, der beschlossen hatte, zu bleiben und in einer Leprastation in Venezuela zu arbeiten. Ernesto kehrte nach Argentinien zurück, um, wie versprochen, sein Studium abzuschließen. Er stand zu seinem Wort. Er verließ Mial, dem er seiner baldigen Rückkehr versicherte. In Caracas nahm er ein Flugzeug, das mein Onkel Marcelo Guevara gechartert hatte, um Rennpferde zu transportieren. Der Flieger musste für unbestimmte Zeit in Miami zwischenlanden. Ernesto steckte dort zwei Wochen völlig mittellos fest. Wir haben nie alle Einzelheiten seines Zwangsurlaubs in Florida erfahren. Er behauptete später, dass er »die schlimmsten Wochen meines Lebens« hinter sich hätte. Wir spekulierten, dass ihn die Rassentrennung so empört hatte. Die amerikanische Bürgerrechtsbewegung war gerade erst im Entstehen. Erinnern wir uns, dass, neben vielen anderen Ungleichbehandlungen, die Schwarzen nicht das Recht hatten, sich im Bus hinzusetzen. Ernesto muss darüber nachhaltig entsetzt gewesen sein.

Seine Rückkehr bot erneut Gelegenheit zu feiern. Meine Mutter schien etwas an Kraft und Schwung wiederzugewinnen. Die Gegenwart ihres Sohns reichte aus, um sie glücklich zu machen. Ernesto nahm sein Medizinstudium wieder auf. Es fehlten ihm noch fünfzehn Scheine. Das war viel für ein Studienjahr, aber er war fest entschlossen, damit in allen Fächern ein für allemal zu einem Ende zu kommen. Uns erschien das unmöglich, besonders nach acht Monaten Unterbrechung. Man vergisst aber dabei, dass Ernesto von früh auf gelernt hatte, sich Wissen in Intervallen anzueignen. Er hatte dafür eine Methode entwickelt. Er las in einer Höllengeschwindigkeit. Er fraß alles in sich hinein, ohne zu versuchen, das Gelernte zu vertiefen. Er wollte den Abschluss, der ihm die Freiheit erkaufte.

Eines Tages rief er uns von meiner Tante Beatriz aus an und verkündete: »Du darfst jetzt Doktor zu mir sagen!« Er hatte die Wette gewonnen. Stolz wie ein Gockel erzählte mein Vater allen Leuten, Ernesto sei vielleicht nicht der beste Student der Fakultät gewesen, dafür habe er aber alle Rekorde eingestellt, was die Schnelligkeit anbelangt, mit der je ein Diplom gemacht wurde.

Ernesto hatte indessen überhaupt nicht vor, den Arztberuf auszuüben, jedenfalls nicht zum derzeitigen Augenblick, obwohl Professor Pisani ihm eine Stelle in seiner Praxis vorgeschlagen hatte. Jeder junge Praktikant wäre geschmeichelt gewesen, ein solches Angebot zu bekommen. Ernesto hatte andere Pläne. Er wollte wieder aufbrechen.

Am Abend des 7. Juli 1953 war das Haus voller Leute. Wieder einmal feierten wir Ernestos Abschied. Dieses Mal ging er fort, ohne seine Rückkehr zu versprechen. Nichts hielt ihn mehr in Buenos Aires. Chichina hatte seinen zweiten Heiratsantrag abgelehnt, und so hatten sie sich getrennt. Mial war noch in Venezuela. Ernesto rechnete damit, ihn irgendwo unterwegs wiederzusehen. Diesmal brach er mit seinem Freund Calica Ferrer auf. Ihr erstes Ziel: dieses Bolivien, von dem Sabina Portugal ihm so viel erzählt hatte. Ihr Vorhaben: sich mit dem Volk der Aymara und den

Minenarbeitern vertraut zu machen, deren Arbeits- und Lebensbedingungen bekanntermaßen unmenschlich waren. Die *mineros* waren die einzigen gewerkschaftlich organisierten Arbeiter in Bolivien. Ernesto wollte ihren Kampf verstehen, genauer: verfolgen. Am Abend des 7. Juli jedoch dachte er darüber nicht nach. Er genoss diese letzten Stunden mit seiner Familie. Musik schallte aus den Lautsprechern. Wir tanzten, und alle lachten: Ernesto fuchtelte unbeholfen und ohne jede Harmonie mit den Armen in der Luft herum.

Meine Mutter hatte einen Anzug für ihn geschneidert. Jetzt, wo er offiziell Arzt war, würde er sicherlich Vorstellungsgespräche wahrnehmen müssen. Sie hatte ihn mit all der Liebe angefertigt, die sie Ernesto gegenüber verspürte. Sie mochte eine mittelmäßige Hausfrau sein, aber sie konnte schneidern und war nun sehr stolz auf ihr Werk. Zu ihrem Unglück erreichte sie wenige Monate später ein Brief aus Guayaquil in Ecuador, in dem Ernesto ihr eine traurige Nachricht mitteilte: »Es tut mir sehr leid, dass ich dir sagen muss, dass dein Kunstwerk, dein Augenstern, heute heldenhaft auf einem Trödelmarkt sein Leben aushauchte …« Er hatte aus akutem Geldmangel den Anzug vertickt – und auch, um Ballast abzuwerfen.

Der letzte Abschied ereignete sich schließlich am 8. Juli auf einem Bahnsteig des Bahnhofs Retiro General Belgrano. Dieser erneute Aufbruch ihres Nestflüchters brach meiner Mutter das Herz. Was würde dieser Herumtreiber und Rebell von Sohn so weit weg von ihrer Obhut anstellen, jetzt, da er keine Zeitangabe mehr gemacht hatte und es keine hiesige Verpflichtung mehr gab? Und doch ließ sie sich nichts anmerken, denn sie war nicht der Typ Mutter, der seinen Kindern mit Vorwürfen begegnete. Die ganze Familie hatte sich am Bahnsteig versammelt. Als der Zug sich ruckend in Bewegung setzte, sprach Ernesto lachend jenen ominösen Satz, dessen tieferer Sinn sich erst später enthüllen sollte: »Aquí va un soldado de América« (Hier geht ein Soldat von Amerika), während meine Eltern auf dem Bahnsteig neben dem Zug herrannten, wie man es sonst nur aus Filmen kennt.

Ernesto ist von diesem Abenteuer nie zurückgekehrt. Es führte ihn bis in die kubanische Sierra Maestra, davor durch Bolivien, Peru, Ecuador, Kolumbien, Panama, Costa Rica, Nicaragua, Honduras, Salvador, Guatemala und Mexiko. Ich will diese Reise nicht weiter beschreiben. Zum einen, weil ich nicht dabei war. Zum anderen, weil die Korrespondenz aus dieser Zeit bereits veröffentlicht wurde. Gleichwohl kann ich etwas zu der Wirkung sagen, die sein Fehlen auf seine Nächsten hatte. Ernesto sandte uns Briefe, von denen einige an die Familie als ganze adressiert waren, andere an einzelne Mitglieder. Alles hing von kleinen Gelegenheitsarbeiten ab, die ihm über den Weg liefen, und ob sie genügend Geld einbrachten, damit er sich das Porto leisten konnte. Ob er Einzelne von uns persönlich anschrieb oder nicht, lief auf dasselbe hinaus. Jeder Brief war ein feierliches Ereignis, um das herum sich die ganze Familie versammelte und bei dem alle gefordert waren: Seine Handschrift war unleserlich, und es dauerte mitunter Stunden, bis sie entziffert war. Einer von uns, üblicherweise mein Vater oder meine Mutter, las den Brief laut vor, wobei der Lesefluss sich immer wieder an einzelnen Wörtern staute und alle versuchten, ihren möglichen Sinn zu erraten. Telefonverbindungen kamen nicht infrage, sie waren schlichtweg zu teuer. Zudem war ein Ferngespräch, in welchem lateinamerikanischen

Land auch immer, ein Ding der Unmöglichkeit. Aus diesem Grund vergingen lange Jahre, während derer wir Ernestos Stimme vermissten.

Seine Briefe waren eine gelehrte Mischung aus Humor und Ironie, Fragen in Familienangelegenheiten und ökonomischen, historischen und philosophischen Erörterungen. Beim Kontakt zum Land und zu den Armen, auf die er unterwegs immer wieder traf, entlud sich seine Empörung über die Ungerechtigkeit. Wir bemerkten die Veränderung, das humanistische Anliegen. Ihm wurde klar, wie die Schwachen durch die Mächtigen ausgebeutet wurden. Er entwickelte sich zum Kommunisten.

In Bolivien enthüllte sich ihm das erbärmliche Schicksal der Minenarbeiter, die abscheuliche Art ihrer Behandlung, die blutige Unterdrückung, deren Opfer sie wurden, wenn sie dagegen rebellierten. In Peru sah er, wie indigene Völker, die ohnehin am Lebensminimum dahindarbten, ihrer grundlegendsten Menschenrechte beraubt waren. Und so ging es weiter. Jedes Land bot erschreckende Beispiele der erbarmungslosen Herrschaft einer amerikanischen Weltmacht. Angesichts dessen weigerte er sich – und ich tue es ihm gleich –, die Vereinigten Staaten als »Amerika« zu bezeichnen. Amerika, sagte er, ist der ganze Kontinent. *Alle* Völker auf diesem Kontinent sind Amerikaner.

Sein Abscheu und seine Auflehnung gegen die Vereinigten Staaten steigerten sich. Er griff meinen Vater an, der das Land, in dem seine Mutter geboren war, immer verteidigt hatte. Er schickte ihm böse und ernst gemeinte Ansichtskarten, in denen er dessen »Yankee-Amigos« erwähnte. Meiner Mutter und meiner Tante Beatriz gegenüber schlug er einen etwas sanfteren, ironischeren Ton an. Er warf ihnen vor, der

Klasse der Unterdrücker anzugehören, obwohl sie damit überhaupt nichts zu tun hatten. Trotzdem erklärte er in einem Brief vom Mai 1959 dem Leiter der kubanischen Wochenzeitschrift *Bohemia*[47]: »Ich bin kein Kommunist, auch das nicht.«

Wenige Monate nach seiner Abreise schrieb er an Beatriz: »Bei all meiner Herumtreiberei, meiner notorischen Leichtigkeit und anderer Charakterschwächen habe ich tiefe und klar umrissene Überzeugungen.« Und mit dem üblichen Augenzwinkern, das er ernsteren Themen anhängte, fügte er hinzu: »Hör auf, mir Geld zu schicken, das kostet dich ein Vermögen, während ich nichts weiter tun muss, als mich zu bücken und all die Banknoten aufzuheben, die hier überall auf der Straße liegen, so viele, dass ich mir davon schon einen Hexenschuss eingefangen habe. Deshalb bücke ich mich auch nur noch jedes zehnte Mal, der öffentlichen Ordnung zuliebe, denn wenn so viel Papier durch die Luft fliegt und den Boden bedeckt, gefährdet das die Sicherheit.« Im April 1954 schrieb er an meine Mutter: »Amerika wird nun die Bühne meiner Abenteuer, es ist für mich viel wichtiger, als ich anfangs gedacht hatte. Ich glaube, dass ich es jetzt endlich verstehe und mich als Mitglied des amerikanischen Volkes fühle, eines Volkes, das ganz anders ist als jedes andere Volk der Erde.« Es wurde uns immer klarer, dass er Wert darauf legte, ernst genommen zu werden, und dass sein Engagement reifer geworden war. Gleichzeitig irrte er weiterhin ziellos umher, ohne seine Aufgabe zu kennen. Er suchte ein Ventil, einen Anlass, der ihm den Impuls geben würde, sich in eine Aufgabe zu stürzen und ihr seine ganze Existenz zu widmen. Während er darauf wartete, fällte er einen Entschluss: Er wollte noch zehn Jahre als Vagabund leben. Einer seiner großen Träume war, nach Paris zu gehen: »Das ist eine biologische Notwendigkeit, ein Ziel, auf das ich unmöglich verzichten kann, und müsste ich den Atlantik schwimmend überqueren«, schrieb er uns 1955.

Durch Ernestos lange Abwesenheit wurde die Schwermut meiner Mutter wieder schlimmer. Sie hatte aufgehört zu arbeiten und brachte ihre Tage damit zu, im Morgenmantel Patiencen zu legen und eine Zigarette nach der anderen zu rauchen. Es war eine dunkle Periode. Meine Brüder und Schwestern hatten das Nest verlassen. Ich lebte nun mit ihr allein. Ich brachte mehr und mehr Zeit auf der Straße zu. Damals war unser Viertel, obwohl es zentral lag, noch beinahe ländlich. Der Milchmann verkaufte seine Produkte von seinem Karren aus, der von einem Pferd gezogen wurde. Mein Vater schaute weiterhin in regelmäßigen Abständen vorbei. Ernesto schickte mehr Briefe an meine Mutter als an ihn, und so kam er zu uns ins Haus, um sie zu lesen. Ich bewegte mich zwischen mehreren Lebensstilen. Meine Existenz war irgendwie zersplittert. Ich pendelte zwischen der Gesellschaft der Straßenjungs und der von Argentiniens Berühmtheiten. Mein Vater bestand nämlich darauf, dass ich ihn auf formellen Besuchen bei seinen einflussreichen Freunden begleitete. Vielleicht, stellte er sich wohl vor, bekäme ich beim Kontakt mit dieser schönen Welt Lust auf ein Studium und eine glänzende Karriere. So statteten wir der Familie von José Alfredo Martínez de Hoz, der später während der Militärdiktatur Wirtschaftsminister unter Jorge Videla wurde, regelmäßige Besuche ab. Angesichts derartiger Beziehungen wunderte ich mich nicht, dass Ernesto über unseren Vater die Nase rümpfte.

Die politische Lage Argentiniens war instabil. Juan Perón kam zum zweiten Mal an die Macht. Seine Frau, die allseits beliebte Evita, war 1952 verstorben. Das Land war tief gespalten und wurde von einer Reihe blutiger Anschläge heimgesucht. Die Spannungen zwischen linkem und »orthodoxem« rechten Peronismus verschärften sich. Am 15. April 1953 legte eine terroristische Gruppierung aus privilegierten jungen Studenten und berufsmäßigen Antiperonisten auf dem berühmten Plaza de Mayo eine Bombe, die sieben Tote und Dutzende Verletzte forderte, während Perón vom Balkon des Casa Rosada, des argentinischen Präsidentenpalasts, aus eine Ansprache hielt. Seine Anhänger reagierten mit Brandanschlägen auf den Sitz der Sozialistischen Partei, den der Radikalen Partei[48] und auf den schicken Jockey Club.

Angesichts des Chaos verlor die Armee die Geduld. Perón hatte zudem die katholische Kirche gegen sich aufgebracht, weil er den Religionsunterricht an den Schulen abschaffen und Scheidungen legalisieren wollte.

Mein Vater war ein glühender Antiperonist. Ich war damals erst zehn Jahre alt und fühlte mich hin- und hergerissen zwischen Peróns reaktionärer und mehrheitlich unbeliebter Vision und den Vorstellungen der ärmeren Familien aus dem Arbeitermilieu, denen auch meine Kumpels aus dem Viertel angehörten. Seither hat sich mein Standpunkt entwickelt. Mit dem, was ich heute weiß, hat sich meine Sicht auf die Dinge geändert. Ich sehe heute (über die Person Péron hinaus und unabhängig von ihr) im Peronismus eine für unser Land sehr wichtige, überragende und komplexe Bewegung.

Tatsache ist, dass mein Vater wie jeder Argentinier, welcher Couleur auch immer, die endlose politische Gewalt in unserem Land schon völlig verinnerlicht hatte, eine Gewalt, die sich sprachlich wie physisch manifestierte. Er ging nur noch bewaffnet auf die Straße, überzeugt, dass wir uns auf einen Militärputsch zubewegten. Meine Mutter hegte dieselbe Befürchtung. Sie war entschieden antimilitaristisch und betonte, dass die Armee immer die reaktionäre Rechte unterstützt hatte. Sie hatte viel über die Frage nachgedacht, was eigentlich die Bedeutung von Streitkräften in Amerika[49] war: Verteidigung oder das Gegenteil, Offensive? Im Juni 1955 bekam sie die Antwort auf diese Frage, die unglücklicherweise klarer nicht hätte ausfallen können. Weil er eine Erklärung des Vatikans bezüglich seiner Person als Exkommunikation interpretierte, rief Perón zu einer Versammlung seiner Unterstützer auf dem Plaza de Mayo auf. Während die Menge zusammenströmte, entsandte die Marine mehrere Flugzeuge, die im Tiefflug den Platz bombardierten. 364 Personen fanden den Tod, es gab außerdem Hunderte Verletzte. Die Tage Peróns schienen gezählt. Für die Militärs war das Fass übergelaufen. Am 16. September tauchte Perón unter und flüchtete über Paraguay nach Spanien.

Während dieser verhängnisvollen Ereignisse befand Ernesto sich in Mexiko. Er war dort im September 1954 eingetroffen, in Begleitung einer sieben Jahre älteren Peruanerin, die er ein Jahr zuvor in Guatemala kennengelernt hatte: Hilda Gadea, einer Frau »mit einem Herz aus Platin, mindestens«, wie er uns geschrieben hatte. Hilda, die aus politischen Gründen geflüchtet war, war eine außergewöhnliche Frau: Sie war die erste Frau, die die Leitung des Finanzhaushalts des Exekutivkomittees der Alianza Popular Revolucionaria Americana[50] (APRA – Amerikanische Revolutionäre

Volksallianz) geleitet hatte. Mexiko bot damals Exilierten Asyl, die von der Repression aus ihren Ländern vertrieben wurden.

Ernesto hatte sich mit Hilda in einer kleinen Wohnung eingerichtet. Seinen Lebensunterhalt, den er davor als Fotograf für eine Presseagentur bestritten hatte, verdiente er jetzt als Allergologe in einem städtischen Krankenhaus. Sein Engagement stand nach acht Monaten in Guatemala fester denn je. Seine Briefe waren aggressiver geworden, noch unleidsamer als zuvor: In Costa Rica hatte er Gebiete durchquert, die im Würgegriff von United Fruit[51] steckten, einem Bananenproduzenten, der mehr als alles andere den Yankee-Imperialismus verkörperte. Ernesto hatte uns geschildert, dass er »durch Gegenden kam, in denen die Länder nicht mehr im eigentlichen Sinne Nationen, sondern private Ranches – oder Plantagen – sind«. Die barbarischen Methoden, die dort von den multinationalen Konzernen angewendet wurden, um ihre Hegemonie in Zentralamerika aufrechtzuerhalten, hatten seinen abgrundtiefen Ekel gegenüber dem Kapitalismus endgültig besiegelt. Am 10. Dezember 1953 hatte er Tante Beatriz geschrieben: »Ich hatte Gelegenheit, durch das Land von United Fruit zu fahren, was mich wieder einmal mehr von der Infamie dieser kapitalistischen Blutsauger überzeugt hat. Ich schwor vor dem Porträt des alten und untröstlichen Genossen Stalin, nicht mehr zu ruhen, bis diese kapitalistischen Blutsauger ausgerottet sind. Ich werde mich in Guatemala fertig ausbilden lassen, um ein wahrer Revolutionär zu werden.«

Die United Fruit Company war zu jener Zeit eine erbarmungslose Unterdrückungsmaschine, die ihre Lohnabhängigen in Sklaverei hielt und die Regierungen mit Hilfe der

CIA von sich abhängig machte. Die Reise durch Costa Rica markierte eine entscheidende Wende in Ernestos Leben und als Folge davon auch in unserem. Von diesem Augenblick an wurde die Existenz eines jeden Guevara vom politischen Handeln Ernestos beeinflusst.

Als er im Januar 1954 nach Guatemala kam, war der kleine zentralamerikanische Staat gerade eine junge Demokratie, die vom Sohn eines Schweizer Pharmakologen regiert wurde: Jacobo Árbenz Guzmán. Árbenz, ein Berufssoldat, war aber auch Sozialist. Er war am Sturz des Diktators Jorge Ubico beteiligt gewesen und wurde zunächst Verteidigungsminister, bevor er 1951 zum Präsidenten der Republik gewählt wurde. Seine Wahl war die erste allgemeine Wahl in der Geschichte Guatemalas.

Die Regierung Árbenz unterschied sich vom ersten Tag an von allen bisherigen durch eine Reihe fortschrittlicher Reformen. Árbenz trat für das Wahlrecht für alle und für ein Arbeitsrecht ein. Er verkündete eine Agrarreform, die darin bestand, unbebautes Land zu konfiszieren, um es an die Bauern zu verteilen. Der United Fruit Company, als dem größten Grundbesitzer des Landes, stießen diese Reformen sauer auf. Die angedrohte Maßnahme wurde unverzüglich im Rahmen einer Konferenz, bei der mehrere Minister für Auswärtige Angelegenheiten versammelt waren, dem amerikanischen Außenminister John Foster Dulles gesteckt – ebenfalls Aktionär der United Fruit: »Kommunisten!«, schnappte er und meinte damit die Regierung Árbenz. Das war der Jagdruf.

Die United Fruit, das State Department und die CIA zettelten eine militärische Invasion an. Guatemala war von seinen Nachbarn isoliert und im Stich gelassen. Während sich das Unheil zusammenbraute, besuchten Ernesto und Hilda die Ruinen der Maya in Petén. Sie erfuhren die Neuigkeiten erst bei ihrer Rückkehr nach Guatemala City. Zuerst wollte Ernesto nicht an eine amerikanische Invasion glauben. Und sollte es eine Invasion geben, so war er überzeugt, dass der Präsident ihr Paroli bot. Nun hatte Árbenz aber vergeblich versucht, von Westeuropa Waffen zu kaufen. Der abschlägige Bescheid hatte ihn gezwungen, sich an die Tschechoslowakei zu wenden. Doch bevor die tschechischen Waffen die guatemaltekische Küste erreichten, waren sie von den Amerikanern beschlagnahmt worden, die nun einen ausgezeichneten Vorwand besaßen, um Guatemala als »Alliierten der Sowjetunion« zu stigmatisieren. So regnete es amerikanische Bomben auf die Hauptstadt. Ernestos Optimismus verwandelte sich in Auflehnung. Er schritt sofort zur Aktion, indem er auf die Straße ging. Er versuchte, an der Seite diverser Gruppierungen den Widerstand zu organisieren: Gewerkschaftler, politischer Parteien und anderer mehr. Er erklärte Hilda, er habe einen »unfehlbaren Plan«, der darin bestehe, »strategische Punkte in unsere Gewalt zu bringen, die Kommunikationsmedien zu besetzen und diejenigen in einen Hinterhalt zu locken, die versuchen, dort hineinzugelangen.«[52] Zum ersten Mal fiel er den amerikanischen Geheimdiensten auf, die ihn sogleich karteimäßig erfassten.

In Buenos Aires machten sich meine Eltern Sorgen. Sie verfolgten die Ereignisse genauestens und waren überzeugt, dass sich Ernesto an dem Kampf beteiligt hatte. Der Tonfall seiner letzten Briefe ließ keinerlei Zweifel an seinem Drang, sich mit den Autoritäten anzulegen. Am 10. Mai 1954 schickte er einen Brief an uns, worin stand: »Ich hätte die Möglichkeit, in Guatemala sehr reich zu werden, nämlich über die mühsame Prozedur einer Anerkennung meines Diploms und die anschließende Eröffnung einer Klinik, in der ich mich den Allergien verschreibe. [...] Dies würde den abscheulichsten Betrug an den beiden ›Ichs‹ in meiner Seele bedeuten, die in ständigem Kampf liegen, dem Sozialisten und dem Globetrotter.«

Wir waren seit mehreren Wochen ohne Nachricht (in seinem letzten Brief hatte er mir Briefmarken mitgeschickt und mich ermutigt, viel argentinisches Fleisch zu essen: »Genieße es, kleiner Bruder, in dem amerikanischen Land mit dem besten Essen zu leben«). Meine Eltern fühlten, dass ihr Erstgeborener von diesem Moment an unaufhörlich Anlass zur Sorge bieten würde. Meine Mutter zerpflückte nicht nur die Zeitungen auf der Suche nach den kleinsten Agenturmeldungen zur Situation in Guatemala, sondern recherchierte auch in Literatur, Geschichte, kurz: in allem, wo etwas über dieses Land in Erfahrung zu bringen war. Sie wollte alles darüber wissen und alles verstehen. Wie gefährlich war die Situation für Ernesto wirklich?

Die Gefährdung war konkret genug, dass der Attaché für argentinische Angelegenheiten in der Botschaft in Guatemala City, ein gewisser Nicasio Sánchez Toranzo, verzweifelt versuchte, diesen Ernesto Guevara auf den Straßen von Guatemala City ausfindig zu machen, um ihn vor der Gefahr zu warnen, in der er schwebte. Tatsächlich hatte er den Namen seines Landsmanns aufgrund eines dieser glücklichen Zufälle aufgeschnappt, die manchmal Leben retten. Er rannte sich die Hacken ab, suchte in den Hauptsitzen der Gewerkschaften, den Bars, den Versammlungsorten der Studenten. Als er ihn endlich fand, kam er umstandslos zur Sache: »Gehen Sie augenblicklich fort. Die haben vor, Sie auszuschalten«, sagte er zu Ernesto. »Wer und warum?«, fragte mein Bruder, der es nicht fassen konnte. »Regen Sie sich nicht auf, aber seien Sie versichert, dass die amerikanische Botschaft jeden Ihrer Schritte kennt. Sie sind im Visier. Es bleibt Ihnen nichts übrig, als Ihre Haut zu retten. Ich bin gekommen, um Sie davon in Kenntnis zu setzen.« Ernesto war sprachlos: »Ich wusste gar nicht, dass ich so wichtig bin! Aber ich denke nicht, dass diese Geschichte schon vorbei ist. Wenn mein Plan funktioniert …«

Da war kein Plan mehr, der funktionierte. Umzingelt und zerquetscht von der Wucht des amerikanischen Militärschlags, legte Jacobo Árbenz am 27. Juni sein Amt nieder und floh nach Mexiko. Ernestos Enttäuschung war grenzenlos. Er versteckte sich einige Tage lang, bevor er in der argentinischen Botschaft Zuflucht fand. Man bot ihm die Rückführung an. Er wählte Mexiko.

DIE WELT ENTDECKEN ODER VERÄNDERN

Ernesto war nun schon ein Jahr in Mexiko. Es schien ihm zu gefallen. »Das Land der Schmiergelder hat mich mit der Gleichgültigkeit eines großen Tiers aufgenommen, das weder zärtlich ist noch einem die Zähne zeigt«, hatte er bei seiner Ankunft im Land des Pancho Villa[53] meiner Tante Beatriz geschrieben. Er hatte einen regelmäßigen Kontakt zu Ulyses Petit de Murat etabliert, einem Dichter und Drehbuchautor – und Busenfreund meines Vaters, weswegen meine Eltern manchmal auf indirektem Weg Neuigkeiten erfuhren.

In Ernestos Briefen machte sich ein nagendes Unbehagen bemerkbar. Er schien hin- und hergerissen zwischen zwei widersprüchlichen Impulsen: sich in einen Kampf zu stürzen oder seine Irrfahrt fortzusetzen. Im Oktober 1954, auf das erneute inständige Flehen meiner Eltern hin, er möge doch nach Argentinien zurückkehren und seine medizinische Laufbahn wieder aufnehmen, schrieb er an meine Mutter (die er zärtlich »meine Mutter, mein Mütterchen« nannte): »… im Grunde (und an der Oberfläche) bin ich ein unverbesserlicher Vagabund, und ich verspüre nicht die geringste Lust, diese Art Karriere wegen eines sesshaften Berufs abzubrechen. Ich habe vollkommenes Vertrauen in den finalen Triumph dessen, woran ich glaube, allerdings weiß ich noch immer nicht, ob ich als Akteur oder einfach nur als am Geschehen interessierter Zuschauer daran beteiligt sein werde. Die bitteren Zwischentöne, die manche von euch, wie es scheint, in meinen Briefen entdeckt haben, verdanken sich zweifellos meiner Situation: Die Wahrheit ist, dass mein zielloses Herumtreiben immer alles verdirbt und dass ich mich nicht dazu entscheiden kann, es aufzugeben.« Diese Zerrissenheit stellte für ihn allem Anschein nach ein moralisches Problem dar, wie ein Brief vom November 1954 an seine Freundin Tita Infante bestätigt: »Es wäre heuchlerisch, mich als Vorbild hinzustellen: Das Einzige, dessen ich mich rühmen könnte, ist, dass ich vor allem davongelaufen bin, das mir lästig wurde, und heute, obwohl ich doch drauf und dran bin, für etwas zu kämpfen (am liebsten für eine soziale Sache), mache ich ruhig weiter mit meiner Herumreiserei und lasse mich von den Geschehnissen treiben, ohne darüber nachzudenken, ob ich nicht zurückkommen und am Krieg in Argentinien teilnehmen sollte. Offengestanden ist es das, worüber ich mir hauptsächlich den Kopf zerbreche, weil ich in einem schrecklichen Dilemma zwischen Keuschheit (hier) und Lust (herumreisen, vor allem in Europa) gefangen bin, und ich merke, dass ich Lust habe, mich jedes Mal, wenn sich die Gelegenheit bietet, mit erschreckender Schamlosigkeit zu prostituieren.«

Ich erwähnte es bereits: Ernesto war zu beispielloser Selbstkritik fähig. Er war imstande, mit erstaunlicher Klarheit noch seine kleinsten Fehler, Schwächen und Handlungen zu analysieren. Auf der Suche nach einem Ventil für seinen Idealismus sehnte er sich danach, gegen die Imperialisten, Ausbeuter und Folterknechte der ganzen Welt in die Schlacht zu ziehen. Oder von Amerika, was ein Anfang wäre. Die Welt entdecken oder verändern, dahinleben oder sein Leben einer Sache opfern, das war die eigentliche Frage, die ihn quälte. Damals mochte sie hochtrabend erscheinen, vielleicht absonderlich. Im Licht dessen, was er am Ende erreicht hat, erhält sie ihren tieferen Sinn. Ernesto starb für seine Idee. Nicht mehr und nicht weniger.

Der innere Konflikt, der ihn nicht in Ruhe ließ, mündete in einen endgültigen Entschluss: Ernesto lernte Raúl Castro kennen, Fidels jüngeren Bruder. Das Treffen kam durch Hilda Gadea zustande. Ernestos Begleiterin bewegte sich mit bemerkenswerter Leichtigkeit in den Kreisen der Exilpolitiker. Ernesto und sie waren daher regelmäßig bei Treffen und Abenden, die von den verschiedenen politischen Anführern organisiert wurden, aus Peru, Guatemala, Argentinien und – Kuba. Raúl und Ernesto waren von ihrer ersten Begegnung an unzertrennlich.

Am 26. Juli 1953 hatten die Castro-Brüder die Kaserne Moncada de Santiago de Cuba[54] angegriffen. Die Attacke, die zum Ziel hatte, die Diktatur vor Ort zu destabilisieren, endete mit einer schmählichen Niederlage. Die Mitglieder der Rebellengruppe waren von Fulgencio Batistas Truppen im Schnellverfahren hingerichtet oder inhaftiert worden. Bei seinem Prozess hatte Fidel seine Verteidigung selbst übernommen: Er war ja Anwalt, und was für einer! Sein flammendes und großartiges Plädoyer für das unterdrückte kubanische Volk mit dem Titel *Die Geschichte wird mich freisprechen!* dauerte drei Stunden. Es hatte das Land derart in Wallung versetzt, dass Batista ihn unter dem Druck der Massen schließlich im Mai 1955 begnadigte, gegen die

Zusage – die einzuhalten Fidel offensichtlich nicht vorhatte – jeden weiteren Versuch zu unterlassen. Nach seiner Freilassung war er nach Mexiko gegangen, mit dem Ziel, seine Rückkehr nach Kuba vorzubereiten. Er hatte seine Rebellengruppe neu aufgestellt, die er nun *Movimiento 26 de Julio*, Bewegung des 26. Juli, taufte. Ernesto lief Fidel zum ersten Mal am Abend des 7. Juli 1955 über den Weg, bei einer Freundin von Hilda, einer gewissen María Antonia. Ein Zufall hatte es gewollt, dass sich diese beiden außergewöhnlichen Menschen just in dem Augenblick kennenlernten, da sie sich am dringendsten brauchten. Sie schätzten einander auf der Stelle und unterhielten sich die ganze Nacht. Ernesto war hingerissen. Was Fidel betrifft, brauchte er nur wenige Stunden, um Ernestos Wert und Potenzial zu erkennen. »Das ist der Typ, den ich brauche«, muss er sich gesagt haben, jedenfalls schlug er ihm vor, Feldarzt in seiner Truppe zu werden. Im Morgengrauen war Ernesto angemustert. Vorbei die Unentschlossenheit, vorbei das Dilemma. Er hatte endlich seine Bestimmung gefunden. Ich glaube, dass er die Stelle des Feldarztes nur aus Mangel an Alternativen annahm. Seine letzte Reise hatte in ihm einen Entschluss reifen lassen: Medizin war nicht genug, um die Menschheit zu heilen.

Er besaß, nachdem er sich vom Militärdienst in Argentinien hatte freistellen lassen, keine militärische Ausbildung. Doch sein Medizindiplom diente ihm als Eintrittskarte in die Guerilla. Das Training begann wenige Wochen später unter dem Kommando von Alberto Bayo, einem kubanischen Oberst von dreiundsechzig Jahren. Bayo hatte in Spanien die Schule besucht und später dort die republikanischen Truppen für den Bürgerkrieg ausgebildet. Um ihre zweiundachtzig Männer für den Guerillakampf ohne Aufsehen zu erregen vorzubereiten, entschieden sich Castro und Bayo für eine *hacienda* im bergigen, etwa dreißig Kilometer von der mexikanischen Hauptstadt entfernten Distrikt Chalco. Die weiträumige Ranch war Eigentum eines alten Gefährten von Pancho Villa. Das aus Theorie und Praxis bestehende Training dauerte drei Monate, an deren Ende Bayo Ernesto zum vielversprechendsten Mitglied der Truppe erklärte. Er war beeindruckt von Ernestos Intelligenz, Disziplin, seinem Mut, seiner umfassenden Bildung und seinem Mannschaftsgeist.

In den Bergen war Ernesto zu Che geworden, so getauft von seinen Gefährten, weil er, als waschechter Argentinier, der er war, die Marotte hatte, allen seinen Sätzen »che« hinzuzufügen. Sein Spitzname störte ihn nicht, im Gegenteil: Er liebte es, an seine Wurzeln erinnert zu werden. *Che* und *mate* waren seine beiden »Argentinismen«. *Che* hatte noch eine zweite Bedeutung: Es stammt von *mapuche*, das »Menschen der Erde« bedeutet und zugleich eine indigene Volksgruppe im Süden Chiles und Südwesten Argentiniens bezeichnet.[55]

Ernesto hatte uns von seinen neuerlichen Aktivitäten nichts mitgeteilt. Dennoch schrieb er regelmäßig. Ich erinnere mich besonders an einen Brief, der im Oktober 1955 eintraf (nach Peróns Flucht ins Exil), wegen der Reaktion meines Vaters. Ernesto beklagt darin die Ereignisse – nicht weil er Peronist gewesen wäre, sondern weil er glaubte, dass Perón zumindest den Vorzug hatte, sich den Yankee-Imperialisten entgegenzustellen, und weil er gegenüber den Militärs das kleinere Übel war. Jedenfalls stürmte mein Antiperonist von Vater in die Calle Aráoz und fuchtelte wütend mit Ernestos Brief in der Luft herum. »Hört nur, was er schreibt!«, rief er.

Der Tonfall seiner Briefe hatte sich verändert. Er gebrauchte wie gewöhnlich Humor und Spott, aber obwohl er ständig Anspielungen machte, legte er nicht offen, was er vorhatte. Er legte Spuren, ohne die Auflösung zu geben. Er sprach von »kubanischen Freunden« und von seinen Artikeln in einer medizinischen Zeitschrift; von seinem »Wohnwagen« und der unmittelbar bevorstehenden Geburt seines ersten Kindes, der Tochter Hilda Beatriz; von seinem Aufstieg zum zweithöchsten Gipfel Mexikos, dem Vulkan Popocatépetl (mit 5426 Metern – »ich habe den Popo im Sturm erobert«, schrieb er) und von seinen wissenschaftlichen Arbeiten. Mein Vater stieß sich an der enigmatischen und kabbalistischen Diktion seines Briefs. Jetzt musste man nicht mehr nur seine Handschrift entziffern, sondern auch den Sinn seiner Worte! Erst viel später begriffen wir, dass die gefährliche Ersteigung, von der er mit eisigen Füßen und glühendem Kopf wiederkehrte, in Wirklichkeit Teil einer militärischen Übung war, die Oberst Alberto Bayo ihnen auferlegt hatte. Schließlich musste man in einer ausgezeichneten physischen Verfassung sein, um in der kubanischen Sierra Maestra herumzukraxeln.

Dafür verkündete er aber, dass er kürzlich, nachdem er etwas zu tief ins Glas geschaut und »Tequilamissbrauch getrieben« hatte, sich zu einer »absurd ritterlichen Geste« hatte hinreißen lassen und Hilda einen Heiratsantrag gemacht hatte.[56] Auch erwähnte er seine kommende Teilnahme an einem medizinischen Kongress in Venezuela. Er stand kurz davor, Vater zu werden, und schien seinen Beruf wieder ernst zu nehmen. Vielleicht stellte er am Ende seinen Reisewagen doch noch irgendwo ab. Am besten in Argentinien, bei seiner Familie. Doch meine Eltern blieben besorgt. Ihr untrüglicher Instinkt …

Von seiner Festnahme und Unterbringung im Miguel-Schultz-Gefängnis für Zuwanderer[57] erfuhren wir im Laufe des Sommers 1956. Die kubanische Zelle des Movimiento 26 de Julio wurde von der Leitstelle des mexikanischen Geheimdiensts geortet. Diese hatte nicht den geringsten Zweifel, dass die Gruppe sich anschickte, auf Kuba zuzuschlagen. In einem letzten Brief, der auf den April 1956 datiert ist, hatte Ernesto tatsächlich über sein wachsendes Interesse für »die Doktrin des San Carlos« (Karl Marx) gesprochen, die »sehr viel interessanter ist als das Studium der Physiologie«. Aber kam man deswegen gleich ins Gefängnis? Nachdem mein Vater schon geraume Zeit ohne Nachrichten war, hatte er äußerst beunruhigt alle Hebel in Bewegung gesetzt, um herauszufinden, was mit seinem Sohn passiert war. Sein Cousin ersten Grades, Admiral im Ruhestand Raúl Lynch, war Argentiniens Botschafter auf Kuba. Er hatte die Möglichkeit, auf diplomatischem Weg Erkundigungen einzuholen. In Mexiko versuchte mein Vater über Ulyses Petit de Murat und den argentinischen Botschafter Fernando Lezica, den Onkel von Robertos Frau, an Informationen zu kommen. Mein Vater hatte all diese Leute alarmiert, um gesicherte Auskünfte zu bekommen. Auf diese Weise erfuhren wir von der Existenz Fidel Castros.

Endlich konnte Ernesto mit der Wahrheit herausrücken. In einem Brief an die Familie sprach er zum ersten Mal von Fidel: »Fidel ist ein junger kubanischer Führer, der mich schon vor gewisser Zeit, sagen wir vor längerer Zeit, gebeten hat, mich seiner Bewegung anzuschließen.« Wir erfuhren von Dritten, Ernesto habe sich von allen Mitgliedern dieser kubanischen Gruppe, die verhaftet wurden, am unerschrockensten gezeigt. Er war der Einzige gewesen, der sich stolz zum Marxismus-Leninismus bekannte.

Er schloss seinen Brief mit dem Satz: »Ich werde mit ihr [der Kubanischen Revolution] triumphieren oder zugrunde gehen! Wenn ich aus irgendeinem unerfindlichen Grund, den ich nicht vorhersehen kann, nicht mehr imstande sein werde, ein weiteres Mal zu schreiben, und wenn mich später das Glück verlassen sollte, dann betrachtet diese Zeilen als ein Adieu, aber weniger pathetisch, als es klingt, eher in tiefem Ernst. Von diesem Augenblick an sehe ich meinen Tod nicht mehr als Fehlschlag an.«

Zutiefst beunruhigt und um den Charakter ihres Sohns wissend, begann meine Mutter, alles nur irgend Erhältliche über diesen Fidel Castro zu lesen, von dem sie noch nie in ihrem Leben gehört hatte. Sie wollte wissen, wem sich Ernesto in die Arme geworfen hatte. Was sie las, vermochte ihre Bedenken nicht auszuräumen. Ganz im Gegenteil. Die tiefe Besorgnis meiner Eltern, eine tagtägliche Besorgnis, wurzelte in dieser Zeit. Mein Vater versuchte, seine Beziehungen spielen zu lassen, damit jemand Ernesto im Gefängnis besuchen konnte. Ernesto reagierte mit der dringenden Bitte, ihm »diese Art Leute« gefälligst vom Halse zu halten. Als Petit de Murat ihn besuchte, wies Ernesto jedes Hilfsangebot zurück, von dem seine kubanischen Mitgenossen nicht gleichfalls profitierten. Er verweigerte sich jeder Sonderbehandlung. Petit de Murat berichtete von seiner »überragenden moralischen Einstellung«. Er schien von Ernestos Redlichkeit sehr beeindruckt.

Die Neuigkeit von der Verhaftung des »argentinischen Arztes« verbreitete sich über ganz Lateinamerika. Familienangehörige und Freunde waren verblüfft über sein »unsinniges Vorhaben«. Sie ließen es sich nicht entgehen, meinen Eltern ihre Meinung darüber zu sagen. Das Telefon in der Calle Aráoz stand nicht mehr still. Unsere Verwandten drängten uns, hart durchzugreifen, mit der Faust auf den Tisch zu hauen, um Ernesto auf den rechten Weg zurückzuführen. Ich selbst fand die ganze Sache toll, genial. Was für ein außergewöhnlicher Mensch war mein Bruder nur!

Der Zeitabschnitt, den man als »Vor-Che-Zeit« bezeichnen könnte, war dabei zu enden und in eine »Nach-Che-Zeit« überzugehen, die für meine Familie sehr schwierig werden sollte. Im Grunde hatten wir Ernestos Engagement mitauszubaden, seine aufkeimende Popularität und vor allem seinen Konflikt mit den Machthabern.

Ich würde in Kürze dreizehn Jahre alt sein, und meine politische Erziehung war schon weit gediehen. Meine Mutter und ich unterhielten uns viel. Unser Verhältnis war mehr freundschaftlich als nur eine Mutter-Sohn-Beziehung. Mit meinem Vater sprach ich dagegen wenig über Politik, denn wir fanden selten einen gemeinsamen Nenner. Auf diesem Gebiet waren meine Mutter und meine Schwester Celia die Bezugspersonen. Und natürlich Ernesto, aber der war weit weg. Seine Briefe trafen indes weiterhin in regelmäßigen Abständen ein.

Ich erinnere mich an das erste Mal, da er mit »El Che« signierte. Es war in einem Brief an meine Mutter vom 15. Juli 1956. Da sie überzeugt war, Fidel Castro würde einen neuerlichen Invasionsversuch auf der Insel unter Beteiligung ihres Sohnes unternehmen, hatte sie Ernesto einen vorwurfsvollen Brief geschrieben, in dem sie ihrem Unverständnis und ihren Zweifeln Ausdruck verlieh. Kuba war nicht seine Heimat. Wenn er gegen Ungerechtigkeit kämpfen wollte, warum kämpfte er dann nicht gegen den Tyrann im eigenen Land, anstatt Tausende von Kilometern entfernt sein Leben zu riskieren? Argentinien wurde zu dieser Zeit von Pedro Eugenio Aramburu regiert, jenem General, der für die so genannte Revolución Libertadora (Revolution der Befreiung) verantwortlich war, mit anderen Worten für den Militärputsch von 1955 gegen Perón. Aramburu war nur ein Diktator mehr, der die Peronisten verfolgte und sie einsperren oder ermorden ließ. Seine Kompromisslosigkeit ging so weit, dass er ein Gesetz verkündete, das die peronistische Propaganda, die Erwähnung der Namen Eva und Juan Perón, den Besitz von Bildern, Symbolen oder Skulpturen und ähnlichem, auf denen diese abgebildet waren, für gesetzwidrig erklärte. Diese Verfolgung führte zu einer ersten Radikalisierung der aufkeimenden Montonero-Bewegung[58].

Meine Mutter bangte um ihren Sohn. In höchster Besorgnis versuchte sie nun zum ersten Mal, ihn trotz seiner achtundzwanzig Jahre an die Leine zu legen. Ernesto wiederum war es gewohnt, dass meine Mutter ihn in allem bestärkte. Ich vermute, dass er äußerst überrascht war, derart ruppig gemaßregelt zu werden. Ich gebe hier einen Teil seiner Antwort wieder, denn dieser wichtige Brief markierte eine Wende in unserem Leben:

> Ich bin nicht Christus und auch kein Menschenfreund, *vieja*, mein liebes altes Mütterchen, ich bin vielleicht sogar das Gegenteil von Christus, und die Philanthropie scheint mir ein Ding der [unleserliches Wort], und für die Gründe, an die ich

glaube, kämpfe ich eher mit allen Waffen, die mir zu Gebote stehen, und versuche den Feind niederzuzwingen, als dass ich mich ans Kreuz nageln lasse. Was den Hungerstreik betrifft, irrst du dich gründlich: Wir haben ihn zweimal begonnen; das erste Mal haben sie einundzwanzig von den vierundzwanzig Gefangenen in unserer Gruppe freigelassen, und nach dem zweiten haben sie angekündigt, den Führer der Bewegung, Fidel Castro, freizulassen, was morgen stattfinden soll. Es bleiben also nur zwei Personen inhaftiert, darunter ich. Ich möchte nicht, dass du denkst, wie Hilda andeutete, dass die beiden fraglichen Personen geopfert werden, wir sind einfach nur diejenigen, die ihre Papiere noch nicht beisammen haben, weswegen wir auch nicht zu denselben Mitteln Zugang haben wie unsere Genossen. Ich beabsichtige, im nächsten Land Asyl zu beantragen, was nicht ganz einfach sein wird angesichts des interamerikanischen [*sic!*] Rufs, der mir vorauseilt, und dort darauf zu warten, dass man meine Dienste in Anspruch nimmt. Ich sage euch zum wiederholten Mal, dass ich euch wahrscheinlich von jetzt an über einen mehr oder weniger langen Zeitraum nicht mehr schreiben kann.
Was mich am meisten bestürzt, ist dein Mangel an Verständnis und dein Rat zu Mäßigung, Egoismus etc., mit anderen Worten zu den scheußlichsten Untugenden, die ein Mensch haben kann. Nicht nur, dass ich nicht gemäßigt bin, ich werde auch versuchen, es nie zu sein, und wenn ich eines Tages feststelle, dass die heilige Berufung einem schwächelnden Flämmchen gewichen ist, dann bleibt mir nichts mehr, als auf meine eigene Scheiße zu kotzen. Was deinen Appell für einen gemäßigten Egoismus angeht, mit anderen Worten für einen vulgären und hasenfüßigen Individualismus, für die »Tugenden« des X [ein Freund der Familie][59], so muss ich

dir sagen, dass ich mich gezwungen sehe, ihn in mir abzutöten; ich spreche jetzt nicht von jener Art Individualismus, der mir fremd und verzagt vorkommt, sondern von jener anderen, der bohemischen, der die anderen egal sind und die sich nicht aus meiner Kraft nährt, sondern aus einem Gefühl der Selbstgenügsamkeit, die das Bewusstsein vergiftet. Seit diesen letzten Tagen, die ich im Gefängnis und mit Trainieren verbringe, identifizierte ich mich vollkommen mit meinen Kampfgenossen ... [...] Einer deiner großen Irrtümer ist es zu glauben, dass große Erfindungen und Meisterwerke der Mäßigung oder einem »gemäßigten Egoismus« entspringen. Große Werke brauchen Leidenschaft, und die Revolution ist ohne große Mengen Leidenschaft und Kühnheit nicht möglich, Eigenschaften, die innerhalb menschlicher Gruppierungen ohnehin verbreitet sind. Und noch etwas Seltsames habe ich bemerkt: Du erwähnst immer wieder den *Lieben Gott*, das alte Tantchen, ich hoffe, das soll nicht heißen, dass du dich ins Gefängnis deiner Jugend zurücksehnst.[60] Ich möchte dir auch noch sagen, dass die Serie der SOS, die ihr losgeschickt habt, mir genau genommen nichts nützt. Petit [de Murat] hat kalte Füße bekommen, Lezica hat sich gedrückt und Hilda eine Predigt gehalten (gegen meinen Willen) über die Auflagen bei politischem Asyl. Raúl Lynch hat sich korrekt verhalten, nämlich auf Distanz, und Padilla Nerva hat gesagt, dass unterschiedliche Ministerien im Spiel sind. Sie wollen mir alle helfen unter der Bedingung, dass ich meinen Ideen abschwöre; ich glaube nicht, dass du einen lebenden, ruchlosen Sohn einem Sohn vorziehst, der, wo auch immer, sein Leben ließ, jedenfalls aber in Ausübung dessen, was er für seine Aufgabe hielt. [...] Außerdem gehe ich, sobald ich auf Kuba zum Weltverbesserer geworden bin, ganz sicher woanders hin, und nicht weniger gewiss ist, dass ich kaputtginge, wenn ich in einem Büro oder in einer allergologischen Klinik festsitzen würde. Unter diesen Umständen scheint mir, dass dieser Schmerz, der Schmerz einer Mutter, der dich im Alter offenbar packt und deinen Sohn um jeden Preis lebend sehen will, ehrenwert ist und dass ich verpflichtet bin – und große Lust verspüre –, ihn als das anzuerkennen, was er ist. Ich würde dich daher liebend gern sehen, nicht nur, um dich zu trösten, sondern auch, um mich selbst über mein schändliches sporadisches Heimweh hinwegzutrösten. *Vieja*, ich umarme dich und verspreche dir meine Gegenwart, sofern es nichts Neues gibt. Dein Sohn Che.

Dieser Brief, den wir wieder im Kreis der Familie entzifferten, überzeugte meine Eltern, dass man nichts tun könne, als die Entscheidungen meines Bruders zu akzeptieren. Wir kannten ja seine Entschlossenheit. Er würde diesem Fidel Castro folgen, den meine Mutter im Übrigen zu bewundern begann. Sie hatte sein Plädoyer gelesen, ein rhetorisches Juwel, das Fulgencio Batistas Tyrannei bloßstellt und das Elend des kubanischen Volkes in allen Einzelheiten darlegt. Was Ernesto betraf, sprach er davon, uns zu besuchen, und wir klammerten uns an diese Vorstellung. Tatsächlich ist er aber niemals mehr nach Buenos Aires zurückgekehrt, abgesehen von einem kurzen Abstecher von wenigen Stunden im August 1961 im Anschluss an einen Aufenthalt in Punta del Este[61]. Die gesamte Familie, einschließlich Tante Beatriz, hatte sich damals in dem uruguayischen Seebad eingefunden, um ihn zu treffen. Dort sahen wir ihn zum letzten Mal. Zu der Zeit war Ernesto Industrieminister der kubanischen Regierung, und wir hatten keinerlei Grund anzunehmen, dass er daran dachte, sich irgendwo fern von Kuba herumzuschlagen. Ein weiterer Brief an meine Mutter, der auf den November 1956 datiert war, also drei Monate nach dem vorausgegangenen, enthielt indessen eine Vorahnung. Er schrieb: »Wenn die Krankheit, an der ich leide, von jemandem Besitz ergreift, wird sie mit der Zeit schlimmer und lockert ihren Griff bis ins Grab nicht mehr.« Diese Krankheit war seine neu erblühte Sehnsucht, oder genauer, sein tief verankertes Bedürfnis, das Unrecht zu bekämpfen.

Kurz nachdem er den Brief vom 15. Juli 1956 aufgegeben hatte, bestieg Ernesto zusammen mit einundachtzig anderen Mitstreitern (darunter Fidel und Raúl Castro, Camilo Cienfuegos, Juan Almeida und Ramiro Valdés) die *Granma*, eine alte, achtzehn Meter lange Motoryacht, die Fidel wenige Wochen zuvor für 15 000 Dollar erstanden hatte. Die Überfahrt, die im mexikanischen Hafen von Tuxpan[62] in der Nacht des 25. November bei gelöschten Lichtern startete, wuchs sich zu einer zehntägigen Odyssee aus. Gleich zu Beginn wurden diese abgehärteten Männer fürchterlich seekrank. Aber hören wir Ernesto selbst: »Wieder hat die hektische Suche nach den Antihistamin-Medikamenten in unseren Siebensachen begonnen; wir haben die kubanische Nationalhymne gesungen, daraufhin die der Bewegung des 26. Juli, was zusammen vielleicht fünf Minuten dauerte, und kurz danach brach auf dem Boot ein lächerlich tragischer Zustand aus, denn überall an Deck fassten sich Männer an die Bäuche und machten lange, beklommene Gesichter. Manch einer hatte den Kopf schon im Eimer, andere verharrten in den seltsamsten Verrenkungen, die Kleider voll mit Kotze.«[63] Nach vier oder fünf Tagen ging die Bordverpflegung zur Neige.

Die *Granma* erreichte Kuba am 5. Dezember, an Bord eine Ladung ausgemergelter Männer. Die Landung am Strand von Las Coloradas wurde umgehend zum Desaster. Das Boot war bei der Annäherung an die Insel entdeckt worden, Batistas Armee war vorbereitet und nahm es mit seiner Artillerie, *made in USA*, in Empfang. Kaum hatten Fidels Männer den Fuß auf die Insel gesetzt, wurden sie auch noch von der Luftwaffe bombardiert, wobei siebzig der zweiundachtzig Kämpfer, die in Mexiko an Bord gegangen waren, den Tod fanden. Nur zwölf Männer und sieben Gewehre blieben übrig, um es mit 30 000 Soldaten und einer ultramodernen militärischen Ausrüstung aufzunehmen, die unter anderem aus Panzern, Kanonen und Flugzeugen bestand. Und dennoch gelang es dieser abgemagerten Truppe am Ende, das Ungeheuer Fulgencio Batista zu besiegen. Später erklärte Ernesto dem Journalisten Jorge Ricardo Masetti, dem ersten Landsmann, der ihn in der Sierra Maestra interviewt hat, die Bewegung verdanke ihren Sieg dem unerschütterlichen Vertrauen Fidels: »Er ist ein außergewöhnlicher Mensch. Unmögliche Ziele waren genau das, was er in Angriff nahm und am Ende erreichte. Er war von beispielloser Zuversicht, dass er, war er einmal nach Kuba aufgebrochen, dort auch ankommen würde. Einmal angekommen, würde er kämpfen. Und einmal im Kampf, würde er auch siegen.« Nachdem so viele Männer niedergemetzelt worden waren und die kubanische Armee sie weiterhin bombardierte, hatte Fidel ausgerufen: »Hört nur, wie sie schießen. Wir haben sie zu Tode erschreckt. Sie haben Angst vor uns, weil sie wissen, dass wir mit ihnen aufräumen!« Vorahnung oder Selbstgewissheit, niemand wird das je wissen.

Mitten in diesem blutigen Durcheinander geriet Ernesto in ein Dilemma. Ein Kampfgefährte mit einer Munitionstasche war in der Schlacht vor seinen Füßen gestorben. Ernesto trug schon einen Verbandskasten. In diesem Augenblick musste er sich zwischen den zwei Kästen entscheiden, denn beide konnte er nicht tragen. »Entweder bin ich Arzt oder Kämpfer«, sagte er sich (er schildert diese Anekdote in einem Brief an meine Mutter). Er griff zur Munitionstasche und schob sie unter sein Hemd. Wenige Minuten danach traf ihn eine Kugel in die Brust. Die Tasche rettete ihm das Leben, er wurde nur am Hals verletzt. Eine andere Kugel durchschlug seine Wange und trat hinter dem Ohr wieder aus.

Die Neuigkeit der Landung auf Kuba erreichte uns nicht sofort, doch als die Zeitungen davon berichteten, begann für uns der Albtraum. Wir wussten nicht einmal, dass er an Bord gegangen war. Er hatte über seine Zusammenarbeit mit Fidel Castro gesprochen, ohne offenzulegen, was genau sie vorhatten: Er wusste, dass der mexikanische Geheimdienst seine Post las.

Die argentinische Presse interessierte sich augenblicklich für den »jungen revolutionären argentinischen Arzt«. Und im Dezember meldete *La Prensa*, eine rechtsgerichtete Tageszeitung, zum ersten Mal Ernestos Tod. »Unter den Toten des Gefechts«, hieß es in dem Artikel, »befand sich auch der Arzt Ernesto Guevara de la Serna«. An diesem Tag eilte Vater unerwartet ins Haus. Er wirkte fiebrig und bestürzt, was bei mir die Alarmglocken schrillen ließ. Meine Mutter war in eine Patience vertieft. Mein Vater blieb einen Moment lang stehen, ohne ein Wort zu sagen. Er war sichtlich außerstande, ihr die Nachricht mitzuteilen. Meine Mutter hob schließlich den Kopf und blickte ihn an und fragte im selben Moment: »Was ist passiert?« Mein Vater antwortete: »Ich bin sicher, dass es nicht stimmt.« – »Ernesto?«, schrie sie auf. Sie war innerhalb einer Sekunde aschfahl geworden. Mehr Worte waren nicht nötig. Sie sprang auf, riss ihm die Zeitung aus der Hand und stürzte, als sie die Schlagzeile gelesen hatte, zum Telefon, um *Associated Press* anzurufen. Die Agentur wusste auch nichts Genaues. Meine Mutter war wie erschlagen. Das Telefon klingelte nun pausenlos. Die Familie und die Freunde wollten wissen, ob das stimmte, ob wir Neuigkeiten hätten. Die Zeitungen der ganzen Welt hatten die Vernichtung der Gruppe um Fidel Castro verkündet. Sie taten nichts anderes, als die Lügen Batistas zu wiederholen. Für uns war das der blanke Horror. Einmal mehr ließ mein Vater seine Beziehungen spielen.

Während wir entnervt auf Nachricht von der argentinischen Botschaft in Havanna warteten, erreichte uns aus Mexiko ein Brief von Ernesto, der vor seiner Überfahrt abgeschickt worden war. Darin kündigte er seinen unwiderruflichen Entschluss an, für die Unabhängigkeit Kubas zu kämpfen. Wir waren ratlos, wussten nicht, was wir denken sollten. Lebte er oder war er tot? Die Ungewissheit war furchtbar. Und dann, am 31. Dezember, als wir alle in der Calle Aráoz versammelt waren, wurde unter der Tür ein Umschlag durchgeschoben. Auf dem Stempel stand »Manzanillo, Cuba«. Darin war eine sehr kurze Nachricht von Ernesto, die lediglich lautete: »*Queridos viejos* (meine lieben Alten), mir geht es hervorragend, ich habe erst zwei verbraucht und besitze noch fünf weitere [er meinte seine sieben Leben]. Ich arbeite immer noch für dieselbe Sache,

Nachrichten kommen spärlich und das wird auch so bleiben, aber seid versichert: Gott ist ein Argentinier. Ich umarme euch alle. Teté«[64] Grenzenlos war die Freude, die uns in diesem Moment ergriff! Der Abend wurde zum Fest, einem denkwürdigen Fest.

Nach diesem Vorfall verkündete die internationale Presse noch fünf weitere Male seinen Tod. Die argentinischen Zeitungen machten sich zum Sprachrohr des Batista-Regimes. Sie kolportieren immer wieder neue Lügen, zum Beispiel dass die *guajiros* (die kubanischen Bauern) sich gegen die Revolution stellten, dass die Armee des Diktators die Mitglieder der Bewegung des 26. Juli ausgeschaltet hätte und so fort. Die Desinformationsmaschine lief auf Hochtouren. Die Wirklichkeit war eine völlig andere. Die *guajiros* wollten sich zu Tausenden der Bewegung anschließen. Wenn sie sich nicht den Reihen der Guerilla anschließen konnten, dann weil diese nicht in der Lage war, sie mit Waffen zu versorgen. Nichtsdestotrotz schwoll die Truppe nach und nach an, je mehr es dem Rebellenheer gelang, Sabotageakte zu verüben und den Feind in Hinterhalte zu locken, um sich seine Waffenarsenale anzueignen. Während Batista mit seiner Desinformationspolitik beschäftigt war, strukturierte und organisierte sich in der Sierra Maestra die Revolutionsarmee. Während dieser Monate widmete sich Ernesto nicht nur dem Kampf, sondern gründete auch Schulen und Landkrankenhäuser, ließ Bäckereien einrichten und stellte eine Bomben- und eine Schuhfabrik auf die Beine. Er installierte außerdem eine Radiostation und gründete eine Zeitung, den *Cubano Libre*, der mit Hilfe eines alten Fotokopiergeräts hergestellt und in Umlauf gebracht wurde und in dem er seine Artikel mit »Der Außenseiter« signierte. Er hielt sich bereits an die berufsethischen Prinzipien, die er später wie folgt umschrieb: »Wir fordern einfach nur, dass der Erzähler redlich sei; dass er niemals, um eine persönliche Einstellung darzutun oder glauben zu machen, er befände sich an diesem oder jenem Ort, etwas Unzutreffendes behaupte; wir fordern nicht mehr, als dass der Berichter, nachdem er den Umständen, seinem Bildungsniveau und Talent entsprechend einige Seiten niedergeschrieben hat, sich einer möglichst gewissenhaften Selbstkritik aussetze und jedes Wort streiche, das keine wahrheitsgetreue Tatsache wiedergibt oder dessen Wahrheitsgehalt er nicht mit völliger Sicherheit verbürgen kann.« Als hätte er nicht schon genug am Hals, förderte er die Alphabetisierung der Bauern, gab ihnen Unterricht, hörte geduldig ihre Beschwerden an und verarztete sie. Er beaufsichtigte sogar den Bau einer Landepiste für die Flugzeuge, die Waffen für die Revolution brachten. Er schien sich in mehrere Personen aufteilen zu können: Er war überall zugleich und regelte simultan die unterschiedlichsten Probleme.

Che war der erste Kämpfer des Rebellenheers, noch vor Raúl, den Fidel zum *Comandante* berief. Die gefeierte Guerillera Celia Sanchez nähte den berühmten roten Stern auf sein Barett.

Die Nachrichten von seinem vermeintlichen Tod zogen uns den Boden weg – und wenn es wahr wäre? –, doch jedes Mal wurden sie dementiert. Wir versuchten, immer weniger darauf zu geben, und lauerten auf die kleinste positive Information. Die beruhigendste Nachricht traf Ende Februar 1957 in Form einer Reihe kleinerer Artikel in der *New York Times* ein. Der amerikanische Journalist Herbert Matthews hatte Fidel in der Sierra Maestra getroffen. Seine Reportage, die drei Tage später gedruckt wurde, hatte eine einschlagende Wirkung und rückte die Dinge wieder zurecht. Castro war keineswegs ein wütender, demoralisierter Verrückter, der drauf und dran war, die Waffen niederzulegen, ganz im Gegenteil. Er war nun kein Kommunist mehr, sondern ein kubanischer Patriot, der sein Land von einem blutigen Tyrannen befreien wollte, der es in Angst und Schrecken versetzte. Castros Revolutionsarmee war wohlorganisiert und entschlossen und wurde jeden Tag größer. Ein Cousin meiner Mutter, der in New York seinen Sommerurlaub verbrachte, rief uns an, um uns auf die Reportage aufmerksam zu machen. Die Lektüre war für uns ein neuerlicher Grund, im Haus ein Fest zu geben. Einige Tage später rief uns dieser Cousin erneut an, diesmal, um uns mitzuteilen, dass er Ernesto im Fernsehen gesehen habe, in einer Reportage von CBS, in Uniform, mit Bart, über das ganze Gesicht lachend und absolut überzeugt vom Sieg des Rebellenheers! Nach den unsagbaren Qualen waren wir nun im siebten Himmel.

Ein Jahr später war Jorge Ricardo Masetti an der Reihe, in die Sierra Maestra zu pilgern, wie der argentinische Sender Radio El Mundo meldete. Als er nach einem tagelangen, erschöpfenden und riskanten Marsch durch die Berge[65] endlich Ches Lager erreichte, brannte sich ihm von meinem Bruder dieses Bild ein, das er in seiner anschließenden Reportage beschrieb: »Er trottete auf dem Rücken eines Maultiers daher, mit beidseits herabbaumelnden Beinen und gekrümmtem Rücken, an den Schenkeln grätschten eine Beretta und ein Gewehr mit Zielfernrohr, ähnlich zwei Stützpfosten, die einen auffällig langgliedrigen Körper halten. Sowie das Maultier näherkam, sah ich den Gürtel, an dem eine lederne Patronentasche voller Patronen und eine

Pistole hingen. Aus der Hemdtasche ragten zwei Magazine, am Nacken baumelte ein Fotoapparat, und am Kinn wuchsen ein paar Haare, die ein Bart sein wollten. [...] Der berühmte Che Guevara erschien vor mir wie ein typischer argentinischer junger Mann der Mittelklasse.«

Radio Rebelde, der Radiosender der Rebellen, der oben auf einem Hügel im Buschwald stationiert war, erlaubte Masetti, seine Reportagen und Interviews auszustrahlen. Nach langem, heimlichem Aufenthalt in der Sierra Maestra schickte er seine Tonaufnahmen exklusiv nach Argentinien. Zurück in Havanna, musste er unglücklicherweise feststellen, dass sie dort niemals angekommen waren. Er ging daher, unter noch schwierigeren Bedingungen als beim ersten Mal, zurück in die Sierra Maestra und traf dort auf Fidel und Che, die sich offenbar sehr darüber freuten, ihn wiederzusehen. Sie hatten ihn schon ins Herz geschlossen. Seine Reportagen wurden schließlich in vier Teilen gesendet. Das war das erste Mal, dass Argentinien die Stimme von Che hörte und unmittelbar Ohrenzeuge der Kubanischen Revolution wurde.

Als Masetti nach Buenos Aires zurückkehrte, eilte er gleich zu uns. Was er uns erzählte, freute uns und gab uns wieder Hoffnung. Er händigte uns Kassetten aus, die Ernesto für uns aufgenommen hatte. Nach so langen Monaten seine Stimme zu hören, war ein wunderbarer Genuss und eine ungeheure Erleichterung. Jorge wurde nicht nur zu einem engen Freund der Familie, sondern auch zum Gefolgsmann Ernestos. Mit Fidel, Che und den anderen Guerilleros zu verkehren, ihre Gründe für die Revolution anzuhören und die Brutalitäten des Batista-Regimes vor Augen geführt zu bekommen, hatte sein Bewusstsein wachgerüttelt. Nachdem er mit Ernesto die Agentur Prensa Latina gegründet hatte – mit dem Ziel, als Gegengewicht zur Yankee-Propaganda, die ganz Lateinamerika beherrschte, glaubwürdige und überprüfbare Informationen zu verbreiten –, hängte er den Journalismus an den Nagel und wurde Revolutionär. Er kämpfte zuerst in Algerien für die FLN[66], danach in der argentinischen Provinz Salta unter dem Kriegspseudonym *Comandante Segundo*. Seine Mission war die Vorbereitung von Ches Ankunft und die Ausweitung der Revolution auf das Festland. Er verschwand am 21. April 1964 spurlos. Masetti ist der Autor der besten Schilderung des Rebellenheers, die jemals geschrieben wurde.[67]

Als die Revolutionsarmee sich in der Sierra Maestra eingerichtet hatte, gelang es Ernesto, uns Lebenszeichen zu senden, wenn auch nur sporadische. Er beruhigte uns, indem er bekräftigte, dass die Lage sich stabilisierte. Sobald meine Eltern von der Existenz des Senders Radio Rebelde erfuhren, kauften sie sich ein Radiogerät, das mit einer riesigen Antenne ausgestattet war, um Kurzwellen zu empfangen und die Neuigkeiten über die Revolution und die Dementis von Batistas Lügen mitzubekommen.

Als wir eines Tages ein weiteres Mal die Nachricht von Ernestos Tod erhielten, richtete uns eine Meldung des Radio Rebelde wieder auf, die verkündete: »Um seine Eltern in Südamerika ebenso wie die kubanische Bevölkerung zu beruhigen, möchten wir euch alle versichern, dass Ernesto Guevara nicht nur lebt, was das Wichtigste ist, sondern darüber hinaus im Begriff ist, die Stadt Santa Clara zu erobern.«

Auch andere Journalisten wie der Uruguayer Carlos María Gutiérrez statteten uns nun Besuche ab. Die Calle Aráoz war für Reporter zum obligatorischen Durchgang geworden. Sie kamen auf Wunsch Ernestos, der uns beruhigen wollte, begannen sich aber allmählich auch für uns zu interessieren. Woher kam dieser Che, wer waren seine Eltern, seine Brüder und Schwestern, seine Cousins, Onkel und Tanten? Eines Tages vertraute meine Mutter Gutiérrez, der gekommen war, um ihr zu erzählen, dass die Tasche, die Ernesto auf dem Rücken trug, voller Bücher war, und dass er von morgens bis abends Gedichte von León Felipe zitierte, an, dass vor allem zwei Dinge ihr den Schlaf raubten: »Die Möglichkeit, dass sie ihn töten, und die Gewissheit, dass er töten wird.«[68]

Die Journalisten waren nicht die einzigen, die sich für uns interessierten. Meine Eltern hatten ein Komitee zur Unterstützung der Rebellenarmee gegründet. So wurde das Haus aus dem Stegreif zu einem Zentrum der Revolution. Etwa in dieser Zeit wurde mein Vater auch von einem amerikanischen Journalisten aufgesucht, einem gewissen Jules Dubois, der sich als Direktor der Zeitschrift *Diario de las Américas* mit Sitz in Florida vorstellte und behauptete, die Revolution zu unterstützen. Dubois pendelte regelmäßig zwischen Miami und Buenos Aires. Wenn er in der Hauptstadt war, versäumte er es nie, meinen Vater anzurufen und sich mit ihm in einem Café zu treffen. Er stellte Fragen zu Ernesto, unter der Deckbehauptung, ihn beschützen zu wollen. Offenbar lag ihm am meisten daran zu erfahren, wo genau in der Sierra Maestra Ernesto sich befinden könnte. Wegen seines hartnäckigen Insistierens argwöhnte mein Vater, er könnte ein Agent der CIA sein, und brach jeden Kontakt mit ihm ab. Wir waren verletzbar. Der General Pedro Aramburu und seine bereits angesprochene *Revolución Libertadora* waren an der Macht. Er hatte eine Militärregierung gebildet und trieb die Repression voran, war also kaum ein Freund der Kubanischen Revolution.

Anfang Juni 1958 rief Ernesto uns via Radio Rebelde an. Dieser Anruf war für meine Mutter wie eine Fügung. Sie fühlte sich sehr allein, sehr traurig und in tiefer Sorge um ihn. Kurz danach schrieb sie einen langen Brief, ich weiß nicht an welche Adresse. Zweifellos hat sie ihn einem Journalisten anvertraut, der auf dem Sprung nach Kuba war. Ich gebe nur die berührendsten Auszüge wieder:

> Mein geliebter Teté,
> es hat mich zutiefst bewegt, nach so langer Zeit am Telefon deine Stimme zu hören. Ich habe sie gar nicht erkannt. Du hörst dich wie jemand anderes an. Vielleicht war die Verbindung schlecht, oder deine Stimme hat sich verändert. Erst als du mich *vieja* genannt hast, vernahm ich den mir von früher vertrauten Klang. Die Neuigkeiten, die du mir unterbreitet hast, sind wundervoll. [...] Ana hat am 2. April den Kleinen[69] geheiratet und ist nach Wien ... Sergio hat ihr das Flugticket geschenkt. Sie wollen dort ihr Leben bestreiten und die Reise und ihren Aufenthalt genießen.
> Es hat den Anschein, dass ein Baby unterwegs ist, ein kleiner Argentinier. Welch ein Jammer, dass alle meine Kinder mich verlassen! Ihr Fortgang hinterlässt eine solche Leere im Haus. Du weißt, wie lebendig und geräuschvoll Ana herumflattern kann. Celia ist noch da, sie hat sich in ein stilles Mäuschen verwandelt und ist sehr verständnisvoll, seitdem ihre Schwester weggegangen ist.
> Roberto hat zwei reizende kleine blonde Töchter, ein und zwei Jahre alt. Er erwartet für August einen Stammhalter. Er

arbeitet viel und gut, um die vielen Schnäbel satt zu bekommen. Du kennst ihn, er ist ein fähiger und tatkräftiger Kerl. Er macht einen glücklichen Eindruck ...

Celia hat soeben mit ihrem Mann Luis Rodríguez Algarañaz und dem Kleinen einen wichtigen Preis gewonnen; die drei haben zusammen zwei oder drei Millionen Pesos bekommen. Bestimmt werden unsere Wien-Reisenden wieder hierher zurückkommen und arbeiten müssen. Das ist ein Glück für mich, denn ohne meine Küken fühle ich mich sehr verloren.

Ich bin selig vor Freude, dass meine Kinder so talentiert sind.

Juan Martín hat echt große Füße: Nicht, dass er groß wäre, er ist und bleibt genauso klein wie seine Geschwister, und aus ihm wird bereits ein Jugendlicher mit großem Charme. Er packt das Leben mutig bei den Hörnern, und so wird es ihm nichts antun können. Die Dinge fallen ihm auf sehr natürliche Weise zu, und er nimmt sie mit dem immerselben Gleichmut zur Kenntnis. Er ist zärtlich und empfindsam. Er hat eine lustige Stimme, die mich an Roberto erinnert, und einen scharfen Geist, aber er hat nicht wie du und Celia diesen Wissensdurst. Ich glaube, dass er zu denen gehört, die fortfliegen, kaum dass ihnen Flügel gewachsen sind, es gibt nur wenige junge Leute, die eine solche Lust haben wie er, neue Horizonte zu entdecken. Bis dahin bleibt er mein Gefährte. [...]

Was mich betrifft, gehe ich meinen gewohnten Weg weiter. Um ein paar Jahre älter und einen Kummer, der nicht mehr ganz so lebhaft ist, sondern sich in chronische Traurigkeit verwandelt hat, unterbrochen nur von Zeit zu Zeit durch große Genugtuungen.

Eine davon war der Preis, mit dem Celia ausgezeichnet wurde, die Rückkehr in die Heimat wird eine weitere sein, und deine

Stimme zu hören, eine enorme. Es ist sehr einsam um mich geworden.
Ich weiß nicht, was ich schreiben soll, ich weiß auch nicht, was ich dir sagen soll, ich habe keine Übung mehr darin.
Ich habe die Erbschaft bisher nicht erhalten. Wir wollen noch einmal bauen. Unsere Pläne wurden bewilligt, aber wir müssen etwas warten: Der Prozess im Zusammenhang mit den Zwangsräumungen wurde unterbrochen. Zum Glück hat sich der Winter bisher mild gezeigt. Wir müssen dieses alte, kalte und unbehagliche Haus noch eine Weile ertragen.
Apropos, wir haben einen neuen Mitbewohner ... Er hat sich eigenmächtig und ohne Einladung ins Haus geschlichen ... Die Situation spitzte sich zu, als Juan Martín nach Hause kam. Mit großem Ernst sprach ich: »Auf gar keinen Fall werde ich hier einen Hund akzeptieren. Bring ihn augenblicklich woanders hin, Juan Martín.« Seit einer Woche schläft der Hund in der Küche. Juan Martín nennt ihn *Negrita*[70]. [...]
Die Plackerei im Haus macht mich fertig. Es ist schon lange her, dass ich für mich selbst gekocht habe, und du weißt, wie sehr ich Hausarbeit hasse.
Die Küche ist mein allgemeiner Wohnraum, und dort verbringe ich auch den größten Teil meiner Zeit.
Mit deinem Vater ist es so, dass es ein riesiges Donnerwetter gab, und seither lässt er sich nicht mehr im Haus blicken ...

Am 2. Januar 1959 verkündete Radio Rebelde Fidel Castros Sieg. Ernesto war in Havanna, sicher und heil. Mein Bruder, »der Abenteurer aus Argentinien«, wie man ihn genannt hat, wurde im selben Augenblick für unser Land zum Nationalhelden. Was unsere Familie angeht, schieden sich darüber natürlich die Geister.

RÜCKKEHR NACH BUENOS AIRES

Es gibt eine Zeit vor und eine nach Che, eine vor der Revolution auf Kuba und eine danach, für Lateinamerika und auch für uns. Nach der Rückkehr von Kuba fand meine Mutter ihre Energie zum Handeln wieder. Was sie auf der Insel erlebt hatte, löste in ihr Begeisterung aus. Ihr Sohn war gesund und wohlbehalten aus der Sierra Maestra zurück, umgeben vom Strahlenkranz des Ruhms, nun konnte sie sich entspannen und Sieg und Frieden genießen. Kaum hatte sie die Depression abgeschüttelt, stellte sie ein Unterstützerkomitee für die Bewegung des 26. Juli auf die Beine und wurde eines seiner aktivsten Mitglieder. Sie interessierte, ja begeisterte sich nun leidenschaftlich für die Ereignisse auf Kuba.

Auch meine eigene militante Haltung hatte sich in den Tagen auf der Insel konsolidiert. Meine Mutter und ich hatten meinen Bruder als Erste vorbehaltlos auf seinem politischen Weg begleitet. Es war für meine Mutter nicht leicht, hinzunehmen, dass er seine Arztkarriere in den Wind geschlagen hatte und nicht mehr nach Argentinien zurückkehren wollte. Doch von dem Moment an, da sie die Wirklichkeit akzeptiert hatte, lebte sie nur noch für deren

Verteidigung. Sie legte jetzt keine Patiencen mehr und beschäftigte sich eingehend mit der Revolution auf Kuba und ihren Zielen. Sie veröffentlichte in der argentinischen Zeitschrift *La Vanguardia* eine Serie von vier Artikeln mit den Titeln »Cuba por dentro« (Kuba von innen), »La tierra para el guajiro« (Der Boden gehört den Guajiros), »Vivienda para todos« (Wohnraum für alle) und »Desarrollo industrial« (Industrielle Entwicklung). Darin schilderte sie ihr Entzücken, zu sehen, wie die jungen Anführer der Bewegung unablässig für das allgemeine Wohl schufteten: »Wenn die Guerilleros den Kampf durch Kämpfen gelernt haben, so lernen sie jetzt das Regierungsgeschäft durch Regieren. Jeder und jede von ihnen hat unvermutete Ressourcen in sich entdeckt, die aus der dämmernden Tiefe ihrer Persönlichkeit an die Oberfläche gedrungen sind, Ressourcen, die sie in den Stand gesetzt haben, die unterschiedlichsten Aufgaben zu bewältigen.«

Das war noch nicht alles. Nachdem der Vizepräsident Alejandro Goméz seinen Rücktritt aus Präsident Arturo Frondizis Regierung erklärte[71], um den Movimiento Nacional de Defensa del Petróleo y la Energía zu gründen, die Nationale Bewegung zur Verteidigung der Erdöl- und Energieressourcen, die das Ziel verfolgte, ausländische Mächte an der Ausbeutung unserer Rohstoffe zu hindern, begann sie, für diese Organisation zu kämpfen. Als der Intellektuelle und Gründer der Zeitschrift *Contorno*, Ismael Viñas, mit seinem eigenen Movimiento de Liberación Nacional (Nationale Befreiungsbewegung) startete, war sie die Erste, die diesen unterstützte. Ihre ungesunde Bewegungslosigkeit hatte sich in frenetischen politischen Aktivismus verwandelt. In den folgenden Jahren blieb sie zweimal lange, für jeweils fünf Monate, auf Kuba. Die restliche Zeit pendelte sie zwischen

Argentinien und anderen Ländern, wo sie Vorträge über die Kubanische Revolution hielt, die in ihr so ihr ergebenstes Sprachrohr fand.

Trotz meiner Weigerung, ein Hochschulstudium zu absolvieren, schrieb ich mich an der Fakultät für Journalismus ein. Meine Mutter hatte darauf bestanden. Ernesto auch, und so gab ich nach. Nach Ablauf eines Jahres schmiss ich es. Ich wollte Proletarier sein und bin es geworden. Ich fand eine Anstellung als Lastwagenfahrer.

Mein Vater wiederum lebte unverändert in einer anderen Dimension. Er verfolgte seine geschäftlichen Unternehmungen weiter. Dank des Architektur-Diploms von Celia zog er den Auftrag für einen Sozialwohnungsbau in Buenos Aires an Land, eine riesige Immobilie, die für die städtischen Angestellten gedacht war. Die Immobilie gibt es noch immer. Sie steht an der Ecke Avenida Rivadavia und Calle Donizetti. Zwei Jahre lang währte das Wunder: Er hatte Geld.

Vom Schwung meiner Mutter und dem Beispiel Ernestos mitgerissen, warf ich mich in den aktiven Kampf. Die Frage, die sich den linken Parteien schon damals stellte, war, ob sie zu den Waffen greifen sollten, um ihre Ideale zu verteidigen. Sie brachten es darüber zu keiner Einigung. Für diese Spaltung war die Revolution auf Kuba verantwortlich. Sie hatte die Wasser geteilt. Meine Mutter und ich optierten für den bewaffneten Kampf. Ernesto hatte uns davon überzeugt. Er hatte uns erklärt, dass der Kampf die einzige Möglichkeit sei. Außerdem müsse man nötigenfalls den Kampf fortsetzen, weil das die einzige Chance sei, ihn zu gewinnen. Mein Vater war entgegengesetzter Meinung.

Wenn wir auch stolz waren auf das Ansehen Ernestos

und seine Heldentaten, so blieben sie für uns nicht ohne Folgen. Es war eine schwere Zeit – aber welche Zeit war in Argentinien nicht schwer gewesen? Meine Eltern hatten aufgehört, einfach die Guevara Lynch de la Sernas zu sein, und wurden zu den Eltern von Che. Ein Graben verlief mitten durch die Familie. Die Kubanische Revolution hatte zu Beginn sehr sympathisch gewirkt. Doch im selben Maß, wie sie nach links driftete, hatten nahestehende Menschen begonnen, ihre Bedenken anzumelden, trotz der tiefen Zuneigung, die sie Ernesto gegenüber empfanden. In einem Punkt bestand freilich Einmütigkeit: über die außerordentliche Redlichkeit von Che. *Ponía el cuerpo*, das hieß, dass er bereit war, für seine Ideale durchs Feuer zu gehen. Seine Tapferkeit hatte allen, einschließlich seinen Kritikern, Respekt abverlangt. Doch so sehr sich alle Familienmitglieder, als er zu einem beinahe mythischen Helden aufgestiegen war, dieser Verwandtschaft auch gerühmt hatten, war es in den Sechzigerjahren nicht mehr dasselbe. Zum einen, weil Che des Kommunismus verdächtigt wurde, zum anderen, weil es riskant geworden war, ihn persönlich zu kennen. Die Angsthasen und Traditionalisten kritisierten ihn nun und machten ihn schlecht. Zwei Schwestern meines Vaters, Suzana und Marta, taten sich dabei mit besonderem Eifer hervor. Ihrem Mund entschlüpfte nicht ein einziges gutes Wort über ihn. Alles, was sie sagten, war feindselig. Sie hatten standesgemäß einflussreiche Männer geheiratet. Martas Ehemann war ein bekannter Chirurg. Ich weiß nicht mehr, was der von Suzana machte. Als meine Mutter starb, hatte Marta die Stirn, bei der Totenwache aufzukreuzen. Das war für uns eine schlimme Zeit. Wir wussten nicht, wo Ernesto war, und meine Mutter war an der Angst zugrunde gegangen. Ich fragte Marta, was sie hier zu suchen habe, und forderte sie auf, augenblicklich zu gehen. Die Guevaras waren Reaktionäre, abgesehen vielleicht von meinen Tanten Beatriz und María Luisa. Meine Großmutter hingegen war eine Nonkonformistin gewesen. Was aber war der größte Witz? Zu der Zeit, als Che siegreich in Havanna einzog, war Raúl Guevara Lynch, der Cousin ersten Grades meines Vaters, argentinischer Botschafter. Jener Mann also, der uns geholfen hatte, an eine Nachricht von Ernesto heranzukommen, und der höchstpersönlich Ernestos Geburtsurkunde unterzeichnet hatte. Und dieser Mann war jetzt gegen die Revolution!

Um uns wurde es leerer. Von der Seite de la Serna war es mein Onkel Jorge, der sich uns gegenüber weiterhin treu und zugewandt zeigte. Aber keines seiner Kinder kam uns mehr besuchen. Mein Onkel Córdova Iturburú und meine Tante Carmen de la Serna haben ihre Freundschaft mit uns aufrechterhalten, aber Cayetano[72] hatte nur noch Zeit für Dichtung und Kunstkritik.

Auf Kuba versuchten Fidel, Ernesto, Raúl, Camilo und ihre Mitstreiter, die Revolution zu festigen und ihre Regierung zu organisieren. Offensichtlich musste alles selbst gemacht werden. Es war eine Herkulesaufgabe. Eine der größten Hemmnisse war die Feindseligkeit der USA. Fidel erklärte, er favorisiere ein freundschaftliches Bündnis mit seinem mächtigen Nachbarn. Er war kein Kommunist. Seine Revolution war im Kern patriotischer und nationaler Natur. Sie war nicht international ausgerichtet. Doch seine Erklärungen vermochten die Imperialisten nicht zu besänftigen. Der blutige Batista war ihr Mann gewesen, ihre Marionette. Und sie schätzten es nicht, dass wir ihre Leute aus dem Land warfen. Sie allein hatten das Recht, Regierungen zu stürzen und einzusetzen, ganz besonders in Lateinamerika, wo eine lange Tradition der Unterdrückung herrschte und der Neigung, sich jeder demokratisch legitimierten Regierungsform entgegenzustemmen.

Der erste frontale Schlag erfolgte überraschend am 4. März 1960. Sein Ziel: La Coubre, ein französischer Frachter, der im Hafen von Havanna ankerte und belgische Kriegsmunition aus Antwerpen an Bord hatte. Bei der Explosion starben sechsundsiebzig unschuldige Menschen. Fidel sah darin das Werk der CIA. Er verurteilte die USA für den Anschlag. Damit wurde die Feindschaft zwischen der Großmacht und dem kleinen, wehrlosen Inselstaat amtlich. Vor seiner Flucht hatte Batista die Nationalbank geplündert und 424 Millionen Dollar auf US-amerikanische Konten transferiert, eine Summe, die dem kubanischen Volk niemals zurückerstattet wurde. Die Safes des Landes waren also leer. Unter Ernestos Federführung beantragte die BNC[73] ein Darlehen, um die kubanische Währung zu stützen. Es wurde vom Nationalen Sicherheitsrat der USA[74] verweigert. Fidel entschloss sich daher, die Agrarreform zu beschleunigen und soziale Hilfsmaßnahmen zu ergreifen. Er verstaatlichte das gesamte Eigentum von über 420 Hektar, um es an die Bauern, Pächter und Landlosen zu verteilen. Er verstaatlichte ebenso alle ausländischen Vermögenswerte und enteignete die amerikanischen Unternehmen. Von diesem Moment an zögerte die Regierung von Dwight Eisenhower keine Sekunde mehr, der Kubanischen Revolution Einhalt zu gebieten. Sein Gegenangriff erfolgte auf ökonomischem Weg und begann mit einer drastischen Einfuhrbeschränkung für kubanischen Zucker, gefolgt von einem teilweisen

Exportembargo im Oktober 1960 und schließlich, im Februar 1962, von einem totalen Handelsembargo gegen Kuba. Nun war aber Zucker ein Kernelement der kubanischen Wirtschaft.

Im August 1961 erstellte Che folgende Situationsanalyse, abgedruckt in einem Artikel einer Zeitschrift des Industrieministeriums (die nicht mehr existiert):

> Naturgemäß gibt es auf dem amerikanischen Kontinent keine militärische Macht, die den Nordamerikanern entgegenwirken könnte; was sie dennoch beunruhigt, ist das plötzliche In-Erscheinung-Treten der Macht des Volkes und die Möglichkeit, dass diese Kräfte eine derartige Stärke annehmen könnten, dass sie sich ihren Regeln widersetzen und eine Wirtschafts- und Sozialpolitik zur Anwendung bringen, über die die USA keine Kontrolle mehr hätten; logischerweise nehmen sie daher keine auswärtige Politik hin, die sich ihrer Kontrolle entzieht. Das ist der Grund, warum die Imperialisten neue Verbündete suchen, neue Unterstützer, ohne jedoch auf ihre alten Methoden wirtschaftlicher und politischer Herrschaft zu verzichten. Die Allianz des Yankee-Imperialismus mit den Bourgeoisien vor Ort bedeutet auf wirtschaftlichem Gebiet, dass die »neuen« Methoden der Ausbeutung der lateinamerikanischen Völker einfach darin bestehen, das nationale Kapital, das aus dem Boden kommt, in Industrien zu verschieben, die denen der Vereinigten Staaten komplementär sind, oder in der Ersetzung der importierten Konsumgüter durch andere, nationale Produkte, die von der Technologie und den Werkstoffen der Nordamerikaner abhängen.
> Es gibt noch eine weiteres Schema, nach dem die Bourgeoisie des Landes sich mit den ausländischen Interessen verbündet;

zusammen errichten sie im jeweiligen Land neue Industrien, erhalten für diese Industrien Preisvorteile, die es ihnen erlauben, die Kompetenzen anderer imperialistischer Länder komplett auszuklammern; die Gewinne, die sie auf diese Weise erzielt haben, können unter dem Schirm vorteilhafter Reglements für Handelserzeugnisse die Länder verlassen.
Vermittels dieses Systems der Ausbeutung, das neu und viel intelligenter ist, bieten sich die »Nationalstaaten« den Vereinigten Staaten als Beschützer ihrer Interessen an, indem sie lautstark Vorzugstarife ausschreien, die es erlauben, noch mehr Gewinne zu machen (die ebendiese Vereinigten Staaten dann wieder zu sich nach Hause re-exportieren). Natürlich sind die Verkaufspreise der Artikel losgelöst von ihrer Qualität und werden durch die Monopole festgelegt.

Fidel Castro sah keinen anderen Ausweg, als ein Abkommen mit der UdSSR zu unterzeichnen. Kuba brauchte einen Alliierten. Die Vereinigten Staaten wiesen alle Angebote zurück. Die diplomatischen Beziehungen zwischen den beiden Ländern waren definitiv zerrüttet. Ernesto war zu der Zeit Industrieminister. Er arbeitete unermüdlich im klosterähnlichen Büro eines Gebäudes, das der Journalist Rogelio García Lupo sehr viel später so beschrieb: »Sein Büro lag in einem Haus mit vierzehn Stockwerken, das noch im Bau befindlich war. […] Die Wände waren aus nacktem Beton und schwitzten, und unser Treffen vollzog sich in einem Klima provisorischer Heimeligkeit, die mitten in dieser gefährlichen politischen Situation sich nur durch das Vertrauen erklären ließ, das Che offenbar der Name Tita Infante einflößte, kaum dass ihr Bruder Carlos Infante ihn in den Mund genommen hatte. Ich habe von dieser Begegnung fast alles vergessen, aber ich erinnere mich noch, wie der Mate aus Ches Händen in die von Carlos wanderte, und an eine Landkarte der Republik Argentinien im Bemporad-Stil, die eine der nackten, ansonsten völlig schmucklosen Wände zierte, Wände, die jederzeit einstürzen konnten und die man sich nur schwer als tägliche Umgebung vorstellen mag.«[75] Die Routine, die Bürokratie und die stickige Atmosphäre, in der er die Revolution in Gang halten sollte, schienen Ernesto in der Tat zu belasten. Bei einem Staatsbesuch in Algerien im Jahr 1963 schrieb er an meine Tante Beatriz: »Der Poet, der nicht dichtet, sondern sich in einen veritablen Bürokratenhengst mit respektablem Bäuchlein und derart sesshaften Gewohnheiten verwandelt hat, dass er, umrahmt von einem nostalgischen Heiligenschein, in Pantoffeln daherkommt, neben sich die Gören[76], schickt dir aus Theben, der Hauptstadt der Träume, eine kleine Erinnerung.«

1960 nahm die Gruppe Fiat-Someca, die vor kurzem in Argentinien Fuß gefasst hatte[77], Kontakt zu meinem Cousin Guillermo Moore de la Serna auf. Guillermo war Landeigentümer. Darüber hinaus war er als Agraringenieur sowohl in Argentinien als auch in Nicaragua aktiv. Er hatte soeben seinen Pilotenschein gemacht. Ernesto und er hatten in ihrer Jugend zahlreiche Sommer gemeinsam in Galarza bei meinem Onkel Ernesto Moore und meiner Tante Edelmira verbracht. Die Fiat-Someca-Gruppe wurde damals von Aurelio Peccei vertreten, dem Vorsitzenden der Gruppe Italo-Consult, eines Pools italienischer Unternehmen, die in Argentinien ansässig waren. Als er erfuhr, dass Guillermo drauf und dran war, in den Vereinigten Staaten ein Flugzeug zu kaufen, sagte Peccei zu ihm: »Wenn du fliegen kannst, warum schaust du nicht auf dem Rückflug bei deinem Cousin in Kuba vorbei?« Guillermo verstand, dass es bei der Mission, die man ihm anvertrauen wollte, darum ging, Ernesto zu überzeugen, dass die Lücke, die der Riss in den Beziehungen zu den Vereinigten Staaten hinterlassen hatte, besser durch ein Bündnis mit Europa als mit der Sowjetunion geschlossen werden sollte. Er kontaktierte Ernesto und informierte ihn über seine nächste Zwischenstation auf Kuba. Als Ernesto erfuhr, dass er vorhatte, ein Flugzeug zu benutzen, das in den USA registriert war, rief er: »Du kannst doch nicht mit diesem Flugzeug kommen, die werden dich abschießen!« Man darf nicht vergessen, dass Camilo Cienfuegos bei einem mysteriösen, nie aufgeklärten Flugzeugabsturz am 28. Oktober 1959 ums Leben gekommen war und Ernesto diesem Fortbewegungsmittel seither nicht mehr vertraute. Guillermo buchte also einen gewöhnlichen Linienflug. Zufällig war auch meine Mutter zu diesem Zeitpunkt in Havanna. Sie war entzückt von der Aussicht, mit ihrem Neffen zusammenzutreffen und ihm als Reiseführerin dienlich zu sein. Guillermo betrachtete Kuba durch die scharfsichtige Brille eines Ackerbauingenieurs. Was er da erblickte, gefiel ihm nur mäßig, und er sah ein Desaster vorher. Riesige Landanteile lagen brach, nachdem sie von den Landeigentümern verlassen worden waren. Als er das Ernesto eröffnete, erwiderte Che: »Sollen sie abhauen. Das hier ist eine Revolution. Und sag deinen Freunden, dass es für Europa schon zu spät ist. Die Würfel sind bereits gefallen.«

Guillermo blieb zwei Wochen auf Kuba. Zurück in Buenos Aires erzählte er, Ernesto lebe mit Aleida March in einem sehr einfachen Haus und dass sie furchtbar eifersüchtig und besitzergreifend sei, besonders denen gegenüber, die ihrem

Gatten vor ihr nahegestanden hätten. Es sei daher manchmal schwierig, an Ernesto heranzukommen. Ernesto arbeite eine Menge, trage nur noch die makellose und einwandfrei gebügelte olivgrüne Uniform, was ihn amüsiert habe angesichts der Klamotten, in denen er als Jugendlicher herumgelaufen sei. Gegen neun Uhr morgens stehe er auf und trinke eine große Tasse schwarzen Kaffee. Abends spiele er oft Schach, esse überaus gern Pudding, der überhaupt seine Lieblingsnachspeise sei, trinke mit Wasser verdünnten Wein – damals eine argentinische Gewohnheit – und nehme ein Bad, um sich zu entspannen. Am Zusammensein mit ihm, Guillermo, habe ihn am meisten interessiert, etwas über die Familie und Argentinien zu erfahren. Seit nunmehr sieben Jahren war er nicht mehr dort gewesen.

Aleidas Eifersucht war vermutlich nicht ganz unberechtigt. Um Che schwänzelten alle herum. Berühmtheiten aus der ganzen Welt reisten an, um ihn zu sehen, von Simone de Beauvoir und Jean-Paul Sartre über Gérard Philipe bis zu dem Journalisten der *New York Times*, Herbert Matthews, und einem ganzen Geschwader verführerischer Frauen, die unter den unterschiedlichsten Vorwänden nach Havanna strömten, um den schönen Revolutionär kennenzulernen.

Während sich die junge kubanische Regierung mit den Vereinigten Staaten stritt, waren der politische Aktivismus meiner Mutter und ihr Aufenthalt in Havanna in Argentinien nicht unbemerkt geblieben. Wir waren jetzt als Kommunisten abgestempelt. Der Besuch Fidel Castros bei uns, der gekommen war, um an der Konferenz am 21. Mai 1960 teilzunehmen, machte die Sache nicht besser. Fidel kannte und schätzte meine Mutter. Seinen Leuten gegenüber bezeichnete er sie als außergewöhnliche, gescheite und gebildete Frau. Meine Mutter wiederum bewunderte ihn. Wir alle bewunderten ihn. Ob wir seine Ansichten teilten oder nicht – er war ein besonderer, ein absolut großartiger Mensch. Wer hätte damals geglaubt, dass er den Vereinigten Staaten vierundfünfzig Jahre lang die Stirn bieten, dass diese Großmacht es nicht schaffen würde, ihn in die Knie zu zwingen?

Kurz, wegen der Freundschaft mit Ernesto und aus Höflichkeit gegenüber meiner Mutter hatte er uns seinen Besuch einige Tage im Voraus angekündigt. Dann trug sich etwas sehr Witziges zu. Es ging damit los, dass mein Vater sich kategorisch dagegen stemmte, dass der Besuch in unserem abbruchreifen Haus in der Calle Aráoz stattfand. Meiner Mutter amüsierte sich darüber, ließ ihn aber gewähren. Sie pflegte einen sehr schlichten Lebensstil und wusste, dass Fidel sich daran in keiner Weise stoßen würde. Fidel war es natürlich völlig egal, nicht aber meinem Vater! Er hatte daher dafür gesorgt, dass die Feier bei seiner Schwester Hercilia über die Bühne ging. Sie wohnte in einem Luxusappartement in der Calle República de la India im schicken Stadtteil Palermo nahe dem Park. Meine Tante und ihr Mann waren erbitterte Antirevolutionäre, aber um nichts in der Welt hätten sie die Gelegenheit verpasst, Fidel Castro in ihre Gemächer einzuladen. Sie platzten vor Stolz. Das war eine unglaubliche Ehre! Am Ende drängten sich in dem Appartement an die dreißig Leute: Onkel, Tanten, Cousins und Freunde, die den Geist der Kubanischen Revolution größtenteils verabscheuten.

Fidel fuhr als würdiger Staatschef vor, mit Eskorte, Leibgarde und dem ganzen Tamtam, aber er kam allein herauf. An der Tür verkündete er lachend: »Ich bin im Hause meines Bruders.« Dann begrüßte er meine Mutter: »Sie sind ganz wie meine Mutter. Che und ich haben so viel von der ›Mama‹ gesprochen! In all unseren Abenteuern sprach er von Ihnen mit einer solchen Zuneigung, dass ich Sie schon genauso liebe wie ihn.« Meine Mutter strahlte.

Fidel wurde von den Gästen wie ein Held empfangen und bestürmt. Jeder wollte mit ihm sprechen, ihn anhören, eine private Unterredung mit ihm herausschlagen. Die Frauen schienen ihn roh und am Stück fressen zu wollen. Man hätte miterleben müssen, wie sie ihn mit den Augen verschlangen! Fidel war eben Fidel! Ein siegreicher, legendärer Revolutionär von vierunddreißig Jahren, dennoch in einer schönen Uniform, verführerisch, grenzenlos charismatisch und durchweg charmant und herzlich. Revolutionär hin oder her, die weiblichen Blicke sprachen eine klare, unmissverständliche Sprache: »Wie schön wäre es …« Die einzigen Frauen jedoch, die Fidel unentwegt taxierte, waren eine Cousine und meine Schwester Celia. Sie waren beide schön. Es war ein unvergesslicher Abend.

Die Repressalien, die dieser Besuch provozierte, ließen nicht lange auf sich warten. Eines Tages wurde unser Haus beschossen. Guevara de la Serna zu heißen, wurde zu einer Last. Nichtsdestotrotz teilte ich nun die Ideen meines Bruders, ich verstand und unterstützte seinen Kampf. Ich war vielleicht kein guter Schüler, aber ich verschlang Bücher. Ich reicherte Wissen an. Und schon bald sollte ich Gelegenheit haben, Ernesto zu zeigen, dass ich kein Faulpelz war.

Tatsächlich teilte Ernesto uns im Laufe des Juli 1961 mit, dass er Anfang August nach Punta del Este zur Konferenz der Organisation Amerikanischer Staaten (OAS) kommen würde. Die komplette Familie reiste nach Uruguay.

Das Wiedersehen in Uruguay war sehr bewegend und innig. Meine Tante Beatriz, der er die ganzen Jahre schrecklich gefehlt hatte, betrachtete ihn mit einer unbeschreiblichen Bewunderung. Sie wollte ihn nach Buenos Aires mitnehmen. Wir hatten alle das diffuse Gefühl, dass dieses Zusammentreffen vielleicht das letzte sein könnte. Unglücklicherweise täuschte uns dieses Gefühl nicht, lediglich meine Mutter sah ihn noch einmal wieder, mehrere Monate später in Havanna. Auf der Konferenz wurde Kuba durch Ernesto vertreten. Es war daher sehr schwierig, ihn allein anzutreffen. Er verbrachte dafür alle Mahlzeiten gemeinsam mit uns, wo er immer zwischen meiner Mutter und meiner Tante Beatriz saß und seine Arme schützend um ihre Schultern gelegt hatte.

Der Journalist Rogelio García Lupo berichtete, dass es in Punta del Este von Geheimdienstlern, Spionen, getarnten Agenten von Sicherheitsdiensten, Amerikanern, Kubanern, Russen und Frauen, die Che sehen wollten, nur so wimmelte. Die Situation: ein einziges Tohuwabohu, inmitten einer äußerst angespannten Lage. Die Episode in der Schweinebucht war noch frisch.[78]

Persönlich war ich aber noch zu grün hinter den Ohren, um mir dieses Stelldicheins bewusst zu sein, das einem Spionageroman zur Ehre gereicht hätte. Ich war indessen reif genug, um mir ernsthafte Gespräche mit Ernesto zu wünschen. Ich wollte über den Sozialismus sprechen, über die Veränderungen im Weltgeschehen, über die Zukunft des amerikanischen Kontinents und Kubas. Er antwortete bereitwillig auf meine Fragen. Er bestand aber noch immer auf ein Studium. Hier drehten wir uns im Kreis. Des Hin und Hers überdrüssig, gab er mir ein Buch aus der Zeit Stalins, das *Lehrbuch der Politischen Ökonomie*, verfasst von der Akademie der Wissenschaften der UdSSR, und forderte mich auf, es eingehend zu lesen. Es entbehrt nicht der Ironie, dass er drei Jahre später in Bezug auf dieses Buch eine ziemlich heftige Kehrtwende vollzog: »In diesem Buch stehen zahllose Behauptungen, die an das Modell der Dreifaltigkeit erinnern; sie sind unverständlich, aber der Glaube löst sie auf … Das Kapitel ›Aufbau der sozialistischen Wirtschaft der europäischen Länder der Volksdemokratien‹ scheint für Kinder oder Blödmänner geschrieben. Und was macht die sowjetische Armee? Krault sich die Eier oder was?«

Doch im Jahr 1961 glaubte er noch an die UdSSR. Und ich war unbedarft. Später verlor er seinen Glauben, wurde misstrauisch und übte erstaunlich scharfe Kritik. Während seines letzten Aufenthalts in Prag im Februar 1966, vor der Abreise nach Bolivien, sprach er in seinem Hotelzimmer mit Besuchern nicht mehr über heikle Themen. Er glaubte, dass er abgehört würde. Schließlich hatte die UdSSR genauso wenig wie die USA Interesse an einem Aufrührer, der Revolutionen anzettelte und die etablierte Ordnung durcheinanderwirbelte. Ich habe im Übrigen den Verdacht, dass gewisse KGB-Agenten mit der CIA zusammenarbeiteten, um Che in Bolivien zu eliminieren – ohne es freilich beweisen zu können.

Einige Tage nach unserer Rückkehr nach Buenos Aires erfuhren wir aus der Tageszeitung *La Nación*, dass Ernesto der Hauptstadt einen Blitzbesuch abgestattet hatte, bevor er sich wieder über Brasilien auf den Weg nach Kuba machte.

Er hatte uns von dieser Stippvisite nichts gesagt. Er wurde uns gegenüber verschwiegen wie ein Grab. Zwei Missionen hatten ihn nach Buenos Aires gebracht: die schwere Erkrankung meiner Tante María Luisa Guevara Lynch und eine Unterredung mit dem Präsidenten Arturo Frondizi.

Er hatte Montevideo am Morgen des 18. August in Richtung San Fernando verlassen, einem Vorort nahe dem argentinischen Präsidentenpalast Quinta de Olivos, in Begleitung des früheren Abgeordneten Jorge Carretoni. Das Treffen mit dem Präsidenten musste vertraulich bleiben. Das Gebot der Stunde war, dass die Militärs keinen Wind davon bekamen, dass Frondizi dabei war, sich mit dem marxistischen Revolutionär an einen Tisch zu setzen. Um nicht ihren Argwohn zu erregen, hatte Carretoni außerdem zuvor die Weisung erhalten, in Montevideo nicht dieselbe Maschine zu nehmen wie Che. Ernesto aber befürchtete eine Falle der CIA und weigerte sich, das Flugzeug allein zu besteigen. Carretoni gab nach. Als sie in San Fernando auf dem Rollfeld aufsetzten, wurden sie von zwei Militärs der Brigade Helicanes in Empfang genommen. Als die Soldaten Che erblickten, machten sie große Augen: Sie waren über sein Kommen nicht informiert. Seine Gegenwart auf argentinischer Erde war völlig unerwartet und prekär. Sie wussten nicht, was tun, und riefen ihren Vorgesetzten an. Der gab grünes Licht. Che wurde zu Frondizi eskortiert. Die beiden Männer unterhielten sich drei Stunden lang. Niemand hat je erfahren, was sie einander zu sagen hatten.[79] Nach dem Gespräch fuhr Ernesto zu meiner Tante nach San Isidro. Dort ließ er sich ein *choripán*[80] schmecken.

Die letzten Ereignisse, die mit Che und Kuba in Zusammenhang stehen, haben offenbar einige Leute in Rage gebracht. Meine Mutter erhielt mehrere Morddrohungen. Eines Morgens, als sie nach Hause zurückkehrte, entdeckte unsere Hausangestellte Sabina Portugal auf der Treppe eine Bombe. Sie lief in mein Zimmer, um mir mitzuteilen, auf einer der Stufen stehe eine unheimliche Kiste mit einer rauchenden Lunte. Ich packte meine Mutter und schnappte mir schnell eine Schere aus der Küche. Wir rannten die Treppe hinunter, übersprangen mehrere Stufen, und ich schnitt die Lunte ab. Auf der Straße entdeckte meine Mutter, dass sie vergessen hatte, ihr Gebiss einzusetzen und stürzte ins Haus zurück, um es zu holen. Da ich nicht sicher war, ob die Bombe nicht doch noch scharf war, warnte ich sie eindringlich davor, ins Haus zurückzugehen. Keine Chance! Sie blieb stur und lief Richtung Eingang. Meine Mutter war eben so, starrköpfig und wagemutig. Sie war dem Tod entronnen, wollte aber unbedingt ihr Gebiss holen! Natürlich ließ ich sie nicht gehen. Ich ging hinauf. Wir alarmierten die Polizei. Es war TNT. Die Schuldigen wurden nie verhaftet.

Ich hatte einen Cousin zweiten Grades, einen Faschisten mit Namen Juan Martín Guevara Lynch. Mehrfach hat man mich mit ihm verwechselt. Deshalb bekamen wir anonyme Anrufe sowohl von Ernestos Gegnern wie von seinen Anhängern. Manche sagten: »Du Nazischwein!«. Die anderen: »Kommunistensau!« Es war eben eine hochpolitische Zeit.

Meine Mutter machte auf diskrete Weise viel Lärm. Bei den Zusammenkünften und Konferenzen, die sie besuchte oder bestritt, ließ sie nie durchblicken, dass sie die Mutter von Che war. Sie nannte sich einfach Celia und ließ geflissentlich ihren Nachnamen weg. Manch einer wusste es, andere ahnten es, wieder andere stellten erst gar keinen Zusammenhang her. Sie wollte auf keinen Fall von ihrer Elternschaft profitieren, indem sie Vorteile oder eine bevorzugte Behandlung genoss. Im Gegenteil. Sie fühlte sich an öffentlichen Treffpunkten, wo sie von einfachen Leuten umgeben war, viel wohler. Zugleich aber trommelte sie für die Kubanische Revolution.

Am 23. April 1963, als sie von einem sechsmonatigen Aufenthalt auf Kuba, in Europa und Brasilien zurückkehrte, wurde sie in Concordia, einem kleinen Dorf an der uruguayischen Grenze, verhaftet. Sie war als »gefährlich« eingestuft worden. Von Rio de Janeiro aus wollte sie auf dem Landweg nach Buenos Aires zurückreisen, um »Amerika aus der Nähe zu sehen«. Sie war siebenundfünfzig Jahre alt und gesundheitlich angeschlagen. Einmal in der Gewalt der Exekutive bezichtigte man sie, gegen die Regierungsverordnung 8161/962 verstoßen zu haben, weil sie kommunistische Propagandamaterial ins Land geschmuggelt hätte. Die kommunistische Propaganda im Gepäck meiner Mutter bestand aus einem Foto von Che, ein paar Büchern, einem Manuskript von Ernesto und einer kleinen Kubaflagge.

Meine Tante Carmen, mein Vater, mein Bruder Roberto, meine Schwester Celia, ihr Gatte Luis und ich machten uns sofort auf den Weg nach Concordia. Die Sensationspresse hatte sich bereits genüsslich über die Verhaftung meiner Mutter ausgelassen: Sie war durch die Tschechoslowakei gekommen, und so beschuldigten sie einige Zeitungen der Spionage. Der Richter verfügte ihre Freisetzung, was auch bewilligt wurde. Doch der argentinische Präsident José María Guido von der Unión Cívica Radical Intransigente[81] kassierte das Urteil und ordnete ihre Überstellung in das Frauengefängnis Reformatorio del Buen Pastor im Viertel San Telmo in Buenos Aires an.

Für das Verbrechen, Che geboren zu haben, blieb sie zwei lange Monate in Haft. Sie hätte gut und gern auch zehn Monate oder zehn Jahre bekommen können, denn die Strafen waren völlig willkürlich. Wir besuchten sie täglich. Sie beklagte sich nie. Aus der Zelle, die sie mit anderen Inhaftierten teilen musste und die ihre Gesundheit belastete, schrieb sie an Ernesto: »Das ist eine perfekte *Verschlechterungsanstalt*[82] hier, und zwar sowohl für die nach gemeinem Recht Verurteilten als auch für die politischen Gefangenen. Warst du vorher lauwarm, so wirst du hier heiß, warst du engagiert, wirst du aggressiv, warst du aggressiv, wirst du gnadenlos.« Nach ein paar Monaten ließ die Exekutive ihr die Wahl, in Haft zu bleiben oder das Land zu verlassen. Sie wählte Letzteres.

Wir begleiteten sie bis zur uruguayischen Grenze. Sie musste nicht lange in Uruguay bleiben, denn ein weiterer von ungezählten Regierungswechseln ermöglichte ihr die baldige Rückkehr nach Buenos Aires.

Zu dieser Zeit hatte ich eine Arbeit in der Buchhandlung La Bohemia angenommen. Ihr Besitzer hatte mir den Laden hinterlassen, und ich taufte ihn um in »La Pulga« (Der Floh). Ich verkaufte alle Arten engagierter Literatur und Publikationen wie *Pekín Informa* (Peking informiert), *Lenguas extranjeras de Moscú* (Ausländische Sprachen in Moskau), *El Obrero Monthly Review* (Monatsschrift Der Arbeiter), *Monthly Review* von Leo Huberman und Paul Sweezy oder die Werke von Jorge Álvarez. La Pulga war im Nu zu einem Treffpunkt geworden, einem Ort für Zusammenkünfte der damaligen revolutionären Organisationen. Die Leute kamen her, um die Zeitschriften zu lesen, die anderswo nicht zu finden waren. Sie machten es sich hier stundenlang gemütlich. Ich las viel. Das war der Moment, in dem ich mit dem militanten Marxismus in Berührung kam. Doch dann heiratete ich mit neunzehn Jahren, und hatte bald selbst Kinder. Sollte ich mir je ernsthaft vorgestellt haben, mich Ernesto auf Kuba anzuschließen, so war diese Illusion nun erloschen. Argentinien war mein Zuhause.

»VIELLEICHT WIRD DAS SEIN LETZTER BRIEF SEIN«

Ich erfuhr am 10. Oktober 1967 aus der Zeitung von Ernestos Tod. Ich war Lastwagenfahrer und lieferte Milchprodukte aus. In Buenos Aires war es noch nicht ganz Tag, und ich war gerade an meinem Arbeitsplatz eingetroffen. Die Schlagzeile der Tageszeitung *Clarín* erschien zusammen mit einem Foto, auf dem Ernesto eine Zigarre raucht, und erschütterte mich zutiefst: »Anuncian en Bolivia que murió el ›Che‹ Guevara« – Bolivien gibt den Tod von Che bekannt. Auf der Seite zwei war das mittlerweile berühmte Foto von Che abgedruckt, worauf er mit nacktem Oberkörper, offenen Augen und wuscheligem Haar, die Arme längs des Körpers gebettet, erstarrt auf dem Estrich im Waschraum des Krankenhauses von Vallegrande liegt. Es war ein furchtbarer Schock. Alle Welt kommentierte das Ereignis. Meine Kollegen wussten nicht, dass das mein Bruder war. Ich sagte kein Wort.

Ich zweifelte keinen Augenblick daran, dass dieser leblose Körper und dieser starre Blick Ernesto gehörten, auch wenn ich nicht wusste, dass er in Bolivien war, so nah. Die Familie hatte jede Spur von ihm verloren, seitdem er Kuba verlassen hatte. Niemand wusste, wo er sich aufhielt, außer Fidel und denen, die in der Gegend um Ñancahuazú mit ihm gekämpft hatten. Zweieinhalb Jahre zuvor, am 18. Mai 1965, war meine Mutter an Krebs gestorben, in großer Angst um ihren verschwundenen Sohn. Einige Wochen vor ihrem Tod hatte sie Ernesto, ohne ihm zu enthüllen, dass sie verloren war, mitgeteilt, wie sehr sie sich danach sehnte, dass er so rasch wie möglich nach Kuba zurückkomme. »Das ist unmöglich«, hatte er ihr in einem Brief geantwortet. »Du musst dich mit Geduld wappnen. Ich gehe für einen Monat Zuckerrohr schneiden.« Er hatte hinzugefügt, dass er aus dem Industrieministerium ausgeschieden war, um die nächsten fünf Jahre seines Lebens der Leitung eines Unternehmens zu widmen. Meine Mutter kannte meinen Bruder besser als jeder andere Mensch. Diese Antwort hatte sie zutiefst beunruhigt. Weit davon entfernt, sie von einem Besuch auf Kuba abzuhalten, bestand Ernesto normalerweise geradezu darauf, dass sie kam. Sie war sich sicher, dass er etwas verheimlichte. Niemand konnte sie vom Gegenteil überzeugen. Sie glaubte nicht eine Sekunde an diese Geschichte des Amtsverzichts, weder um Kopf eines Unternehmens zu werden, und noch weniger, um Zuckerrohr zu schneiden, auch wenn er ihr einmal anvertraut hatte, wie sehr er es liebe, »bei der Ernte mitzuhelfen, die eine Art Flucht ist, eine Erholung für den Geist zusätzlich zur körperlichen Ertüchtigung«. Che hatte das System der Freiwilligenarbeit aufgebaut. Es bestand darin, dass Städter einmal wöchentlich in die Plantagen oder Fabriken geschickt wurden, um abzuschalten und neue Kraft zu schöpfen. Außerdem sollte jeder – er selbst eingeschlossen – sich am Aufbau der revolutionären Gesellschaft beteiligen, die in seiner Vorstellung solidarisch, altruistisch und freizügig war. Ehrenamtlichkeit war einer der Bausteine, die die Geburt des »neuen Men-

Abb. 1: 1902. Familie Guevara Lynch, der väterliche Zweig, in Argentinien

Abb. 2: 1908. Familie de la Serna Llosa, der mütterliche Zweig, im Seebad La Perla in Mar del Plata, Argentinien

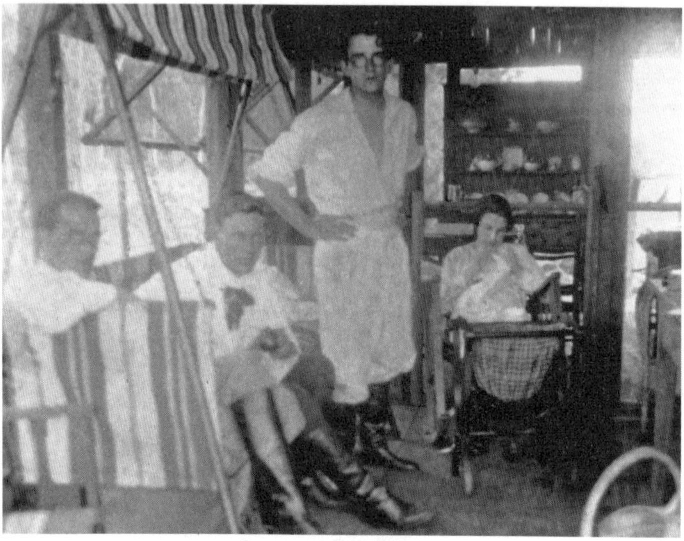

Abb. 3: 1928. Familie Guevara de la Serna in Misiones, Argentinien. *Von links nach rechts:* zwei Freunde, Ernesto Guevara Lynch (Vater), Celia de la Serna (Mutter) und Ernesto im Kinderwagen

Abb. 4: 1928. Das Ehepaar Ernesto Guevara Lynch und Celia de la Serna in Rosario, Argentinien

Abb. 5: 1928. Erstes Foto von Ernesto mit seinen Eltern in Rosario

Abb. 6: 1929. Ernesto mit seiner Kinderfrau Carmen Arias, einer jungen Spanierin aus Sarria

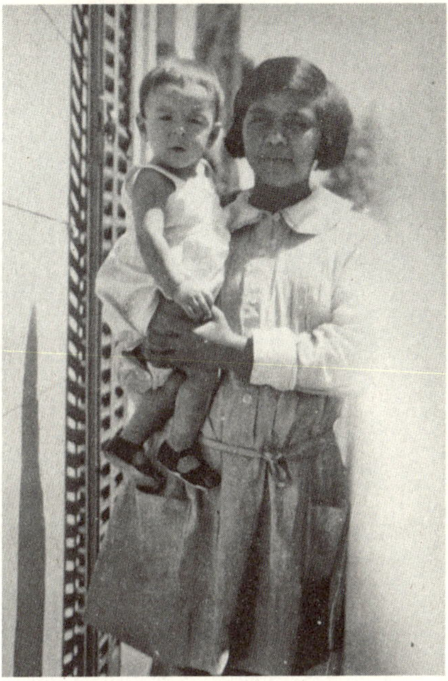

Abb. 7: Ernesto und seine Mutter zu Pferd in den Sierras de Córdoba in Argentinien

Abb. 8: 1935. Ernesto auf dem Fahrrad in Ireneo Portela (Provinz Buenos Aires)

Abb. 9: 1938. Sommerferien in Mar del Plata. *Von links nach rechts:* die Geschwister Ernesto, Ana María und Celia; *dahinter:* Ernesto Guevara Lynch

Abb. 10: 1935. Lesestunde für Mutter und Kinder in Alta Gracia (Provinz Córdoba). *Von links nach rechts:* die Geschwister Roberto, Ernesto, Celia, Ana María sowie Mutter Celia de la Serna

Abb. 11: 1938. Sommerfrische mit der Familie in Mar del Plata. *Von links nach rechts:* Roberto, Celia, Ernesto, Ana María und ihre Mutter

Abb. 12: 1928. Das erste Haus des jungen Ehepaars Guevara (*La Calesita*) in Misiones. Ernesto macht dort seine ersten Schritte.

Abb. 13: 1938. Ernesto und seine Schwester Ana María spielen in Alta Gracia mit Tauben.

Abb. 14: 1940. Ernesto (zweiter von rechts), Ana María und Roberto mit Freunden aus dem Viertel in Alta Gracia

Abb. 15: 1940–41. Auf einer Wanderung in den Sierras de Córdoba. *Von links nach rechts:* Carmen Córdoba (Cousine), Roberto Guevara (Cousin), Fernando Córdoba und Ernesto, *dahinter:* Carmen de la Serna (Tante) und Mutter Celia

Abb. 16: 1940–41. Ernesto, Celia, Ana María und Roberto in Alta Gracia

Abb. 17: 1943. Juan Martín im Arm seines großen Bruders Ernesto unter dem aufmerksamen Blick ihrer Mutter

Abb. 18: 1943. Juan Martín im Arm von Ernesto neben ihrem Vater

Abb. 19: 1945. Das Ehepaar Guevara de la Serna im Strandbad in Mar del Plata mit ihren fünf Kindern, *von links nach rechts:* Juan Martín, Vater Ernesto, Ernesto, Mutter Celia, Ana María, Roberto und Celia

Guevara, un Joven Raidista, Cumplirá una Extensa Gira

SANTIAGO DEL ESTERO, 2 (Especial).— Hoy llegó a esta ciudad, el joven ciclista Ernesto Guevara de 21 años, estudiante, que se propone cumplir un extenso raid de ciclismo.

Inició su gira en Buenos Aires, pasando por Santa Fe y Córdoba. Ahora se dirige a Tucumán, de donde seguirá a Catamarca, La Rioja, San Juan, Mendoza y San Luis, donde emprenderá el regreso a Buenos Aires.

Viajeros. De Córdoba la señora Zulema de Marinucci.

—Del mismo punto la señorita Josefa Castiñeiras.

—De Buenos Aires la señorita Rosa Romeo López.

—A Córdoba el joven Jerónimo Cornet.

—A Ceres la señorita Ilda Monkarzel.

—A Buenos Aires el señor Fernando Berraondo.

Abb. 20: Der erste Zeitungsartikel, der Ernesto erwähnt, nachdem er auf der Solex in Santiago del Estero eintrifft (Titel: »Guevara, ein junger Draufgänger, auf einer Riesentour«)

Abb. 21: Das Journal *El Gráfico* mit dem Abdruck von Ernestos Brief an den Geschäftsführer von Amerimex, worin er diesem zur überragenden Qualität seines Micrón-Motors gratuliert, der ihm die über 4000 km lange Fahrt durch die ärmsten Provinzen Nordargentiniens ermöglichte

Abb. 22: 1949 – 50, in Córdoba. *Von vorn nach hinten:* Ernesto, Celia, Carlos Ferrer, Roberto und ein Freund

Abb. 23: 1952. Auf dem Balkon des Hauses in der Calle Aráoz in Buenos Aires mit Onkel Jorge de la Serna, Carlos Figueroa (ein Freund), Roberto, Luis Rodríguez (ein Freund), Juan Martín und *vorne* Ernesto

Abb. 24: 1953. In Guatemala während Ernestos zweiter Reise durch Lateinamerika, mit Gualo García

Abb. 25: 1953. Juan Martín im Haus in der Calle Aráoz

Abb. 26: Ernesto während seiner militärischen Ausbildung auf der Ranch Santa Rosa in der mexikanischen Gemeinde Chalco

Abb. 27: 1958. Der *Comandante* Ernesto Che Guevara am Mikrofon der Sendestation des Radio Rebelde, das er am 24. Februar 1958 in Altos de Conrado in der Sierra Maestra, der Bergkette im Osten Kubas, ins Leben gerufen hat

Abb. 28: 1959. Beim ersten Besuch der Familie auf Kuba. Che teilt einen Moment der Fröhlichkeit mit seiner Mutter und seinem kleinen Bruder Juan Martín.

Abb. 29: Januar 1959. Che in Begleitung von Aleida March, einer Kampfgefährtin in der Bewegung des 26. Juli, später seine zweite Ehefrau, und Harry »Pombo« Villegas in Santa Clara auf Kuba

Abb. 30: 1960. Ernesto nimmt im Mai 1960 mit seiner Mutter an einem Hochsee-Angelturnier in La Aguja teil.

Abb. 31: 14. Mai 1960. Mit Fidel am zweiten Tag des Angelturniers *Ernest Hemingway*

Abb. 32: 1960. Fidel Castro stattet der Familie von Che in Buenos Aires einen Besuch ab.

Abb. 33: 1961. Che mit Familie in Punta del Este in Uruguay, wo er an einer Konferenz der Organisation Amerikanischer Staaten teilnimmt. *Von links nach rechts:* Celia de la Serna, Juan Martín, Ernesto, Roberto, seine Freunde Julio César Castro und Carlos Figueroa

Abb. 34: 1961. Celia de la Serna neben ihrer Tochter Ana María und ihrem Sohn Juan Martín, auf dem Schoß ihr Enkel in ihrem Haus in der Calle Aráoz in Buenos Aires

ANUNCIAN EN BOLIVIA QUE MURIO EL "CHE" GUEVARA

Clarín

El General Zenteno Anaya Informó que el Dirigente Cubano Cayó en un Encuentro Librado con Tropas del Ejército ★ Se Espera Ahora un Anuncio Oficial del Gobierno

OTROS HECHOS IMPORTANTES DEL PANORAMA NACIONAL

Circulante

Posición

ALALC

Becas

Donativo

Centros

Bolsa

Dólar

Tornado

Mendoza

Chaco

Comisión

Atletismo

EDITORIAL

La Secretaría de la OEA

INTERVIENEN EL PODER JUDICIAL DE FORMOSA

Así lo Anunció Borda ★ Ayer, el Gabinete Escuchó Informes de Costa Méndez y K. Vasena y Analizó la Racionalización

CAMINOS

Se Licitaron Obras Viales por Valor de 1.596.789.141 Pesos

PROMOCION

Se Alentará el Consumo de Carne Ovina en Capital y Gran Bs. Aires

España

Eligen Hoy Diputados Por Sufragio Directo

Argel

Comienza la Reunión de Países en Desarrollo

Uruguay

Grave Crisis ★ Impreso Gestido Medidas de Seguridad ★ Renunciaron Cuatro Ministros

Abb. 35: Die argentinische Tageszeitung *Clarín* meldet den Tod von Che.

Abb. 36: 1976. Ein Flugblatt von Schwester Celia fordert die Freilassung Juan Martíns, der unter der argentinischen Junta wegen militanter Aktivitäten in der Partido Revolucionario de los Trabajadores in politischer Gefangenschaft ist.

schen« ermöglichen würden, eines in seinem ursprünglichen Zustand wiederhergestellten Menschen, dessen Bewusstsein, Bräuche, Gewohnheiten und Werte zum Wohle aller durch Selbstlosigkeit transformiert wären. Um mit gutem Beispiel voranzugehen, nahm Ernesto sonntags regelmäßig an harter Feldarbeit teil oder arbeitete in einer Manufaktur. Er opferte sogar täglich ein paar Abendstunden für unbezahlte Arbeit in einer Fabrik. Von da bis zur ganztägigen Selbstaufgabe beim Zuckerrohrschneiden war es, jetzt, wo es so viel zu tun gab, nur ein kleiner Schritt … Ihr war mit Schrecken wieder eingefallen, was Ernesto in Punta del Este zu ihr gesagt hatte, als sie ihn ermahnte, vorsichtig zu sein: »Eines kann ich dir sicher sagen, meine liebe Alte, dass ich nicht vorhabe, im Bett zu sterben.« Ernestos abschlägige Antwort bezüglich eines vierten Besuchs auf Kuba hatte sie Anfang April erreicht. Von da an hatte sie alles in Bewegung gesetzt, Verbindung zu ihm aufzunehmen, vergeblich. Das erfüllte sie mit Gram. Es war für sie eine sehr schmerzhafte Zeit.

Auch die Geburt meines Sohnes Pablo am 2. April vermochte seine Großmutter nicht froher zu stimmen. Sie verstand Ernestos Schweigen nicht, das nun ihr ganzes Denken beherrschte. Das sah ihm überhaupt nicht ähnlich. Er war ihr gegenüber immer so grenzenlos rücksichtsvoll. Wie konnte er sie über seine Schritte so im Ungewissen lassen? Die von der argentinischen und internationalen Presse kolportierten Desinformationen machten ihre Verwirrung komplett. Die irrsinnigsten und verleumderischsten Gerüchte machten die Runde. Manche glaubten zu wissen, dass Che aufgrund seines Asthmas an einer schweren Herzerkrankung leide; dass ein irreparables Zerwürfnis mit Fidel ihn gezwungen habe, in der mexikanischen Botschaft unterzuschlüpfen, um einer Exekution oder Verhaftung zuvorzukommen; dass ihn Fidels ätzende Vorwürfe verrückt gemacht hätten und er sich in ein Irrenhaus in Havanna geflüchtet habe; dass er erschossen worden sei, weil er prochinesische und antisowjetische Positionen bezog; dass er schwer erkrankt und in die UdSSR geflogen sei, um sich dort operieren zu lassen, und man ihn dort seiner trotzkistischen Ansichten wegen habe liquidieren lassen; schließlich, dass er für zehn Millionen Dollar Militärgeheimnisse an die Vereinigten Staaten verkauft habe, zudem ohnehin ein Agent der CIA sei und Fidel ihn dafür zum Tode verurteilt habe …

Kuba erlebte eine schwierige Zeit. Vor seinem mysteriösen Verschwinden war Ernestos Kritik an der Sowjetunion schärfer geworden. Seine letzte Rede in Algier am 24. Februar 1965[83] hatte riesige Wellen geschlagen. Er warf der UdSSR vor, sich wie ein kapitalistisches Land zu verhalten und mit materialistischen Methoden ihre Bürger zu ködern. »Alles beginnt mit der abwegigen Vorstellung, den Sozialismus mit Versatzstücken des Kapitalismus zu erbauen, ohne deren Sinn nachhaltig zu verändern. So gelangt man zu einem hybriden System, das in eine Sackgasse führt, die sich nicht gleich zu erkennen gibt, die einen aber zu neuerlichen Konzessionen zwingt, und das heißt, zu einer Rückwendung«[84], hatte er geschrieben. Nun war aber die UdSSR Kubas wichtigster Alliierter. Es war daher nicht angezeigt, sie sich zum Feind zu machen. Fidel war gar nicht so ganz anderer Meinung als Ernesto, aber er stand unter Druck. Der Staatschef war immer noch er. Bei der Rückkehr von seiner letzten offiziellen Staatsreise hatten Ernesto und er eine lange Unterhaltung. Ernesto hatte ihm seinen Wunsch mitgeteilt, wegzugehen und die Revolution andernorts fortzusetzen.

In seiner Biographie *El Che Guevara* erzählt der argentinische Schriftsteller Hugo Gambini, wie Fidel versuchte, Ernesto zum Bleiben zu überreden. Che habe erwidert: »Die Kubanische Revolution braucht einen verlässlichen Alliierten in Lateinamerika, um einen weiteren Stützpunkt zu haben und solide zu werden. Der Alliierte, von dem ich spreche, kann sich nur finden, indem man die Revolution anderswohin bringt, und dafür muss man an ihre Spitze einen Kopf setzen, einen Kopf mit solider Guerillaerfahrung, der das nötige Prestige hat, um die Führung einer politischen Bewegung zu sichern. Dieser Kopf bin ich. Du kannst anderswo keine Revolution machen, weil du als Kopf der hiesigen weitermachen musst. Ich aber, ich kann das und ich werde das verdammt nochmal machen!«

Blieb noch die Frage, in welchem lateinamerikanischen Land diese nächste Revolution stattfinden sollte. Der Aufstand, den Jorge Masetti in der argentinischen Provinz Salta entfacht hatte und der Ausgangspunkt einer größeren Bewegung werden sollte, war niedergeschlagen worden. Masetti war im September 1963 in den Busch gegangen. Sieben Monate später wurde er vermisst gemeldet. Niemand hat ihn je wiedergesehen.

Wenngleich meine Mutter den absurden Gerüchten nicht unbedingt Glauben schenkte, hatte sie ihre letzten Wochen in fortwährender Sorge verbracht. Sie fragte sich, ob Ernesto nicht ganz einfach wütend auf sie war. Wenn er nun einfach auf stur geschaltet hatte auf den Brief hin, den sie ihm am 14. April 1965 geschrieben und ihm bittere Vorwürfe gemacht hatte, und den sie Ricardo Rojo anvertraute, einem

Landsmann, den Ernesto seit ewigen Zeiten kannte? Zu dieser Zeit lagen die diplomatischen Beziehungen zwischen Kuba und Argentinien auf Eis. Wir vertrauten unsere Korrespondenz daher zuverlässigen Überbringern an. Rojo sollte den Brief einem Mittelsmann übergeben, der im Begriff war, nach Kuba aufzubrechen. Seine Reise war aber im letzten Moment abgesagt worden, und so war der Brief in Buenos Aires geblieben. Ernesto wusste also nichts von ihm. Erst viel später, nach dem Tod meiner Mutter, wurde der Brief meiner Familie zurückgegeben.

Anfang Mai hatte ich meine Mutter zu meiner Großmutter mitgenommen, in der Hoffnung, das könne ihren Kummer etwas lindern. Nach ein paar Tagen hatte sich ihr Gesundheitszustand rapide verschlechtert. Es war für sie ein Martyrium. So brachte ich sie wieder nach Buenos Aires zurück, wo sie ins Krankenhaus eingeliefert wurde. Sie hatte nur einen einzigen Gedanken: Ernesto wiederzusehen, zumindest noch einmal mit ihm zu sprechen.

Nach unzähligen Versuchen gelang es ihr schließlich, Aleida March ans Telefon zu bekommen. Meine Schwägerin versuchte, sie zu beruhigen, und sagte zu ihr, sie solle sich keine Sorgen machen: Ernesto sei nicht in Havanna, aber sie könne ihr nicht verraten, wo er sich befinde, es gehe ihm aber gut und er sei bei der Arbeit. Diese enigmatische Erklärung konnte meine Mutter aber nicht aufrichten. Sie starb qualvoll, mit der Frage auf den Lippen, wo Ernesto sei und was das Schweigen bedeute.

Beim Begräbnis bedeckten wir ihren Sarg mit einer argentinischen Flagge, einer kubanischen Flagge und einem Transparent des Movimiento de Liberación Nacional (Nationale Befreiungsbewegung).

Das Geheimnis von Ches Verschwinden blieb ungelüftet, selbst auf Kuba. Niemand hatte ihn seit seiner letzten Reise mehr gesehen, die ihn nach New York, danach nach Mali, Ghana, Algerien, Dahomey, Guinea, in den Kongo und nach Tansania geführt hatte. Besonders überrascht waren die Kubaner von seinem Fehlen auf der Beerdigung von Aníbal Escalante, einem einflussreichen Mitglied der Regierung. Die Welt wusste damals nicht, dass Che anlässlich seiner letzten geheimen Reise Fidel ein Abdankungs- und Abschiedsschreiben auf Kuba hinterlassen hatte, dessen Wortlaut ich hier wiedergebe und das der *Máximo Líder* am 4. Oktober 1965 öffentlich verlas:

Fidel,
in dieser Stunde tauchen so viele Dinge in meiner Erinnerung auf: der Tag, an dem ich dich bei María Antonia zu Hause kennenlernte, wo du mir vorschlugst, dich zu begleiten, und die ganze Aufregung, die mit den Vorbereitungen verbunden war.
Eines Tages wurden wir gefragt, wer im Falle des Ablebens benachrichtigt werde solle, und plötzlich durchzuckte uns die Möglichkeit zu sterben wie ein Blitz. Danach lernten wir, dass sie sehr real war und dass man in einer Revolution (wenn es wirklich eine ist) nur siegen oder sterben kann. Groß ist die Zahl unserer Kampfgefährten, die auf dem Weg zum Sieg gefallen sind.
Heute ist unser Tonfall weniger pathetisch, wir sind reifer geworden; doch die Geschehnisse wiederholen sich. Ich habe den Eindruck, dass ich den Teil meiner Aufgabe, der mich mit der Kubanischen Revolution auf ihrem eigenen Boden verband, erledigt habe, und ich nehme Abschied von dir, von

meinen Kampfgefährten, von deinem Volk, das nun auch das meine ist.

Ich trete hiermit formal von meinen Parteiaufgaben und meinem Amt als Minister zurück, ich lege meinen Dienstgrad als *Comandante* und meine kubanische Staatsangehörigkeit ab. Von heute an bindet mich kein juristisches Band mehr an Kuba. Was mich verbindet, sind Bande anderer, tieferer Art, von denen man sich nicht lossagen kann wie von einem Titel oder einem Dienstgrad.

Wenn ich mein Leben Revue passieren lasse, glaube ich, mit hinreichender Redlichkeit und Hingabe mich um die Festigung des Triumphs der Revolution bemüht zu haben. Der einzige gravierende Fehler, den ich vielleicht begangen habe, war, dass ich von den ersten Augenblicken in der Sierra Maestra an nicht noch mehr Vertrauen in dich hatte und nicht noch früher deiner Qualitäten als Revolutionär und Menschenführer gewahr wurde.

Ich habe großartige Tage erlebt und an deiner Seite gespürt, was es heißt, in den leuchtenden und den tristen Zeiten der karibischen Krise unserem Volk anzugehören. Selten war ein Staatschef unter vergleichbaren Umständen so brillant, und ich beglückwünsche mich dafür, dir ohne Zögern gefolgt zu sein, dafür, dass ich daran teilhaben konnte, wie du gedacht, Gefahren erkannt und Prinzipien hochgehalten hast.

Andere Länder dieser Erde fordern nun die Mitwirkung meines bescheidenen Einsatzes. Ich kann tun, was dir aufgrund deiner Verantwortung als erstem Mann in Kuba versagt ist. Die Stunde ist gekommen, da wir auseinandergehen.

Du sollst wissen, dass ich das mit einer Mischung aus Freude und Schmerz tue; ich lasse die reinsten meiner Hoffnungen als Erbauer zurück und die liebsten unter all den geliebten Menschen ... und ich lasse ein Volk zurück, das mich angenommen hat wie einen Sohn. Ich fühle, wie mich das zerreißt. Auf den neuen Schlachtfeldern werde ich in mir den Glauben tragen, den du mir eingeimpft hast, den revolutionären Geist meines Volkes, das Gefühl, die heiligste aller Aufgaben zu erfüllen: gegen den Imperialismus zu kämpfen, wo er sich auch zeigt; eine solche Mission verleiht immer wieder neue Kraft und heilt die tiefsten Wunden.

Ich wiederhole noch einmal, dass ich Kuba aus jeder Verantwortung entlasse außer der einen, mit gutem Beispiel voranzugehen. Wenn eines Tages unter einem anderen Himmel meine letzte Stunde schlägt, wird mein letzter Gedanke diesem Volk und allem voran dir gelten. Ich danke dir für deine Lehren und dein Beispiel; ich werde versuchen, ihnen bis zur letzten Konsequenz meines Handelns treu zu sein. Ich war immer vollkommen einverstanden mit der Außenpolitik unserer Revolution, und daran wird sich nichts ändern. Überall, wohin ich gehe, werde ich die Verantwortung eines kubanischen Revolutionärs auf meinen Schultern spüren und mich wie ein solcher verhalten. Ich hinterlasse meinen Kindern und meiner Frau keine materiellen Güter und ich bereue das nicht; im Gegenteil, ich bin glücklich, dass es so ist. Ich erbitte nichts für sie, denn ich weiß, dass der Staat ihnen das geben wird, was für Leben und Bildung nötig ist.

Ich hätte dir noch so vieles zu sagen, dir und unserem Volk, aber ich fühle, dass es entbehrlich ist, denn Worte können nicht ausdrücken, was ich fühle, und es ist witzlos, unnötigerweise Papier zu schwärzen.

Bis zum Sieg, auf immer. Heimat oder Tod! Ich umarme dich mit meiner ganzen revolutionären Leidenschaft.

So eilte Che, anstatt Zuckerrohr zu schneiden, in den Kampf und plante die kommende Etappe seiner Existenz. An meine Eltern hatte er am 1. April 1965 folgenden Abschiedsbrief verfasst:

> Meine lieben Alten: Wieder einmal fühle ich den Reiz der Fremde unter meinen Sohlen; und ich nehme meinen Schild unter den Arm und mache mich auf meinen Weg. Vor fast zehn Jahren habe ich euch einen ersten Abschiedsbrief geschickt. Wenn ich mich recht erinnere, beklagte ich mich damals, dass ich als Soldat und Mediziner nicht besser war; das zweite interessiert mich nun nicht mehr, und ich bin gar kein so schlechter Soldat. Nichts hat sich also im Grunde geändert, außer dass ich weitaus bewusster denke und mein Marxismus jetzt verwurzelter und edler ist. Ich glaube an den bewaffneten Kampf als die einzige Lösung für die Völker, die für ihre Befreiung kämpfen, und ich bin darin im Einklang mit meinen Überzeugungen. Viele sehen in mir den Abenteurer, der ich ja auch bin, nur von anderer Art und an der Seite derer, die ihre Haut riskieren, um für ihre Glaubenssätze einzustehen.
> Möglich, dass dieser Brief der letzte sein wird. Ich bin nicht todessüchtig, aber er gehört zum logischen Kalkül der Wahrscheinlichkeiten. Wenn es so sein sollte, so sei dieser Brief eine letzte innige Umarmung: Ich liebe euch sehr, nur wusste ich meine Zuneigung nicht auszudrücken, ich bin äußerst streng in meinen Handlungen und ich glaube, es ist vorgekommen, dass ihr mich nicht verstanden habt. Es war nie leicht, mich zu verstehen. Andererseits sollt ihr mir ja auch nur glauben, was ich euch heute sage. Von jetzt an beflügelt ein Wille, den ich mit dem Wohlbehagen eines Künstlers habe ausreifen lassen, die kraftlosen Beine und die müden Lungen. Ich werde es tun.

> Erinnert euch von Zeit zu Zeit an diesen einfachen *condottiero* des 20. Jahrhunderts. Ich küsse euch, Celia, Roberto, Ana María, Patatín, Beatriz, euch alle. Eine feste und lange Umarmung von eurem verlorenen und widerspenstigen Sohn.

Zurückgeblieben in Havanna, erreichte dieser gefühlsselige Brief seine Empfänger erst nach dem Tod meiner Mutter. Ernesto erfuhr die furchtbare Nachricht am 20. Mai im Kongo und schrieb als letzte Ehrerweisung den großartigen Text *La Piedra*, aus dem ich hier einen kurzen Auszug wiedergebe:

> Man hat mir die Nachricht [vom Tod meiner Mutter] überbracht, so wie man derlei Dinge einem starken Mann sagen muss, einem Mann mit Verantwortung, und ich danke dafür [...] Was weiß ich nun? Die Wahrheit ist, ich weiß es nicht. Ich weiß nur, dass ich ein körperliches Bedürfnis spüre, meine Mutter vor mir zu sehen, meinen Kopf in ihren mageren Schoß zu legen und sie mit einer trockenen Zärtlichkeit, die wunschlos glücklich macht, ›mein Alter‹ sagen zu hören, und zu spüren, wie ihre unbeholfene Hand durch mein Haar gleitet und mit den abgehackten Bewegungen einer Marionette mich streichelt, als flösse die Zärtlichkeit aus ihren Augen und ihrer Stimme, weil die Fäden beschädigt wurden und nicht mehr bis zu den äußersten Körperenden reichen. Und die Hände zittern und berühren mehr, als sie streicheln, aber die Zärtlichkeit quillt aus den Poren und hüllt sie ein, und ich fühle mich unendlich wohl, unendlich klein und stark, *so* klein und *so* stark. Es ist nicht nötig, dass ich sie um Verzeihung bitte; sie versteht alles, und man weiß das, wenn man hört, wie sie sagt: »Mi viejo«.

Che war Ende April-Anfang Mai 1965[85] unter dem Pseudonym Ramón Benítez nach Afrika geflogen. Drei Wochen später[86] war er mit zwölf weiteren kubanischen Gefährten – eine Hundertschaft weiterer Leute stieß später dazu – in Kongo-Kinshasa eingetroffen mit dem Ziel, der Rebellenbewegung Simba seine Hilfe anzubieten, die von Laurent-Désiré Kabila angeführt wurde. Der Kongo wurde seit dem Erreichen der Unabhängigkeit[87] von einem Bürgerkrieg beherrscht. Das Chaos in dem Land war unbeschreiblich. Ankommende Waffen waren beschädigt; Informationen unpräzise; die Männer verschleuderten einen Teil des Geldes, das für die Revolution gedacht war, mit Prostituierten und holten sich Geschlechtskrankheiten; ein latenter Alkoholismus hatte sich ausgebreitet; Logistik war praktisch keine vorhanden. Für einen ultra-disziplinierten Kämpfer wie meinen Bruder war ein derartiges Durcheinander kaum auszuhalten. Was Laurent-Désiré Kabila, einen der Revolutionsführer, betraf, so hatte er Ernesto zunächst beeindruckt, dann aber enttäuscht. Es mangelte ihm an Ernsthaftigkeit, nie war er da, wo man ihn brauchte. Er war ein Dilettant. Ernüchtert verließ Ernesto im November den Kongo wieder mit dem Gefühl, nichts wirklich Konkretes erreicht zu haben, und aufgrund des Klimas mit angeschlagener Gesundheit. Er hatte an die zwanzig Kilo Körpergewicht verloren. In der Einschätzung, dass er nun, nachdem Fidel seinen Abschiedsbrief öffentlich verlesen hatte, nicht mehr nach Kuba zurück konnte, hatte er die folgenden sechs Monate unter falscher Identität in Daressalam in Tansania gelebt, wohin Aleida – auch sie unter falschem Namen – gereist war, um ihn wiederzusehen. Danach war er nach Prag gegangen, wo er wieder Kontakt mit Tania Bunke aufnahm, einer argentinischen Revolutionärin deutscher Herkunft[88], die sich in La Paz in Bolivien den Kämpfern angeschlossen hatte. »Noch nie auf meinem ganzen Weg habe ich mich so einsam gefühlt«, hatte er damals in sein Tagebuch geschrieben.

In Buenos Aires waren wir noch immer ohne Nachricht und vergingen vor Sorge. Später erfuhren wir, dass Fidel ihn überreden konnte, inkognito nach Havanna zurückzukommen, bevor er sich wieder auf die Reise machte. Die Geschichte ist allseits bekannt. Über die Schweiz, dann wahrscheinlich Paris (manche wollen ihn gesehen haben, als er vor der Sorbonne spazieren ging, auf dem Kopf sein berühmtes Barett, und sich keine Gedanken darüber machte, ob man ihn erkannte), Deutschland und Moskau, wo Ernesto, um etwaige Spione abzuschütteln, sich den Bart abrasierte, die Haare schnitt und einen Schnurrbart stehen ließ, war er schließlich unter dem Namen Ramón Benítez nach Kuba zurückgekehrt. Er hatte sein Aussehen so verändert und den Habitus eines achtbaren Handelsvertreters angenommen, sodass er kaum wiederzuerkennen war. Die Verkleidung hatte übrigens so gut funktioniert, dass ihn seine eigenen Kinder, die zehnjährige Hilda, Aleida, die sechs Jahre alt war, Camilo mit seinen vier Jahren, Celia, die erst drei war, und der ein Jahr alte Ernesto nicht erkannten, als er ihnen vor seiner Abreise nach Südamerika einen letzten Besuch abstattete. Er stellte sich ihnen als Freund ihres Vaters vor, und sie kauften es ihm ab.

Als ich die schreckliche Nachricht von Ernestos Tod erfuhr, lief ich mit der Zeitung in der Hand zu meinem Vater in die Calle Paraguay. Wir trafen uns sofort mit Celia. Nur

Ana María fehlte. Sie lebte mit ihren fünf kleinen Kindern in Tucumán. Aber ihre Freundin Olga war da. Wir betrachteten gemeinsam das Foto in der Zeitung. Niemand wollte glauben, dass das Ernesto sein sollte. Celia sagte immer und immer wieder: »Und du, was hältst du davon? Das ist doch eine Montage!« Mein Vater dachte dasselbe. Es war zu grauenvoll. Ich war sicher, dass es Ernesto war und keine Fälschung. Olga dachte dasselbe, ohne es offen sagen zu wollen. Sie sah unentwegt auf die Hände auf dem Foto, sie erkannte sie. Wir haben alle die gleichen Hände. Wir hätten auch alle die gleiche Art zu gehen, sagte sie immer. Celia konnte nicht akzeptieren, dass Ernesto tot war. Die Vorstellung verursachte ihr einen unerträglichen Schmerz. Mein Vater skandierte: »Ich sage euch, das Foto ist getürkt, das ist nicht Ernesto.«

Einer von uns musste auf der Stelle nach Bolivien aufbrechen, damit wir Gewissheit hatten. Wir überlegten, wer von uns. Mein Vater und Celia waren zu angegriffen. Es blieben nur ich und Roberto. Am Ende fiel die Wahl auf ihn, er war fünfunddreißig Jahre alt und Anwalt.

Dass er hinfuhr und den toten Körper von Che wiedererkannte, blieb für ihn nicht ohne Folgen. Es war nicht nur höchst schmerzvoll, sondern im Grunde auch ein Akt der Rebellion. Argentinien lebte damals unter der Militärdiktatur von Juan Carlos Onganía. Der Entschluss erforderte Mut, und daran fehlte es Roberto nicht.

Mein Bruder flog am Morgen des 11. Oktober, zwei Tage nach dem Tod Ernestos, in einer kleinen Privatmaschine nach Vallegrande, begleitet von zwei Journalisten des Magazins *Gente*. In Buenos Aires regnete es in Strömen, und die

Sicht war miserabel. Die Mehrzahl der Flüge wurde wegen des schlechten Wetters gestrichen. Robertos Flug konnte indessen nicht warten. Es musste dringend nach Bolivien, um Gewissheit zu bekommen. War Ernesto wirklich tot?

Die kleine Flugreise gestaltete sich ziemlich abenteuerlich. Die Maschine musste zuerst in Salta zwischenlanden, wo Roberto, der Pilot und die beiden Journalisten notgedrungen die Nacht verbrachten. Es war bereits 17 Uhr, und mit Einbruch der Dunkelheit stellten die bolivianischen Flughäfen den Betrieb ein. In Salta nannte Roberto dem Hotelangestellten seinen Namen, der augenblicklich die Presse benachrichtigte, woraufhin sich ein Schwarm von Journalisten einfand. Die Neuigkeit vom Tod des meistgesuchten Guerilleros auf dem Planeten war natürlich sofort um die Welt gegangen.

Auf den Titelseiten sämtlicher Zeitungen prangte dasselbe Foto: die Leiche von Che. Roberto starrte sie unbeirrt an, achtete auf jedes Detail des geschundenen Körpers und versuchte krampfhaft, darin nicht seinen Bruder zu erkennen. Dem Journalisten, der ihn nach seiner Meinung fragte und sah, wie er innerlich kämpfte, gab er zur Antwort: »Das ist in der Tat sehr besorgniserregend und dennoch nicht eindeutig. Wenn ich die Leiche mit eigenen Augen sehe, werde ich Ihnen meine Ansicht darüber mitteilen.« Doch die Leiche Ernestos bekam er nicht zu Gesicht, aufgrund einer Reihe von Schikanen, die ihm die bolivianische Armee in den Weg stellte, um genau das zu verhindern.

Als er am Folgetag in Vallegrande eintraf, verlangte Roberto den Colonel Joaquín Zenteno Anaya zu sprechen, der für die Ergreifung verantwortlich war. Er war nicht da. Auf der Straße schrie ein Zeitungsverkäufer die Schlagzeile des Lokalblattes aus: »Che gestern im Morgengrauen beerdigt«. Roberto war fassungslos. Wie konnten sie sich erdreisten, Che im Schnellverfahren unter die Erde zu bringen, ohne seine Familie zu benachrichtigen? Als der Colonel zurückkam, bestätigte er die Meldung. Die Beerdigung von Che hatte offenbar tatsächlich unter allergrößter Geheimhaltung stattgefunden, und er war nicht autorisiert, den Ort der Bestattung preiszugeben. Den kenne einzig das Oberkommando der bolivianischen Armee, was dem Procedere entspreche, das man auf alle Guerilleros anwende. Zenteno Anaya versicherte außerdem, Beweise für die Identität Ernestos zu besitzen. Die Armee hatte sein Tagebuch bei ihm gefunden, die Fingerabdrücke stimmten überein, und vor allem hatte Che, bevor er starb, seine Identität preisgegeben. Roberto verlangte, dass der Leichnam exhumiert werde, mit dem Argument, dass er als sein Bruder das Recht dazu habe. Der Colonel antwortete, dass er nicht ermächtigt sei, derlei Entscheidungen zu treffen. Er riet ihm, beim Chef der Armee, dem General Alfredo Ovando Candía in La Paz, vorzusprechen. Roberto fuhr also nach La Paz und begab sich sofort nach der Ankunft zur Kaserne. Ovando Candía war nicht da. Roberto klopfte an die Tür seiner Privatresidenz. Er begann zu argwöhnen, dass man ihn an der Nase herumführte, dass die bolivianischen Militärchefs ihm absichtlich auswichen. »Der General empfängt prinzipiell niemanden bei sich zu Hause«, teilte ihm ein Leutnant an der Tür mit. Roberto gab ihm seinen Namen und bestand darauf, eingelassen zu werden. Der General erschien und begrüßte ihn mit den Worten: »Es tut mir aufrichtig leid. Es wäre mir lieber gewesen, ein Held wie ihr Bruder hätte den bolivianischen Busch lebendig verlassen.« Roberto bestand erneut auf die Exhumierung der Leiche. Und da erfand der General eine neue Geschichte: »Ich erlaube Ihnen gern, nach Vallegrande zurückzugehen, aber in jedem Fall werden Sie zu spät kommen. Es würde mich nicht überraschen, wenn man ihn bereits eingeäschert hätte.«

Der Linienflug nach Santa Cruz, dem Flughafen, der Vallegrande am nächsten lag, ging erst am folgenden Morgen. Roberto verbrachte die Nacht also im Hotel Crillon. Durch einen Zufall gab man ihm das Zimmer, in dem ein paar Monate zuvor die Eltern des französischen Philosophen Régis Debray gewohnt hatten, die angereist waren, ihren Sohn im Gefängnis zu besuchen. Debray war inhaftiert worden, als er in Begleitung des Guerilleros Ciro Bustos den Dschungel von Ñancahuazú verließ, der sich zuvor – mit Ches Einverständnis – aus dem Staub gemacht hatte.

Roberto glaubte immer weniger an Ernestos Tod. Jede Geschichte schien der vorhergehenden zu widersprechen. Die bolivianische Armee wollte Zeit gewinnen, indem sie ihn sinnlos in der Gegend herumschickte. Warum? So sehr er sich auch das Hirn zermarterte, er verstand es einfach nicht. Er las auch den Bericht, in dem es hieß, dass das Gebiss des »toten Guerillero« makellos war, dass ihm lediglich ein Backenzahn fehlte – was völliger Unfug war. Die ganze Familie hatte schlechte Zähne. Mit seinen sechsunddreißig Jahren trug Roberto schon ein Gebiss. Ernestos Zähne hatten schon zu faulen begonnen, als er zehn Jahre alt war. Nichts passte zusammen.

Roberto gelang es nicht, einen Flug nach Santa Cruz zu buchen. Alles schien sich gegen ihn verschworen zu haben.

Am frühen Morgen kam er zum Flughafen in La Paz. Das Personal der Fluggesellschaft behauptete zuerst, die Maschine sei voll, danach, sie sei nun zwar doch nicht voll, es sei aber jetzt zu spät, noch ein Ticket zu kaufen. Was immer der wirkliche Grund war, es war offenbar nicht möglich, diesen Flug zu nehmen. Doch als Roberto den Einfall hatte, den beinahe dreifachen Ticketpreis zu bieten, wurden die Sitzplätze wie durch ein Wunder frei. Von Santa Cruz aus nahm er einen weiteren Flug nach Vallegrande. Die Landepiste wurde von einer Armee von zweihundert Soldaten bewacht. Beim Aussteigen traf Roberto auf Zenteno Anaya, der in einem Jeep auf der Landebahn entlanggerast kam. Der Colonel schien überrascht und verärgert, ihn zu sehen. Er hatte gedacht, diesen zweiten Guevara ein für allemal los zu sein. Da er ihn schlecht ignorieren konnte, lud er ihn in die Kaserne ein, um dort auch gleich den General Juan José Torres zu treffen, der das Lügenmärchen seines Kollegen Ovando Candía aus La Paz bestätigte, angeblich zu wissen, dass der Körper von Che noch am selben Morgen verbrannt worden sei. Der General gab Roberto den Rat, nach Argentinien zurückzukehren.

Fünf Guerilleros waren der Falle entkommen und irgendwo in der Gegend noch immer am Leben: Harry »Pombo« Villegas Tamayo, Daniel »Benigno« Alarcón Ramírez, Leonardo »Urbano« Tamayo Núñez, David »Darío« Adriazola Veizaga und Guido »Inti« Peredo Leigue. Roberto war jetzt überzeugt, dass Ernesto nicht tot war, dass er zusammen mit ihnen durch die Maschen geschlüpft war. Schließlich war sein Ende schon so oft verkündet und danach wieder dementiert worden! Und außerdem hatten die Bolivianer ihm derart viele widersprüchliche Geschichten aufgetischt. Er fand Ernestos Nase auf dem Foto nun auch zu fein und zu spitz. Ernesto hatte eine stumpfe Nase.

Mangels Ideen und Unterstützung verließ er Bolivien, unschlüssig, was er glauben sollte. Statt nach Buenos Aires zurückzukehren, fasste er den Entschluss, bei unserer Schwester Ana María in Tucamán vorbeizuschauen. Sie hatte die Fotos offenbar auch gesehen und machte sich keine großen Hoffnungen.

Die Reise nach Bolivien hatte nichts erbracht. Roberto wusste nun auch nicht viel mehr als zuvor. Als er zurückkehrte, kam die Familie erneut zusammen. Wir wussten nicht, was wir denken sollten. Bestimmte Indizien sprachen dafür, dass Ernesto tot war, andere dagegen. Es war Fidel, der unseren Zweifeln ein Ende setzte, als er uns am nächsten Tag anrief, um Ernestos Tod zu bestätigen. Er wollte uns die Beweise zeigen. Also flog Roberto nach Havanna. Er wurde von Fidel mit den Worten begrüßt: »Es tut mir außerordentlich leid, aber wir können die Fakten nicht leugnen. Wir haben alle Beweise, die zeigen, dass er es ist.« Ein bolivianischer Soldat hatte das Tagebuch und die Hände von Che nach Kuba geschickt. Sie waren abgetrennt worden, um seine Fingerabdrücke zu konservieren. Roberto erlitt einen Zusammenbruch. Dieses Mal kehrte er nach Buenos Aires im sicheren Bewusstsein zurück, dass unser Bruder tot war. Mein Vater war völlig am Boden zerstört. Unmittelbar danach wurden wir davon unterrichtet, dass Ernesto am 8. Oktober nicht in der Schlacht gefallen war, wie die bolivianische Armee zuvor behauptet hatte, sondern dass man ihn am 9. Oktober ermordet hatte (die Fotos von ihm als Gefangenem in der Schule von La Higuera wurden erst viel später veröffentlicht). Niemand glaubte die Geschichte von der Einäscherung. Sie war eine Legende, erdacht, um eine Exhumierung zu verhindern. Die bolivianische Armee hatte sich geweigert, das Eintreffen der Staatspolizei abzuwerten, die den Leichnam hätte identifizieren müssen. Sie hatte sogar den Sekretär der argentinischen Botschaft von La Paz, Miguel Cremona, wieder fortgeschickt.

Wir standen alle unter einem furchtbaren Schock. Ohne ein Wort zu wechseln, wurde ein stiller Beschluss gefasst: Wir würden immer – außer unter uns – Schweigen über Ernesto bewahren. Celia und Roberto haben Wort gehalten. Bis zu ihrem Tod hat Ana María wiederholt, dass sie niemals über Che sprechen würde. Was mich betrifft, werde ich etwas weiter unten erklären, was mich veranlasst hat, mein Schweigen aufzugeben.

Auf Kuba gab Fidel den Tod von Che am 15. Oktober bekannt und ordnete eine dreitägige Staatstrauer an. Drei Tage später widmete er auf dem Plaza de la Revolución vor einer Million Kubanern seinem verlorenen Freund eine ergreifende Abschiedsrede, die mit den Worten endete:

> Wenn wir sagen müssten, wen wir als unsere Kampfgefährten, Aktivisten, Männer haben wollten, würden wir, ohne zu zögern, sagen: Mögen sie so wie Che sein! Wenn wir ausdrücken wollen, wie wir uns die Menschen kommender Generationen wünschen, dann erklären wir: So wie Che! Wenn wir sagen wollen, wie unsere Kinder erzogen werden sollten, müssen wir ohne jedes Zögern antworten: Wir wünschen, sie im Geiste von Che zu erziehen. Wenn wir für die Menschen ein Vorbild suchen, das nicht nur für diese Epoche, sondern auch in Zukunft Gültigkeit habe, so sage ich euch, dieses Vorbild, makellos in seinem Verhalten, beispielhaft in seiner Einstellung

und in seiner Handlungsweise, dieses Vorbild ist wahrlich Che! Und aus unserem ganzen Herzen revolutionärer Begeisterung wünschen wir uns, dass unsere Söhne einmal so werden wie Che!

Ende 1995 schließlich erfuhren wir von dem amerikanischen Journalisten Jon Lee Anderson[89] die Wahrheit über Ernestos Begräbnis. Er hatte die Idee, sich mit einer Flasche Whisky bewaffnet mit dem bolivianischen General im Ruhestand Mario Vargas zu unterhalten. Ein paar Gläser hatten die schöne Wirkung, dass der General sein Herz ausschüttete und die Wahrheit enthüllte. Anderson erfuhr auf diese Weise, dass Che nicht eingeäschert, dafür aber in eine öffentlichen Grube nahe dem Friedhof und dem Flughafen von Vallegrande geworfen worden war, zusammen mit seinen sechs Mitkämpfern, die man mit ihm festgenommen hatte: Orlando Pantoja Tamayo, Aniceto Reinaga Gordillo, René Martinéz Tamayo, Alberto Fernández Montes de Oca, Juan Pablo Chang Navarro und Simeón Cuba Sarabia. Nur zwei Zeugen waren bei der geheimen nächtlichen »Beerdigung« anwesend: der Chauffeur des Wagens, dem die Aufgabe oblag, den Leichnam herzutransportieren, und der Baggerführer, der Weisung hatte, das Loch zu graben. Unter der Androhung des Todes hatten sie geschworen, das Geheimnis für sich zu behalten.

Wenige Tage nach der Enthüllung des Generals autorisierte die bolivianische Regierung die Exhumierung. Mit einem Mal lösten sich die Zungen. Eine erstaunliche Menge einander widersprechender Zeugen suchte in der Folge das Licht der Öffentlichkeit. Die Ausgrabung begann. Teams aus argentinischen und kubanischen Geologen und Gerichtsmedizinern landeten in Vallegrande, angeführt von einem Zug von einhundertzehn Soldaten, die die Anweisung hatten, deren Tun und Treiben aufs Minutiöseste zu überwachen. Die Ausgrabungen währten über ein Jahr. Am 28. Juni 1997 wurden die Überreste von sieben Leichen ans Tageslicht gehoben. Einer davon waren die Hände abgetrennt worden. Der Colonel des Zugs rief uns an, um uns über den Fund zu informieren. Die Gerichtsmediziner, die sich an die Arbeit gemacht hatten, identifizierten alle menschlichen Überreste, auch die von Che.

Der Mann, der auf Kuba mit der Durchführung der Exhumierung und der Überprüfung von Ernestos DNA betraut war, war Ramiro Valdés, sein früherer Gefährte auf der *Granma* und in der Sierra Maestra. Er rief uns an und fragte, was mit den sterblichen Überresten von Che geschehen solle. Es handelte sich um eine absolut rhetorische Frage, die uns zeigen sollte, dass man uns bei der Entscheidung berücksichtigte. Unglücklicherweise bestand nicht die Möglichkeit, Ernestos Leichnam nach Argentinien zu überführen. Das hätte keinen Sinn gemacht. Das Land war noch nicht bereit, ihn zu empfangen, wie er es verdiente. Seine Überreste wurden daher am 12. Juli 1997 nach Havanna überführt, wenig später nach Santa Clara, dem Ort seines Triumphs, wo er offiziell in Anwesenheit seiner Familie beerdigt wurde: seiner vier noch lebenden Kinder (Hilda Beatriz war zwei Jahre davor gestorben), seiner Frau Aleida March, Roberto, Celia, meiner Halbgeschwister Guevara Erra[90] und mir.

Zu dem Schmerz über den Tod meines Bruders kam, dass eine Revolution gescheitert war. Manche haben den Feldzug von Ñancahuazú für ein Selbstmordkommando gehalten. Ihnen zufolge hat Che in nihilistischer Lebensverachtung den Satz gesagt: »Ich stehe hier an diesem Ort, und ich werde diesen Ort nur mit den Füßen voraus verlassen.« Sie haben sich geirrt. Bolivien war kein Selbstzweck. Es sollte ein Anfang sein, das Sprungbrett hin zu einer neuen Revolution, die ganz Lateinamerika ergreifen und die Schwesternationen vom Yankee-Imperialismus befreien sollte. Che war der Überzeugung, seine geographische Position mache es zu einer strategischen Region, »damit die Revolution auf die Nachbarländer ausstrahlt« (Bolivien grenzt an fünf Länder: Chile, Argentinien, Peru, Brasilien und Paraguay).

Nichts in Ernestos Tagebuch gibt Anlass zu glauben, dass er wissentlich den Kopf in den Rachen des Löwen gesteckt hätte. Er hielt die Hoffnung auf einen Sieg bis zuletzt aufrecht. Manche, darunter ich, glauben, dass der KGB mit der CIA kollaborierte, um ihn gefangenzunehmen. Die UdSSR mochte Revolutionäre nicht besonders. Manche führen seine Niederlage auch darauf zurück, dass die bolivianischen Grubenarbeiter ihm nicht zu Hilfe gekommen seien und die Kommunistische Partei ihn im Stich gelassen habe. Sicher ist, dass deren Generalsekretär Mario Monje mit Che brechen wollte, obwohl er ihm anfangs seine Hilfe versprochen hatte. Als er in den Urwald ging, um ihn zu suchen, und die Führerschaft des Ejército de Liberación Nacional de Bolivia (ELN – Nationale Befreiungsarmee von Bolivien) beanspruchte unter dem Vorwand, dass Che Ausländer sei und die ELN von einem Bolivianer geführt werden müsse, wusste er sehr wohl, dass Che das niemals akzeptieren würde. Monje hatte keinerlei Guerilla-Erfahrung. Um es sich erlauben zu können, Che in den Rücken zu fallen, ohne dass es so aussah, als fiele man damit dem Kommunismus in den Rücken, musste eine Ausrede gefunden werden, und das war eben Monjes Ausrede. Guido »Inti« Peredo, einer der Gefährten von Che, erklärte später, die Fahnenflucht der PC[91] habe die Rebellen von den Städten abgeschnitten und von einem möglichen logistischen Beistand, der für das Fortleben der Bewegung entscheidend gewesen wäre.

Nach Bolivien war Che gekommen, um ein aufständisches Zentrum zu implementieren, um voranzutreiben, was latent schon da war. Ganz Lateinamerika brodelte damals, und in vielen Ländern waren organisierte Protestbewegungen aktiv. Ernesto hatte bekanntermaßen eine besondere Beziehung zu Bolivien, wegen unseres Hausmädchens Sabina Portugal. Er besuchte das Land zum ersten Mal 1953, mitten in der revolutionären Phase während der Regierungszeit von Präsident Víctor Paz Estenssoro. Er schrieb uns damals lange Briefe, schilderte uns, was er von der Mobilisierung des Volks auf den Straßen und von den darauffolgenden fortschrittlichen Maßnahmen mitbekam, zum Beispiel den Verstaatlichungen und der Agrarreform. Er vertraute in die Fähigkeit der Bolivianer zur Rebellion.

Man darf vermuten, dass Ernesto die Unterstützung durch die Bauern überschätzte. Sie waren mehrheitlich arm und indigener Herkunft. Sie sprachen Quechua oder Aymara und eigentlich fast kein Spanisch. Sie verehrten ausnahmslos ein Idol, die Pachamama (die ernährende Erdmutter), und lebten in einer anderen Wirklichkeit. Abgeschnitten von der Außenwelt, fehlte ihnen eine Perspektive, um sich für eine Revolution zu begeistern. Alles Spanische kam ihnen buchstäblich spanisch vor, also fremd, und sie misstrauten ihm. Sie hatten offensichtlich noch nie etwas von Che Guevara gehört, dessen Ruf einfach nicht in ihre Regionen vorgedrungen war. Vor diesem Hintergrund war es sehr schwierig, sie als Verbündete zu gewinnen.

Zudem war es ein Bauer, der die Soldaten auf die Guerilleros in der Quebrada del Yuro aufmerksam gemacht hatte. Dabei behandelten die Rebellen die *campesinos* mit Respekt und Zuneigung. Ernesto versorgte ihre kranken Kinder, lehrte sie lesen und schreiben. Er baute Wanderschulen auf und teilte die Gebildetsten unter seinen Kampfgefährten ein, sie täglich von 16 bis 18 Uhr in Grammatik, Mathematik, Geschichte und Geographie zu unterrichten. Ernesto nahm auch selbst an den schulischen Bemühungen teil und gab Interessierten zusätzlichen Französischunterricht. Seine Kurse in politischer Ökonomie waren verpflichtend. Nach dem Sieg, sagte er, sollten gebildete Menschen die Macht übernehmen. Zudem wiederholte er unermüdlich, ein Guerillero sei kein tumber Heckenschütze. Er habe vielmehr eine allgemeine kulturelle Mission.

Che ließ die Gefangenen der bolivianischen Armee wieder frei, wenn er ihre Wunden versorgt hatte. Mein Bruder war ein großer Menschenfreund. »Auf die Gefahr hin, lächerlich zu erscheinen«, hatte er eines Tages erklärt, »behaupte ich, dass der wahre Revolutionär vor allem von einem großen Gefühl der Liebe geleitet wird. Man kann sich keinen echten Revolutionär vorstellen, dem dieses fehlt. […] Man braucht ein besonderes Maß an Menschlichkeit, Gerechtigkeitssinn und Wahrheitsliebe, um nicht in Dogmatismus abzurutschen, in kalte Scholastik und in die Abschottung gegen die Massen.«[92] Vor seiner Abreise hatte er Aleida eine Liste von Büchern gegeben, die er mitnehmen wollte. Darunter waren Werke von Sophokles, Demosthenes, Herodot, Platon, Plutarch, Euripides, Aristophanes, Aristoteles, Dante, Racine, Goethe, Shakespeare und Pindar.

Der Feldzug von Ñancahuazú dauerte elf Monate. Fünfundvierzig Wochen Schinderei, während derer man ständig in Bewegung bleiben musste. Ernesto erlitt immer häufiger Asthmaanfälle, die ihn schwächten, auch wenn er sich dadurch nicht bremsen ließ. Er gestattete nicht, dass die anderen ihn mit mehr Aufmerksamkeit behandelten oder besser versorgten.

Anfang November 1966 war er unter größter Geheimhaltung in seiner berühmten Verkleidung als Handlungsreisender in La Paz eingetroffen. Am 27. November hatte der bolivianische Revolutionär Guido »Inti« Peredo ihn zum ersten Mal im bolivianischen Urwald zu Gesicht bekommen und beschrieb diese erste Begegnung in seinem Buch *Mi campaña junto al Che* so: »Che saß auf einem Baumstumpf. Er rauchte und genoss sichtlich das Tabakaroma. Er hatte sein Barett auf. Als wir ankamen, blitzten seine Augen vor Freude auf. Der von den Imperialisten meistgesuchte Mann, der legendäre Guerillero, Theoretiker und Stratege international ausstrahlender Projekte, der Fahnenträger des Kampfs und der Hoffnung saß mitten in einem der am schlimmsten ausgebeuteten und unterdrückten Länder des Erdteils ganz ruhig vor mir, einfach so. […] Seine Reise nach Bolivien war eines der faszinierendsten Geheimnisse, die die Geschichte zu bieten hat.«[93]

Die ersten Zusammenstöße mit der bolivianischen Armee kamen der Rebellenarmee ungelegen. Sie sah sich dazu gezwungen, nachdem ihre Deckung aufgeflogen war. Sie war erst an die fünfzig Mann stark. Nachdem es ihr aber in den ersten Monaten des Jahres 1967 gelungen war, einige Scharmützel für sich zu entscheiden, konnte sie die bolivianische Armee täuschen, die die Rebellen für weit gefährlicher hielt, als sie in Wirklichkeit waren. Das wiederum erhöhte die Chancen, sie zu schlagen. Höchst beunruhigt bezog die CIA im Palast des Marionettenpräsidenten René Barrientos ihr Lager und wies die Anrainerstaaten an, den Rebellen ihre Grenzen zu verschließen und sicherzustellen, dass keine wie immer geartete Hilfe sie von außen erreichen konnte.

Ende September war die ELN auf eine Kolonne von siebzehn entkräfteten und ausgemergelten Männern zusammengeschmolzen, die unter Hunger und Durst und einem akuten Proteinmangel litten. Am Morgen des 8. Oktober war es bitter kalt in der Quebrada del Yuro. Da er wusste, dass sie umzingelt waren, schickte Che drei Gruppen von je zwei Spähern aus, um die Positionen der bolivianischen Armee zu orten. Das ist der Grund, warum ein paar von seinen Leuten durch die Maschen schlüpfen und entkommen konnten.

Ich möchte mir nicht anmaßen, das Fehlschlagen des Ñancahuazú-Feldzugs zu analysieren. Das Einzige, was ich sicher weiß, ist, dass er in einem Debakel geendet hat. Die Gründe dafür kann ich nicht mit Gewissheit angeben, das übersteigt meine Kenntnisse. Jeder sucht sie im Einklang mit seinen Überzeugungen. Einige gehen so weit, dass sie einen Verrat durch Fidel Castro für möglich halten, andere glauben, dass die Bergarbeiter Che nicht unterstützt haben oder dass er sich über die Bauern Illusionen gemacht oder dass die aufgegriffenen Mitkämpfer und die Fahnenflüchtigen geplaudert haben. Eine gesicherte Tatsache ist, dass der gefangengenommene Guerillero Ciro Bustos später zugab, er habe im Laufe seiner Befragung ein Phantombild des »Ramón Benítez« gezeichnet und dass dieses Porträt am Ende die Militärs überzeugte, dass Ramón niemand anders als Che war, was sie schon seit einigen Monaten vermutet hatten und wofür sie nur noch einen Beweis suchten. Die wichtigste Lehre ist aber, dass wir eine Niederlage des revolutionären Projekts für den ganzen Kontinent erlitten haben, das Che verkörperte. In meinen Augen ist das Debakel von Bolivien also ein schwer auflösbares Rätsel.

Außer Zweifel steht auch, dass es fünf Überlebende gab, die ich oben namentlich genannt habe. Guido »Inti« Peredo ist einer von denen, die es trotz der überlegenen Präsenz der Armee aus dem Urwald herausschafften und in Cochabamba untertauchten. Von seinem Versteck aus kontaktierte Inti jemanden von der bolivianischen PC. Und was riet ihm dieser? Dass er seine Anwesenheit in Cochabamba auf keinen Fall dem Anführer der PC stecken solle, weil der ihn dann verraten würde. Inti blieb mehrere Wochen im Untergrund. Er wurde 1969 von Sicherheitskräften umgebracht. Hatte ihn also vielleicht tatsächlich jemand aus dem engsten Kreis verraten?

ACHT JAHRE, DREI MONATE UND DREIUNDZWANZIG TAGE

Ich ging gerade in Córdoba friedlich eine Straße entlang, als ich das erste Mal von uniformierten Männern verhaftet wurde. Das war am 3. Mai 1974. Ich kam damals von Havanna zurück, wohin ich meine Frau María Elena und unsere drei Kinder gebracht hatte. Ich fürchtete in Argentinien um ihre Sicherheit. Das politische Klima dort wurde für militante Aktivisten wie uns, ganz zu schweigen von meiner Verwandtschaft mit Che, zunehmend beunruhigend und ungesund. Wir traten damals in eine dieser verwünschten Epochen ein, in denen es nicht einfach war, ein Guevara zu sein. Trotz der Gefahr hatte ich beschlossen, ins Land zurückzukehren in der festen Absicht, meine politischen Aktivitäten fortzuführen. Ich hatte meinen Vater im Jahr davor gedrängt, nach Kuba auszuwandern. Im Bewusstsein, dass meine Lieben in Sicherheit waren, konnte ich mich weiter aus dem Fenster lehnen.

Ich kämpfte aktiv für die Revolutionäre Arbeiterpartei, die Partido Revolucionario de los Trabajadores (PRT), eine einflussreiche politisch-gewerkschaftliche Organisation, die mehrere Bewegungen umfasste. Ich gehörte dem Flügel Frente Antiimperialista por el Socialismo (Antiimperialistische Front für den Sozialismus) an. Juan Perón war gesundheitlich angeschlagen, aber noch an der Macht. Er verdankte seine Rückkehr aus dem Exil einer Übereinkunft mit der Militärregierung von Alejandro Agustín Lanusse, der ihn ins Land zurückkehren ließ, um den Vormarsch der Revolutionäre aufzuhalten. Doch Peróns Tage waren gezählt. Er war neunundsiebzig Jahre alt und herzkrank. Er starb am 1. Juli 1974 und wurde als Staatschef von seiner dritten Frau Isabel[94] beerbt, einer früheren Nachtclubtänzerin, die nur für fünf Jahre die Schule besucht hatte, aber nichtsdestotrotz den begehrten Posten der Vizepräsidentin innehatte. Unfähig, allein zu regieren, wurde sie von einer unheilvollen Person sekundiert oder vielmehr dominiert, einem hochrangigen Polizisten und besessenen Esoteriker, José López Rega alias »El Brujo« (der Hexer). López Rega hatte es jahrelang eingefädelt, Isabel näherzukommen. Er hatte beträchtliche Energie darauf verwandt, ihre Freundschaft zu festigen. Die Anstrengung hatte sich gelohnt: Er war eingeladen worden, die Peróns als persönlicher Sekretär in ihr spanisches Exil zu begleiten.

Nach dem Tod des Generals fiel naturgemäß ihm die Rolle von Isabels Berater zu. Jetzt, als Witwe traf diese keine einzige Entscheidung mehr, ohne ihn zu konsultieren. So gewann Rega enormen Einfluss auf alle politischen Entscheidungen. Er nutzte seine Macht, um die Todesschwadron Alianza Anticomunista Argentina – besser bekannt unter dem Akronym Triple A[95] – zu gründen mit dem Ziel, »die marxistische Infiltration des Peronismus auszurotten«, verkörpert unter anderem von der Montonero-Bewegung[96], den Fuerzas Armadas Revolucionarias (FAR) und natürlich dem Ejército Revolucionario del Pueblo (ERP). Mein Land war wieder einmal auf dem besten Weg in eine neue Ära der

Unterdrückung, heute rückblickend als »schmutziger Krieg« und »bleierne Jahre« geläufig. Um zu verstehen, warum ich zweimal verhaftet wurde und nach und nach alle Guevaras ins kubanische Exil gingen, muss man die Komplexität des politischen Kontexts der damaligen Zeit begreifen.

Im Grundsatz war der Peronismus eine Volks- und Gewerkschaftsbewegung. »Weder Yankees noch Marxisten – Peronisten!«, riefen seine Anhänger. Weit mehr als nur eine Partei, erlaubte die Bewegung jedem, in ihr das zu finden, was er suchte. Juan Perón war eine Art Idol der Massen, hin- und hergerissen zwischen den Anhängern aller Seiten. Ob sie für rechts oder links optierten, es war für sie schwer, sich ohne seinen Segen über Wasser zu halten, sogar und vor allem, als er im Exil war. Der Peronismus gebar damit zwei ungleiche Zwillinge: eine Linke, die durch die jungen Montoneros, die peronistische Jugend oder Juventud Peronista (JP) und die CGT der Argentinier[97] unter Führung von Agustín Tosco repräsentiert wurde, und eine »orthodoxe« Rechte in Gestalt der mächtigen Gewerkschaft CGT. Beide Richtungen waren überzeugt, den wahren Peronismus zu vertreten, und so stritten sie sich um die Liebe ihres Führers. Aber jedes Mal, wenn der Peronismus die Möglichkeit hatte, sich nach links zu wenden, erstickte Perón die Initiative im Keim. Als man Héctor José Cámpora alias »El Tío« (der Onkel) im März 1973 zum Präsidenten wählte, zwang ihn Perón zwei Monate nach seiner Ernennung, seinen Hut zu nehmen, obwohl er ihn selbst als Kandidaten der Peronisten aufgestellt hatte.[98] El Tío hatte drei unverzeihliche Fehler begangen: für die Mitglieder revolutionärer Organisationen eine Amnestie zu verfügen, die diplomatischen Beziehungen zu Kuba wiederherzustellen und junge Sozialisten in

Regierungsämter zu hieven. Mit anderen Worten, er hatte dezidiert linke Politik betrieben.

Die Peronisten skandierten nun nicht mehr »Cámpora in die Regierung, Perón an die Macht«. Die Abdankung Cámporas am 13. Juli – die er hinnahm, ohne mit der Wimper zu zucken – erlaubte es dem General, Neuwahlen anzusetzen, die er auch gewann. So hatte er am 12. Oktober 1973 erneut die Regierungsmacht inne und ernannte Isabel zur Vizepräsidentin. Der »Rechtsruck« der Basis war vollzogen.

Manche Peronisten versuchten, sich von den tragischen Ereignissen, dem Militärputsch von 1955 und dem von 1976, die unser Land erschüttert haben, zu distanzieren, indem sie anderen den Schwarzen Peter zuschoben. Dennoch fällt ihnen ein Teil der Verantwortung für diese Tragödien zu. Als Perón drei Monate nach der Bombardierung des Plaza de Mayo vom 16. Juni 1955 sein Heil im Exil suchte, fielen ihm tausend Rechtfertigungsgründe dafür ein, warum er das Schiff verlassen hatte. Er hatte sich einem Prozess wahrhafter gesellschaftlicher Veränderung von Grund auf in den Weg gestellt. Er misstraute der Jugend zutiefst, die die Montoneros verkörperte. Nachdem er beiden politischen Lagern Avancen gemacht und die Ambiguität kultiviert hatte, deckte er schließlich, als er aus dem Exil wieder auftauchte, die Karten auf: Er verachtete den linken Flügel der Bewegung.

Der endgültige Bruch mit den Montoneros am 20. Juni 1973, dem Tag seiner Rückkehr aus Spanien, verlief blutig. Um Perón mit großem Pomp zu empfangen, hatten seine Getreuen auf beiden Seiten vorgesehen, sich auf einer Kreuzung der Verbindungsstraße von Buenos Aires zum internationalen Flughafen Ezeiza zu versammeln (die Zahl der Teilnehmer wurde später auf dreieinhalb Millionen geschätzt). Einige Anhänger hatten sich bewaffnet, so groß war die gegenseitige Feindseligkeit. Sie hatten es nicht vermocht, sich über ihre jeweiligen Standorte an der Straße zu einigen, die der General benutzte, um nach achtzehn Jahren Exil wieder nach Buenos Aires zurückzukehren. Ohne sich mit den Montoneros abzusprechen, hatten die »Orthodoxen« in aller Eile ein Podium zusammengezimmert. Das verschaffte ihnen einen Höhenvorteil. Als die Montoneros näherkamen, wurden sie von Heckenschützen beschossen, es gab 13 Tote und 360 Verletzte. Weit davon entfernt, das Blutbad zu verurteilen, erklärte Perón: »Heulsusen errichten kein Vaterland. Wir, die Peronisten, müssen wieder das Steuer unserer Bewegung übernehmen, sie in Gang setzen und diejenigen ausschalten, die sie von Grund auf oder von der Spitze her verbiegen wollen.« Das Massaker markierte den Anfang massiver Feindseligkeiten. Die Montoneros waren von ihrem Idol verraten worden, und die argentinische Jugend mit ihnen.

Isabel erbte also ein Regime, das reif für die Revolution war. Es ist geraunt worden, López Rega habe Perón verhext.[99] Nichts könnte falscher sein. Das ist eine Erfindung, die darauf abzielt, zu verschleiern, dass Perón im Innersten reaktionär war und sich an den Imperialismus verkauft hatte. Er war ein nationalistischer Kapitalist der Rechten und ein Populist, der auf keinen Fall Marxismus, Kommunismus, Sozialismus oder gar eine Revolution wollte. Am Ende seines Lebens war es dieser Impuls, der sein Handeln diktierte. Er näherte sich den Militärs an und orchestrierte die Machtübergabe an das Interim seiner Gattin, um den

Streitkräften Zeit zu geben, den Staatsstreich vom 24. März 1976 vorzubereiten.

Unter dem Einfluss López Regas befeuerte Isabel die Repression. Ganz im Sinne seiner esoterischen und antikommunistischen Praxis gehorchte »der Hexer« den Befehlen, die darauf abzielten, dem Peronismus die militante Linke auszutreiben und die Mobilisierung der Straße und der Revolution zu unterbinden. Gejagt von der Triple A, die im Schutz vollkommener Immunität Mitglieder der Montoneros verschleppte und umbrachte, verwandelte sich diese nach und nach in eine bewaffnete Gruppierung. Die Rebellion knurrte. Andere Splittergruppen formten sich. Attentate nahmen sprunghaft zu. Ein weiteres Ziel der Triple A war die PRT. Angesichts der Entwicklung der Ereignisse drehten sich unsere Zusammenkünfte damals um eine zentrale Frage: Sollten wir zu den Waffen greifen und wenn ja, war dies der richtige Moment? Wir waren gespalten. Auf dem ganzen Kontinent standen die Zeichen auf Konfrontation, bei den revolutionären Bewegungen in Uruguay, Bolivien, Chile, Venezuela, Kolumbien und Brasilien roch es nach bewaffnetem Kampf. Ihr Vorbild war Kuba, die Wiege des siegreichen Befreiungskampfs, der Leuchtturm Amerikas. Die Insel verkörperte die Hoffnung auf echte gesellschaftliche Veränderung.

In Argentinien verschärfte sich derweil der Konflikt zwischen der Rechten und der Linken jeden Tag mehr. Wir beobachteten eine ungeheure Mobilmachung von Arbeitern und Gewerkschaftlern. Die Massen der Proletarier, Arbeiter und Studenten schlossen sich zusammen und organisierten sich. Sie alle standen einer Allianz aus wirtschaftlichen Interessensgruppen, argentinischen und anderen Geheimdiensten, den Streitkräften sowie der gewerkschaftlichen und politischen Rechten gegenüber. Deren Hauptfeind war die Linke, das Endziel ihr Verschwinden. Nun begannen unsere Gefährten in immer beängstigenderer Zahl spurlos von Inhaftierungszentren und heimlichen Folterorten verschluckt zu werden und mitunter als verstümmelte Leiche wieder aufzutauchen. In Córdoba war die Situation noch schlimmer als im Rest des Landes. Seit dem Militärputsch von General Juan Carlos Onganía im Jahr 1966 und der Verkündung seines repressiven Antikommunistengesetzes war die Stadt zum Zentrum des Kampfs geworden. Vor dem Erscheinen von López Regas Todesschwadron gab es eine bereits gut verankerte Protesttradition. In der Rebellenbewegung El Cordobazo, die im Mai 1969 ihre erste große Erhebung organisierte, verbündeten sich Studenten, Arbeiter und Gewerkschaftler. Eine nicht mehr enden wollende Serie von Aufständen, Demonstrationen und Attentaten erschütterte das Land. Von seinem Exil aus erklärte Perón Córdoba zum »Infektionsherd«.

In Córdoba wurde denn auch die Triple A geboren und mit ihr begann der verhängnisvolle Bruch mit institutioneller Legalität zugunsten purer Repression. Ich war ein paar Monate vor meiner Verhaftung hierhergekommen, unmittelbar vor dem regionalen Staatsstreich vom 28. Februar 1974. An diesem Tag stürmten der Colonel der Armee und Polizeichef Antonio Domingo Navarro den Regierungspalast und ließen den Gouverneur Ricardo Obregón Cano, seinen Vizegouverneur Atilio López, alle Peronisten der Linken sowie zwölf ihrer Mitarbeiter verhaften. Dabei hatten Obregón Cano und sein Mitbewerber bei den vorausgegangenen Wahlen über fünfzig Prozent der Stimmen erhalten. Sie landeten dennoch im Gefängnis. Es bestand kein Zweifel, dass der Befehl von höchster Regierungsebene erteilt worden war. Dazu kam, dass sich einen Monat zuvor dieselbe Geschichte in der Provinz Buenos Aires zugetragen hatte. Der Gouverneur Oscar Raúl Bidegain war von den rechten Peronisten, die den jungen Progressiven in seiner Regierung misstrauten, des Amtes enthoben worden.

In diesem lebensbedrohlichen und explosiven Klima wurde ich am 3. Mai 1974 verhaftet. Zwei uniformierte Typen, die ich nicht hatte kommen sehen, tauchten plötzlich vor mir auf der Straße auf. Sie griffen mich an den Armen, und als ich versuchte, mich zu wehren, richteten sie die Waffe auf mich. Sie nötigten mich, in einen Polizeiwagen zu steigen. Der Wagen raste zur Präfektur. Während der Fahrt erklärten sie mir, dass man, während ich in der Fabrik war, meine Wohnung durchsucht und Dokumente der PRT sowie »kompromittierende« Bücher gefunden habe. Ich war Arbeiter, aktives Mitglied der PRT und hieß Guevara. Selbst wenn ich falsche Papiere dabeigehabt hätte, um das Risiko zu mindern, das ich mit meinem richtigen Namen einging, wäre ich entdeckt worden. Aber ich wusste nicht, dass sie meine wahre Identität kannten. Ich war möglicherweise aus dem schlichten Grund eingesperrt worden, dass ich bei der PRT war.

Meine Parteigenossen wussten nicht, wer ich wirklich war. Für sie war ich der Bruder von niemandem, sondern einfach Juan Martín. Ich lief nicht herum und band jedem meine Verwandtschaft mit Che auf die Nase. Das war zu gefährlich, nicht nur für mich, sondern auch für meine Freunde und die PRT. Heute möchte ich die Gedanken von

Che verbreiten, zur damaligen Zeit nicht. Wir befürchteten außerdem eine mögliche Unterwanderung der Partei durch die Triple A. Man musste immer wachsam sein. In Córdoba trieben unterschiedliche bewaffnete Gruppen, die sich später zusammenschlossen, ihr Unwesen.

Ich blieb drei Monate und achtzehn Tage im Gefängnis der Verdammten von San Martín. Im vollen Bewusstsein des Risikos, das er einging, wurde Roberto mein Anwalt von dem Moment an, da er von meiner Verhaftung erfuhr. Er kam sofort nach Córdoba und verteidigte mich mit allen Mitteln, die ihm zu Gebote standen. Ich wurde zwar geschlagen, misshandelt und verhört, aber nicht gefoltert. Man beschuldigte mich der »Fälschung von Dokumenten«, die einzige Anklage, die sie gegen mich vorzubringen wussten. Daraus schloss ich, dass sie meine Identität kannten. Sie ließen mich unter Auflagen wieder frei. Nichtsdestotrotz hatten sie mich jetzt im Visier. Kameraden, die man am selben Tag wie mich verhaftete, mussten im Gefängnis bleiben. Später erfuhr ich, dass andere erschossen oder zu Tode gefoltert wurden. Man wusste nie, warum der eine Gefangene freigelassen und ein anderer ermordet wurde.

Nach dem Putsch vom 24. März 1976 gab es keine Freilassungen oder nur Gefängnisaufenthalte mehr: Der Tod wurde zur häufigsten Strafe, wie zum Beispiel der von José René Moukarzel, der bei eisiger Kälte nackt in den Gefängnishof geworfen und dann in regelmäßigen Abständen mit eiskaltem Wasser abgespritzt wurde, weil er von einem gewöhnlichen Gefangenen ein Päckchen Salz angenommen hatte.

Ich hoffte, nach meiner Freilassung im August der Repression zu entgehen, indem ich nach Rosario zog, der Hauptstadt der Provinz Santa Fe. Hier schien alles ruhiger, weniger angespannt als in Córdoba. Ich fand eine Anstellung in einer Mate-Fabrik. Dort lernte ich Viviana Beguán alias La Negra (die Mutter meiner Tochter Dolores) kennen. Viviana war wie ich politisch militant in der PRT aktiv. Wir führten zusammen Aktionen durch. Wir saßen gemeinsam in den Treffen, gingen vor dem Militärputsch, der sich abzeichnete, in die Universitäten, um zu versuchen, die Bewegung zu einigen. Wir waren davon überzeugt, dass die Streitkräfte mit Gewalt die Macht an sich reißen würden. Das haben sie in Argentinien in jeder Periode der Instabilität getan – und davon hatten wir im Laufe der Geschichte genügend! In der PRT drehten sich unsere Diskussionen weiterhin um die einzuschlagende Strategie. Die Parteispitze tendierte mehr und mehr in Richtung eines bewaffneten Kampfs, aber manche Mitglieder waren anderer Meinung, in der Überzeugung, dass er das Risiko barg, einen Staatsstreich eher zu beschleunigen als zu verhindern. Am Ende blieb der Zweifel: Weder waren wir sicher, dass wir ihn mit einer bloßen Mobilisierung verhindern konnten, noch über den richtigen Augenblick zum Handeln. Peróns Tod hatte alles noch komplizierter gemacht. Die Regierung Isabel verkündete immer repressivere Maßnahmen, die unseren Bewegungsspielraum zusätzlich einschränkten.

Ende September 1975, als Ítalo Lúder Präsident war, gab der Senat grünes Licht für massive Unterdrückungsmethoden, indem er das Gesetz zur nationalen Sicherheit 20840, das so genannte Antikommunisten- und Antisubversivengesetz, verabschiedete. Seine vierzehn Paragraphen gestatteten es der Regierung, Menschen unter dem fadenscheinigen Vorwand festzusetzen, sie seien in Besitz subversiver Dokumente – Flugblätter, Zeitungen, Bücher etc. Damit wurde die Tätigkeit von Gewerkschaften und Arbeiterbewegungen kriminalisiert. Darüber hinaus wurde die Herausgabe bestimmter Zeitungen unter Strafe gestellt. Jeder, der der Indoktrinierung verdächtigt wurde, konnte ohne weiteres verhaftet werden. Im selben Zeitraum schickte die staatliche Regierung einen peronistischen Faschisten nach Córdoba, den Brigadier Raúl Oscar Lacabanne, um eine »ideologische Säuberung« durchzuführen.

Ein Jahr nach dem Putsch erklärte der Chef der Militärjunta, Rafael Videla, ohne Umschweife: »Wenn es nötig ist, müssen alle in Argentinien sterben, die sich der Erlangung des Friedens im Land entgegenstellen.«

Unter seinem Befehl spezialisierte sich die militärische Einheit für Repression GT4 auf die Jagd auf Guevaristen und Castristen. Ein Glück für mich, wenn man das so sagen kann, dass ich bereits im Gefängnis saß, als die Repression systematisch wurde.

Meine zweite Verhaftung erfolgte in der Nacht des 5. März 1975 in Rosario. Viviana und ich schliefen bei Freunden in der Calle Tucumán, als vier bis an die Zähne bewaffnete Männer in Zivil uns aufweckten, indem sie uns eine Pistole an die Schläfe hielten. Sie hatten die Tür eingetreten. Viviana wurde in eine Ecke gestoßen und mit den Läufen mehrerer Maschinenpistolen Sten MKII bedroht.[100] Mir streiften sie eine Kapuze über den Kopf. Von draußen hörten wir Gewehrfeuer. Ich dachte, das wäre mein Ende, sie würden auf der Straße eine Szene vortäuschen, die glauben machen sollte, wir hätten Waffen getragen und Widerstand geleistet. Das war normalerweise ihr *modus operandi*: einen Vorwand erfinden, um die »Subversiven« kurzerhand zu erschießen. Doch es passierte nicht. Sie ließen uns in einen schwarzen Wagen steigen, der sich abrupt in Bewegung setzte, mit quietschenden Reifen davonfuhr und uns in ein Geheimgefängnis brachte.[101] Ich konnte nichts sehen, aber ich hörte die Stille der leeren Straßen. Die Triple A operierte heimlich, meist in der Nacht.

Dort angekommen, warfen sie mich in einen Raum am unteren Ende einer Treppe, ein Souterrain, dachte ich, in dem es modrig roch. Unter der Kapuze und orientierungslos wusste ich nichts weiter, als dass ich in der Hand der Geheimpolizei war. Ich war von Viviana getrennt und hatte keine Ahnung, wo sie sie hingebracht hatten. Nach einigen Minuten kamen mehrere Männer, um mich auszufragen. Ich wurde psychischer Folter unterzogen. Sie drohten, mich zu erschlagen, mir alle Knochen zu brechen. Sie wollten meinen Namen wissen und meine Kontakte und Aufgaben in der PRT. Ich verriet nichts, nichts und nochmal nichts. Dann schickten sie einen Beamten der Staatspolizei zu mir. Ich schwieg weiterhin zu seinen Fragen. Ich verlangte nicht einmal, einem Richter vorgeführt zu werden. Das Beste, das ich tun konnte, um meine Haut zu retten, war schweigen. Mehrere Tage lang wechselten sie sich bei den Verhören ab, ohne Erfolg. Als sie des Hin und Hers überdrüssig waren, führten sie mich schließlich ganz kurz einem Richter vor. Das Gesetz zur nationalen Sicherheit stellte »subversive Aktivitäten in jeder Form« unter Strafe. Die Definition dieser »subversiven Aktivitäten« war vage und erleichterte so die Inhaftierung von jedwedem, der sich der Regierung Isabel Perón entgegenstellte. Nach dem Putsch und dem »Prozess der nationalen Umgestaltung«[102], den die Militärjunta in die Wege leitete, verpassten die Generale Leuten wie mir ein Kürzel (sie liebten Kürzel): BDS (Banda de Delincuentes Subversivos – Bande subversiver Delinquenten), was ihnen erlaubte, bei der Behandlung politischer Gefangener auf die Genfer Konvention zu pfeifen. Dank dieser neuen Bezeichnung wurden wir aber tatsächlich zu gewöhnlichen Gefangenen. Im selben orwellschen Stil tauften sie die Verhaftungszentren und heimlichen Folterlager LRD (Lugar de Reunión de Detenidos – Sammelort für Verhaftete). Der Prozess war eine Farce, dauerte eine halbe Stunde und entbehrte jeder Form. Angesichts der absurden Vorwürfe, die mir gemacht wurden, begnügte ich mich damit, zu antworten, dass ich Mitglied einer Organisation sei, die gegen die Ungerechtigkeit kämpfe. Basta. Ciao. Der Richter fragte, ob ich die Anklagepunkte akzeptiere. Ich verneinte. »Aber wir fanden in ihrer Wohnung …«, insistierte er. Ich gab zurück: »Das ist nicht meine Wohnung.«

Daraufhin überstellten sie mich in die Strafvollzugsanstalt von Villa Devoto in der Calle Bermúdez am Rand von Buenos Aires. Das war ein ungesunder Ort, eine Abfolge hoher Betongebäude aus dem Jahr 1927. Zu meiner angenehmen Überraschung traf ich dort Viviana wieder. Wir hatten davon noch keine Ahnung, aber unser Glück war von nun an, offiziell registrierte Gefangene zu sein. Sobald wir einmal im System waren, wurde es schwieriger – wenn auch, wie wir noch sehen werden, nicht unmöglich –, uns einfach verschwinden zu lassen. Unsere Angehörigen wussten zumindest, was uns passiert war und wo wir waren, im Gegensatz zu Tausenden von Familien späterer Opfer der Diktatur, die nichts erfuhren und von jahrelanger Ungewissheit gequält wurden. Wir hatten das unglaubliche Glück, vor dem Militärputsch verhaftet worden zu sein. Denn erst die Junta ging dazu über, die Repression im industriellen Maßstab durchzuführen, ins Werk gesetzt durch die Triple A. Wir dachten, wir hätten den Horror schon erlebt. Aber das, was Argentinien am Ende der Siebzigerjahre blühte, war weitaus schlimmer.

Trotz der Gefahr, die mit unserem Namen und meinem Status als Subversivem verbunden war, eilte meine Schwester Celia augenblicklich nach Devoto, als sie von meiner Gefangennahme erfuhr. Mein Bruder Roberto war bereit, mir von neuem als Anwalt beizustehen. Das war sehr gefährlich. Der Repressionsapparat griff bereits nach Verwandten von Verhafteten. Seit meiner ersten Verhaftung hatte der Terror zugenommen. Rechtsanwälte von politischen Gefangenen gingen ins Exil oder verschwanden. Manche erschlug man wie Hunde auf der Straße; wieder andere wurden verschleppt. Die Militärs gingen während der bleiernen Jahre in Argentinien immer enthemmter gegen sie vor, sodass von denen, die uns hätten verteidigen können, bald niemand mehr übrig war. Zwei, die die Courage hatten, sich mit der Junta anzulegen, waren die Rechtsanwälte Broquen und Ángel Gerardo Pisarello. Der letztere wurde am 24. Juni 1976 entführt und zu einem weiteren »Verschwundenen« auf der Liste. Seine verstümmelte Leiche wurde mit auf dem Rücken gebundenen Händen wenige Tage später gefunden. Roberto tat sich mit einer weiteren Anwältin, Delia Rodríguez Araya aus Rosario, einer außerordentlich mutigen Frau, zusammen, um meine Verteidigung vorzubereiten. Es war vergebliche Mühe. Ein Prozess konnte genauso gut in tausend Jahren oder überhaupt nicht stattfinden. Wir hatten keinerlei Unterstützung und keinerlei Rechte. Wir waren niemand.

Eines Tages sah ich Viviana wieder. Zwei Freunde hatten uns zu Taufpaten ihres Neugeborenen bestimmt. Das bedeutete, dass die Taufe im Gefängnis stattfinden musste, so dass wir dort zusammenkommen würden, und war es nur für wenige Augenblicke (diese Art List war bald darauf nicht mehr möglich). Wir trafen also am Taufbecken der Kapelle zusammen. Danach sah ich Viviana acht Jahre, drei Monate und dreiundzwanzig Tage nicht wieder, so lange, wie meine Haft dauerte.

Die argentinischen Gefängnisse sind schlimm. Es sind Orte widerlicher Geschäfte. Die Lebensbedingungen in Devoto waren besonders grauenvoll. Eine der häufigsten Todesursachen im Gefängnis war das Lungenödem. Die Wärter prügelten die Gefangenen so brutal, dass ihre Körper gravierende Schädigungen der Lunge davontrugen. Wir waren mehrere in einer Zelle, zusammengepfercht mit gewöhnlichen Gefangenen. Es herrschte eine schreckliche Korruption. Der enorme Etat, den das Gefängnis vom Staat erhielt, sollte für die Bedürfnisse von 3000 Gefangenen reichen, aber die Vorgesetzten füllten sich damit die eigenen Taschen und ließen uns hungern. Das Fleisch, das für uns bestimmt war, wurde an Metzgereien in der Umgebung weiterverkauft. Die homosexuellen Gefangenen wurden von den Aufsehern an begüterte Insassen verkauft, die sie vergewaltigten. Die politischen Gefangenen empörten sich über diese Schweinerei. Wir zeigten sie an, aber nichts änderte sich. Dann entschlossen wir uns zu einem Hungerstreik. Um diesen zu unterbinden, verfrachteten sie uns in andere Gefängnisse. Irgendwie brachten die politischen Gefangenen dieses ganze einträgliche Geschäft durcheinander. Wir waren aufsässig und wir hatten noch Verbindungen zur Außenwelt, sodass wir über die Missstände berichten und sie anprangern konnten. Das machte den korrupten Polizeipräsidenten und seine Clique verrückt, denen gewöhnliche Verbrecher lieber waren, weil sie sich in ihre Lage fügten.

Ich wurde in einer Hercules[103] zusammen mit anderen Genossen zur Strafanstalt in Rawson geflogen, das nahe bei Trelew[104] in Patagonien liegt. Dieser »Umzug« markierte den Beginn dessen, was ich meinen Gefängnistourismus nannte. In acht Jahren wurde ich fünfmal woanders hingebracht: von Devoto nach Rawson, von Rawson nach Devoto, von Devoto nach La Plata, von La Plata nach Sierra Chica und von Sierra Chica erneut nach Rawson. Die Haftbedingungen waren nach jeder Überstellung noch entwürdigender.

Rawson war eine Strafanstalt für Verdammte, eine Art entlegene Strafkolonie, vergessen am hintersten Ende einer feindseligen Welt, gebeutelt von eisigen Atlantikwinden, 1100 Kilometer südlich von Buenos Aires. Ihre Abgelegenheit erschwerte Besuche, machte sie im Grunde unmöglich. Uns von den Verwandten abzuschneiden, war natürlich genau das angestrebte Ziel, neben unserer seelischen, körperlichen und geistigen Zerstörung.

Auch die Religion war in Rawson vertreten, und wie! Der Kaplan – der einen militärischen Grad innehatte – war ein Sadist, der uns als Terroristen, Mörder, linke Schweine behandelte und selbst brutale Verhöre leitete … im Namen Gottes. Er wurde glücklicherweise durch den Erzbischof von Comodoro Rivadavia[105], Monsignore Moure, abgelöst, zu dem ich eine tiefe Freundschaft entwickelte.[106] Argimiro Moure war ein echter Christ. Als er mich das erste Mal zur Beichte rief, gestand ich ihm meinen Atheismus. Er antwortete mir, dass das nicht wichtig sei. Er käme nicht als Missionar, sondern als Mensch, der uns die Möglichkeit geben wolle, einen menschlichen und wohltuenden Dialog zu führen. Die meisten Gefangenen gingen jede Woche zur Messe, um ihn anzuhören.

Der repressive Apparat überwachte nun auch Besucher immer penibler. Zu einem politischen Gefangenen Kontakt zu haben, konnte das Todesurteil bedeuten. Die Eltern von Viviana kamen sie nie besuchen. Sie war nicht, wie ich, verlegt worden (tatsächlich verbrachte sie ihre acht Jahre Haft in Villa Devoto in Zelle 90, 3. Etage, Bereich 5, und sah in dieser ganzen Zeit weder Sonne noch Mond). Wegen der Verhärtung des Regimes und der Echos auf das massive Verschwinden von Menschen, die auch zu ihr ins Gefängnis drangen, ängstigte sie sich um ihre Eltern und flehte sie an, auf der Stelle das Land zu verlassen. Sie lebten in Córdoba. Aber statt ins Exil zu gehen, zogen sie heimlich nach Avellaneda um, einen Vorort von Buenos Aires und tauchten dort unter. Eines Oktobertages 1977 erhielt Stella, eine Freundin aus Kindertagen, die in derselben Gefängniszelle einsaß, Besuch von ihren drei kleinen Kindern. Sie kamen von Avellaneda und überbrachten ihr die schreckliche Nachricht, dass ihr Vater verschwunden war, die Schergen der Repression hatten ihn abgeholt. Auch die Freundin, die die Kleinen bei sich aufgenommen hatte, war ein paar Wochen später verhaftet worden. Ein Rentnerpärchen hatte nach der doppelten Tragödie für sie gesorgt. Einige Tage später ereilte dieses dasselbe Schicksal. Die Kinder waren traumatisiert von dieser Aufeinanderfolge von verschwindenden Menschen und hatten die Namen der Rentner vergessen. Als Viviana von dieser Geschichte erfuhr, stieg in ihr eine furchtbare Vorahnung auf: Dieses Pärchen, von dem die Kinder sprachen, waren der Beschreibung nach ihre Eltern. Ihre Warnung hatte also nichts genützt. Sie waren um die sechzig und hatten in ihrem ganzen Leben noch nie etwas mit Politik zu tun gehabt. Nach ihrer Befreiung erfuhr Viviana, dass ihre Eltern verhaftet und ins Geheimgefängnis Campo de Mayo gebracht worden, anschließend gefoltert und lebendig aus einem Flugzeug in den Río de la Plata geworfen worden waren. Diese Ereignisse spielten sich im September 1977 ab. Ich erfuhr davon, als ich aus dem Gefängnis kam.

Die Erinnerungen an meine verschiedenen Verhaftungen vermischen sich heute miteinander. Jeder Tag war beinahe identisch mit dem vorhergegangenen. Ich erinnere mich vor allem an bestimmte Schlüsseldaten und einige markante Anekdoten. Der Leser möge mir verzeihen, wenn ich sie ohne bestimmte Ordnung zu Papier bringe.

Es gab ein Vorher und ein Nachher des Putsches. 1975 hatten wir Radios, Zeitungen, Besuche, Stunden für den Hofgang. Vom 24. März 1976 an waren all diese Rechte gestrichen. Wir erlebten eine fühlbare Verschärfung der Behandlung politischer Gefangener. Gruppen von Militärs saßen von nun an in den Gängen und zielten mit ihren Waffen auf die Zellennischen. Die Prügelstrafen, Durchsuchungen, Drohungen und Beschimpfungen wurden grausamer.

Ich war zweimal in Rawson. Ich habe nie verstanden, was ich da sollte, auch nicht, welchen Nutzen man sich von diesen ganzen Transporten versprach. Bei meinem zweiten Aufenthalt sperrten sie mich in eine eiskalte Zelle ohne Matratze und Decken, mit der Folge, dass ich an Gelenkrheumatismus erkrankte und noch heute daran leide und dass sich die Hepatitis, die ich mir schon vor der Haft zugezogen hatte, verschlimmerte.

Ich war insgesamt dreieinhalb Jahre im Kerker. Meine längste Zeit völliger Isolationshaft dauerte sechs Monate. Ich ging auf und ab und dachte nach, mehr gab es nicht zu tun. Wir bekamen so wenig zu essen, dass ich keine Kraft hatte, mich körperlich fit zu halten. Ich verlor das Gefühl für Zeit und Raum und nicht nur dafür, was außerhalb des Gefängnisses vor sich ging, sondern auch in dem Korridor, der ein paar Meter von mir entfernt war. Von Zeit zu Zeit gelangte eine Nachricht zu mir. Wenn ein Gefangener im Verlies war, isoliert von den anderen, gelang es uns manchmal, mit ihm Kontakt aufzunehmen, sei es über die Toiletten, sei es durch Mauerritzen oder mittels Morsen. Wenn man eine Nachricht verstand, schlug man einmal gegen die Wand, wenn nicht, zweimal. Dieser Austausch, wenngleich kurz und sporadisch, bewahrte uns davor, völlig durchzudrehen. Einmal hatte ich Halluzinationen. Eine der Zellen, in denen ich eingesperrt war, war dunkel und hatte runde Ecken, aus denen ich nicht herausdurfte. Es gab eine Kellerluke an der Decke, durch die man kaum erkennen konnte, ob es Tag oder Nacht war. In manchen Gefängnissen wurde das Essen durch einen Spalt hereingeschoben. Man sah nicht, wer es brachte. In anderen öffnete ein Wärter die Tür, aber es war eigentlich besser, seinen Gesichtsausdruck nicht sehen zu müssen. Victor Hugo sagt irgendwo, der letzte Mensch werde nicht der Gefangene sein, sondern sein Wächter. Es gibt davon gewiss solche und solche, aber alle waren entsetzlich. Man muss schon eine gestörte Psyche haben, um einen solchen Beruf zu wählen.

Wenn wir nicht in der Einzelzelle dahinvegetierten, waren wir in einer Gemeinschaftszelle zusammengepfercht. Niemand kam uns in dieser Zeit besuchen. Es gab keine Anwälte mehr. Manche Anstalten hatten Gemeinschaftsräume, in denen man uns in wahllosen Abständen die Zeit verbringen ließ. Manchmal kam es vor, dass ein Wärter auf dem Klo eine Zeitung vergaß. Es handelte sich für gewöhnlich um eine Tageszeitung, die schon mehrere Tage alt war, aber sie ermöglichte es uns, ein paar Brocken Information aufzulesen. Über die massive Verhaftungswelle wurden wir durch neu eintreffende Gefangene verständigt, die ebenfalls Opfer von Verschleppungen waren und ab und zu bei uns im Gefängnis landeten. Manche hatten das Glück, als gewöhnliche Gefangene zu gelten. Sie erzählten uns davon, wie die Leute verschwanden, und von den Massakern. Andere verschwanden spurlos. Wir sahen sie niemals wieder. Nach und nach erahnten wir das Ausmaß der Repression.

In regelmäßigen Abständen betraten Folterer die Zellen und vernahmen uns, falls sie uns nicht gleich in einen Folterraum schleppten. Wir hatten eine Methode, um zu verhindern, dass wir sprachen: Wir nannten sie »Coole Fresse, egal was passiert«. Das bedeutete, dass man einen vollkommen leeren Gesichtsausdruck aufsetzte. Denn man wusste nie, was passieren würde. Wenn sie uns fragten: »Hast du dieses Buch gelesen?«, antwortete man: »Nein«. »Du machst Sport?« – »Nein«. »Was für ein fauler Sack. Du machst scheinbar gar nichts!«, schlussfolgerte der Folterer.

Eines Tages kam ein Colonel in Uniform in die Zelle, die ich mir mit einem anderen Häftling teilte. Er fragte ihn: »Du bist ein Montonero?« – »Nein, ich bin Peronist«, antwortete ihm mein Zellengefährte. Die Unterscheidung war wichtig. Montoneros war eine bewaffnete Gruppierung, der Peronismus hingegen eine Bewegung. Der Frager insistierte nachdrücklich. Mein Mithäftling blieb bei seiner Geschichte des Peronisten. Plötzlich wandte der Kerl sich an mich: »Und du, du bist von der PRT?« – »Nein, ich bin Sozialist«, gab ich zurück, dem Beispiel meines Kameraden folgend. Der Trick war, vage zu bleiben und nicht die Zugehörigkeit zu einer Partei zuzugeben.

Es kam auch vor, dass die Befrager mich nach meiner Verwandtschaft mit Che fragten. Diejenigen, die erfuhren, dass ich der Bruder von Che war, kamen, um mich zu sehen. Es schien, als hätte es ihnen die Sprache verschlagen. Ich wurde zu einem exotischen Tier. Das konnte für und gegen mich ausgehen. Die Folgen waren schwer vorherzusagen. Es hing von dem Wärter oder dem Militär ab.

Eines Tages, als ich in Sierra Chica allein in meiner Zelle war, öffnete sich die Tür und ein Typ in Uniform höheren Dienstgrads kam herein. Er bedeutete dem Wärter, uns allein zu lassen. Meine Pritsche war eine Estrichbank. Man brachte mir um 22 Uhr eine Matte, die man mir um 6 Uhr morgens wieder wegnahm. Es war schweinekalt. Wenn einer vom Militär oder ein Wärter in eine Zelle kam, musste der Häftling sich aufrecht zur hinteren Wand stellen, die Hände auf dem Rücken. Nachdem er mich lange angesehen hatte, sagte der höhere Dienstgrad zu mir: »Entspann dich, setz dich.« Er nahm neben mir Platz. Er begann ein Gespräch und fragte mich, ob ich Sport mache, was ich über die Verpflegung dächte und so weiter. Ich antwortete wie gewohnt auf jede Frage mit »nein«. Ich wollte, dass er geht. Ich hatte diesem schmierigen Menschen nichts zu sagen. Als er begriff, dass ich mein Schweigen beibehalten würde, versuchte er, das Eis zu brechen, indem er ausrief: »Du also bist der Bruder von Che!« Dann schwadronierte er lange über Ernesto. Er sprach über die Kunst der Guerilla, darüber, was Che repräsentierte, und schloss mit den Worten: »Was war dein Bruder nur für ein unglaublicher, genialer Typ!« Ich war verblüfft. Dieser Militär war ein Spezialist für Aufstandsbekämpfung, er wusste, dass Che sein Leben dem Kampf gegen brutale Typen wie ihn geweiht hatte, kurz, es war der Feind, für den er mir die größte Bewunderung eingestand. Ein andermal bei einer Vernehmung, kam der Militär gleich zu Beginn auf Che zu sprechen. Er sagte zu mir: »Welch ein Jammer, dass dein Bruder aufs falsche Pferd gesetzt hat! Das war nämlich ein mutiger Mann.« Und er fuhr fort, mir alles zu erzählen, was er über Che wusste, alles, was er gelesen hatte. Man konnte nicht sagen, er wäre ahnungslos gewesen …

Eines Nachts während meines ersten Aufenthalts in Rawson kamen sie, um vier von uns mitzunehmen. Sie sagten uns, dass sie uns zum Marineflughafen Almirante Zar von Trelew mitnähmen, weil sich ein Verwaltungsbereich verschoben habe. Wir waren überzeugt, dass sie uns dort umbringen würden. Auf dieser Militärbasis hatte man am 22. August 1972 sechzehn linkspolitische Gefangene abgeschlachtet. Eine der Methoden, die das Militär benutzte, um die Gefangenen »legal« zu erschießen, war, ihre Flucht vorzutäuschen. Tatsächlich hatte die Junta ein Gesetz für Fluchtversuche erlassen, um diese Art von Blutbädern zu rechtfertigen. Nach einer Weile hielt das Fahrzeug, das in Richtung Basis fuhr, an einem völlig verlassenen Ort. Am Straßenrand stand ein zweites Fahrzeug mit ausgeschalteten Scheinwerfern. Wir mussten aussteigen. Wir sahen uns gegenseitig an und waren uns sicher: Wir waren erledigt. Sie würden uns jetzt unter dem Vorwand eines Fluchtversuchs abknallen.

Tatsächlich aber befahlen sie uns, in den anderen Wagen zu steigen. An der Basis angekommen, stießen sie uns zu einem Kleinflugzeug. Und so kam ich wieder nach Villa Devoto. Man warf mich mit anderen Gefangenen in eine Zelle. Mit den Jahren lernten wir, dass die Militärs die politischen Gefangenen in drei Kategorien eingeteilt hatten: die Resozialisierbaren, die schwer Resozialisierbaren und die Unverbesserlichen. Ich gehörte zur dritten Kategorie. Zugestandenermaßen war ich wirklich kein Vorzeigegefangener. Ich beschwerte mich ohne Ende. Was konnte ich auch anderes tun mit der Erziehung, die ich genossen, und mit dem Bruder, den ich zum Vorbild hatte? Also wanderte ich ins Verließ. Dort kamen sie alle drei oder vier Stunden, traktierten mich mit Eiswasser, bis ich vor Kälte fast einging. Anschließend packten sie mich nass und halb nackt in meine Zelle. Zwischenzeitlich hatten sie mir die Matratze wieder weggenommen und gaben mir nichts zu essen. Die kleinste Belanglosigkeit konnte eine Bestrafung nach sich ziehen, normalerweise Prügel, um dich aus dem Gleichgewicht zu bringen und deinen Willen zu brechen. Bei den meisten von uns funktionierte das aber nicht, weil wir tief verankerte Überzeugungen hatten: Wir waren keine Kriminellen. Wir wussten, warum wir gefangen gehalten wurden. Und darum schafften wir es, in Kontakt zu bleiben. Sie haben die

Kommunikation untereinander nie völlig verhindern oder uns zerstören können. Wir waren mitten im Gefängnis wohl organisiert. Es gelang uns sogar manchmal, zu den mit uns verhafteten Ärzten Kontakt herzustellen.

Bei meiner vierten Überstellung brachten sie mich nach La Plata, das liegt in der Provinz Buenos Aires. Ich vermag das Äußere des Gefängnisses nicht im Detail zu beschreiben: Ich kam nachts in einem Transporter an. Wir wurden mit Schlägen empfangen. Es war ein furchtbares Gefängnis, ein Ort, wo Verschleppte inhaftiert und gefoltert wurden. Sie trennten mich von den anderen und führten mich in das Büro des Gefängnisdirektors. Er hatte mich als Delegierten der Gefangenen ausgesucht, um mir mitzuteilen, dass er keine Probleme wolle, dass er unser Leben und manche unsere Privilegien – anders als die Militärs – respektieren würde, zumindest solange wir uns anständig benähmen. Er wollte ohne Probleme in den Ruhestand gehen können. Tatsächlich wurde er bald von einem Militär abgelöst. Mit zunehmender Repression gerieten die Gefängnisse mehr und mehr unter die Kontrolle der Armee. Zahllose politische Gefangene wie die Montoneros Horacio Rapaport und Ángel Georgiadis waren in La Plata ermordet worden, angeblich bei einem Fluchtversuch. Die Pavillions 1 und 2 waren für Unverbesserliche wie mich reserviert. Es war Sommer, brennend heiß, und wir mussten Gefangenenkleidung aus dickem Stoff tragen, die uns auf der Haut klebte. Es war natürlich verboten, sie auszuziehen. Ich protestierte und wurde in die Einzelzelle gebracht. Mittlerweile war mir das schon zur Gewohnheit geworden. Im folgenden Winter machten sie mit uns das Gegenteil. Man teilte sehr dünne Gefängnisuniformen an uns aus, in denen wir zu Eis froren.

In der Nacht des 22. August kamen die Wärter und brachten fünf Gefangene in den Pavillon für Isolationshaft. Das Datum war symbolisch gewählt wegen des besagten Massakers von Trelew. Wieder einmal glaubten wir, erschossen zu werden, und verloren alle Hoffnung, als der Gefängniswärter auf die Frage des Militärs, der uns eskortierte, wo sich unsere Sachen befänden, antwortete, wir würden sie nicht mehr brauchen. Wir kamen aus unterschiedlichen Zellen, aber wir kannten einander. Es wurde uns klar, dass jeder von uns in anderer Weise als politisch registriert war. Einer war aus Brasilien, ein anderer leitender Montonero, der dritte ein Guerillero, der mit Fidel auf Kuba gekämpft hatte, und einer war Funktionär der PRT. Sie steckten uns in einen Transporter, der nach kurzer Fahrt auf freiem Feld zum Stehen kam. Einmal mehr stand da ein weiteres Fahrzeug am Straßenrand, mit aufgeblendeten Scheinwerfern. Diesmal waren wir sicher, dass wir sterben würden. Doch es passierte nicht! Man verfrachtete uns nach Sierra Chica. Ich erfuhr danach, dass es in derselben Nacht unter den Gefangenen ein Massaker gegeben hatte und unsere kleine Gruppe aus einem Grund, den ich bis heute nicht in Erfahrung bringen konnte, in letzter Minute von den Militärs gerettet worden war. Wir wussten nie, warum sie uns verschont hatten, sind aber zu einem Schluss gelangt: jedes Mal, wenn wir erschossen werden sollten, hatte jemand einen gegenteiligen Befehl erhalten. Die Militärs hatten Einflusszonen, über das ganze Land waren es vier, die wiederum in 19 Subzonen und 117 Sektoren und Untersektoren zerfielen. Jeder General herrschte über eine Zone und hatte das Recht über Leben und Tod der Gefangenen innerhalb dieser Zone zu entscheiden.

Ich verbrachte drei Jahre in Sierra Chica (das sich ebenfalls in der Provinz Buenos Aires befindet). Es war ein fächerartig aufgeteiltes, altes, unheimliches Gefängnis mit zwölf jeweils hundert Meter langen Pavillons. Es war 1890, noch vor der Elektrifizierung, nahe einer Gemeinde namens Olavarría erbaut worden, mitten in der Pampa und umgeben von Steinbrüchen, in denen die Inhaftierten arbeiteten. In der Mitte jedes Pavillons lag ein Innenhof, auf den die Zellenfenster hinausgingen. Um zu verhindern, dass die Gefangenen die Gitterstäbe durchfeilten, war eine der Besonderheiten dieses Gefängnisses, dass die Fenster mit eisernen Klappen ausgerüstet waren, die einen Heidenlärm machten und den Eindruck einer Strafkolonie erweckten. Die Zellen waren konkav, mit achtzig Zentimeter dicken Außenmauern und hölzernen Türen, worin eine Durchreiche ausgespart war. Sie besaßen ein WC und einen Wasserhahn. Es konnten Wochen vergehen, ohne dass man die Zelle verließ. Ich teilte meine mit einem Führungskader der Juventud Peronista, der Peronistischen Jugend, Juan Carlos Dante »El Canca« Gullo, der später pro-kirchnerischer[107] Abgeordneter wurde und dessen Mutter und dann sein Bruder verschleppt wurden. Während unserer Haftzeit wurden sie zu »Verschwundenen«.

Der Pavillon 12 war der »Strafpavillon«. Er war von den anderen vollkommen isoliert. Haus Nummer 11 war der »Todespavillon«. Wir hatten keine Namen mehr. Wir waren einfach Nummern. Ich war die Nummer 449. Eine Zeit lang erlaubten sie uns, dreimal wöchentlich in den Innenhof zu gehen. Es war aber nicht gestattet, in Gruppen zu gehen, sich einem Fenster zu nähern oder stehenzubleiben. Wenn irgendeine Kleinigkeit den Ablauf durcheinanderbrachte, kamen die Aufseher in die Zelle, verwüsteten alles, verprügelten die Häftlinge und spritzten sie mit eiskaltem Wasser ab, was die einzige Form von »Bad« war, die uns in Sierra Chica gestattet war. An einem 24. oder 31. Dezember, ich weiß nicht mehr in welchem Jahr, kamen die Aufseher in die Zelle, die ich mit anderen Gefangenen teilte. Sie fanden Süßigkeiten. Ich erinnere mich nicht mehr, wie sie in unseren Besitz gelangt waren. Das machte sie verrückt, und natürlich landeten wir in der Einzelzelle.

Draußen tobte der schmutzige Krieg in voller Härte. Manche bewaffnete Gruppen wie die Montoneros hatten sich radikalisiert, Verrat wurde mit dem Tod bestraft. Unter Verrat verstanden sie Denunziation, selbst unter Folter. Argentinien erlebte eine Ära der Gräuel, eine teuflische Spirale, in der jeder Tod weitere nach sich zog. Eines Tages hatten sie einen Verschwundenen hergebracht, der Mitglied einer bewaffneten Gruppe war. Er hatte unter Folter gestanden. Die Organisation, der er angehörte, verurteilte ihn zum Tode. Die Militärs ließen ihn einfach in der Löwengrube, unter den Gefangenen, damit sie ihn töteten. Zwischen der Folter durch die einen und der Bedrohung seitens der anderen wurde er zu einem menschlichen Wrack. Die Gruppe von Häftlingen, zu der ich gehörte, sah darin eine derartige Grausamkeit, dass wir beschlossen, ihn zu beschützen, indem wir ihn von den anderen abschirmten und ihm als Schutzschild dienten. Die Aufseher warteten mit Ungeduld darauf, dass die anderen Häftlinge ihn abschlachteten. Aber wir waren wachsam. Wir ließen ihn nie allein. Nach und nach kam er wieder zu Kräften. Doch eines Tages brachte er sich um, indem er sich die Halsvene aufschnitt. Ein Mithäftling, der Psychiater war, erklärte uns, dass er erst wieder auf die Beine kommen musste, bevor er beschließen konnte, dass sein Leben nicht mehr lebenswert war. Sein Tod hat uns tief erschüttert.

Mein Gesundheitszustand verschlechterte sich zunehmend. Ich hatte zusätzlich zu meinem Gelenkrheumatismus einen Leistenbruch und eine Blinddarmentzündung. Man hat mich zweimal operiert, einmal in Sierra Chica, ein andermal in Rawson. Noch im Krankenhaus erlitt ich einen Herzinfarkt.

Wir leiteten untereinander Nachrichten weiter, indem wir winzige Briefe auf Bonbons hefteten, die wir im Mund versteckten. Diese Nachrichten wurden häufig auf der Krankenstation ausgetauscht. Wir warteten den entscheidenden Moment ab, da niemand uns beobachtete, und gaben die Bonbons weiter. Die Kommunikation brauchte Zeit, aber sie funktionierte. Als sie mich das erste Mal auf die Krankenstation brachten, um mich zu operieren, hatte ich eines dieser Bonbons im Mund. Ich war sehr geschwächt. Sie betäubten mich. Als ich erwachte, standen zwei Aufseher um mich herum, und das erste, was ich gefragt wurde, war nicht, ob ich die Operation gut überstanden, sondern ob ich immer ein Bonbon im Mund hätte. Es klebte noch unter meiner Zunge!

Ich war ein weiteres Mal nach Rawson überstellt worden, der letzten und längsten Etappe meiner Gefängnisrundreise. Wir schrieben das Jahr 1979, und die Militärs hatten eine massive Verschiebung von Gefangenen zwischen Sierra Chica und Rawson angeordnet. Die Hercules, die uns hintransportieren sollte, landete wieder einmal auf der bekannten Militärbasis Almirante Zar von Trelew. Als wir die Strafanstalt erreichten, rief ein Aufseher: »Oh, wie ich sehe, haben sie euch gut behandelt in Sierra Chica!« Eine grausame Verhöhnung: Wir waren völlig abgemagert.

Doch trotz all der üblen Behandlungen begannen wir zu glauben, dass wir eines Tages der Hölle entfliehen würden. Wir wussten leider nur nicht, wann. Das Fegefeuer konnte sich noch lange Zeit hinziehen, aber die Dinge begannen sich in eine gute Richtung zu entwickeln. Dank der Bemühungen meiner Schwester Celia erhielt ich kurz hintereinander dreimal Besuch, einmal vom österreichischen Konsul in Buenos Aires, dann von einer Organisation zur Verteidigung der Menschenrechte und schließlich vom Roten Kreuz. Wenn der Umfang und die Grausamkeit der Repression dem Scharfsinn der nationalen Presse auch entgangen waren, so galt das nicht für das Ausland. Exilargentinier arbeiteten unablässig an unserer Causa und klagten die inhumanen Lebensbedingungen in den Gefängnissen an – bis sich die Junta endlich gezwungen sah, partielle Inspektionen ihrer Gefängnisse zuzulassen. Die Militärs glaubten, zwei Fliegen mit einer Klappe zu schlagen. Die Verhaftung so vieler politischer Gefangener würde, so überlegten sie, beweisen, dass die Gerüchte über die illegalen Verschleppungen substanzlos waren. Selbstverständlich erklärte unsere Existenz keineswegs das Verschwinden der Zehntausende von Menschen, die niemand jemals mehr gesehen hat und die in keinem Gefängnis registriert waren. Die Verschwundenen waren eben genau das: verschwunden.

Der Beginn des Falklandkriegs am 2. April 1982 markierte den Anfang vom Ende der Junta. Alles im Land wurde schlimmer und schlimmer. Die Politik des Wirtschaftsministers der Diktatur, José Alfredo Martínez de Hoz, endete in einem Desaster. Die Generäle hatten gedacht, sie könnten den patriotischen Nerv der Bürger ansprechen und sie hinter einer hirnrissigen und verantwortungslosen Invasion der britischen Falklandinseln versammeln, damit sie die Repression, die galoppierende Inflation und die riesigen sozialen Probleme, die nun das Land durchrüttelten, vergäßen. Nach sieben Jahren Militärdiktatur war Argentinien ausgeblutet. Außer dass sie Mörder waren, stellten sich die Generäle als inkompetent heraus, als Nullen. Sie waren kläglich gescheitert. Und der absurde Krieg um die Falklandinseln endete vierundsiebzig Tage später in einer jämmerlichen und demütigenden Niederlage. Die Junta hatte die Reaktion Großbritanniens und der Amerikaner grob fahrlässig unterschätzt. Sie war davon überzeugt, dass zum einen die Premierministerin Margaret Thatcher etwas Besseres zu tun hätte, als die abgelegenen Malwinen zu verteidigen, zum anderen, dass Ronald Reagan seinem südamerikanischen Alliierten zu Hilfe käme oder schlimmstenfalls neutral bliebe, was aber nicht der Fall war.

Das Schicksal der Junta wurde durch das Scheitern ihrer Truppen besiegelt, in denen einige Soldaten an Hunger starben, weil sie vom Kommando nicht ausreichend mit Lebensmitteln versorgt worden waren. Das unsere hingegen begann sich allmählich zu bessern. Wir wussten das aber noch nicht, denn die endlose Propaganda, die auf uns niederprasselte, prahlte natürlich mit regelmäßigen Triumphen, die unsere Armee errungen hätte, und vom angeblich unmittelbar bevorstehenden Sieg. Seit der Invasion wurde uns plötzlich wieder das Recht eingeräumt, Radio zu hören.

Das Verrückteste für mich war zu beobachten, wie manche politischen Häftlinge aus lauter Patriotismus unsere Peiniger verteidigten, genau wie die Junta es sich erhofft hatte.

Die Invasion der Falklandinseln hatte uns gespalten. Diese Häftlinge meinten, es sei wichtig, unsere Armee gegen den britischen Imperialismus zu unterstützen; es gab sogar welche, die sich freiwillig zur Front melden wollten! Wir waren vom blanken Wahnsinn umgeben. Diese Invasion war die wahnwitzige Zugabe, die von der faschistischen Clique, die an der Macht war, gegeben wurde.

Nach der Niederlage bekamen wir plötzlich Besuche von Anwälten, von Menschenrechtsorganisationen und so weiter. Wir merkten, dass die Situation sich beruhigte und Entspannung in der Luft lag. Und dann, am Morgen des 10. März 1983, kam schließlich ein Aufseher zu mir und sagte: »Pack deine Sachen zusammen. Du kommst raus.« Ich glaubte, es wäre ein schlechter Scherz, ein Schwindel. Aber ein paar Minuten später brachten sie mir tatsächlich meine Habseligkeiten. Ohne dass ich es wusste, waren sie immer mit mir mitgereist. Nichts fehlte.

TAGE DER BEFREIUNG

Ich verließ Rawson mit sechsundzwanzig Pesos in der Tasche und einem Busticket von Trelew nach Rosario, das mir die Gefängnisverwaltung mitgegeben hatte. Niemand wartete auf mich, als ich herauskam. Meine ganze Familie war nach Kuba oder Spanien ins Exil gegangen. Von der Iberischen Halbinsel aus leitete mein Bruder Roberto eine Organisation namens MODEPA (Movimiento Democrático Popular Antiimperialista: Demokratische antiimperialistische Volksbewegung), eine der letzten noch existierenden Zweige der PRT, die verschwunden war, verscharrt von der Repression. Meine Schwester Celia kämpfte noch immer von Europa aus für die Befreiung politischer Gefangener.

Sechsundzwanzig Pesos waren jämmerlich wenig. Ich investierte sie in eine Flasche Wein und nahm einen Bus nach Rosario. Dank eines Kontakts wusste ich, wo ich Viviana finden konnte. Sie war soeben freigelassen worden und musste sich jetzt mit dem tragischen Verschwinden ihrer Eltern auseinandersetzen.

Wir waren unter Auflagen auf freiem Fuß, durften also ohne Erlaubnis des Richters nicht verreisen, schon gar nicht ins Ausland. In Rosario wendete ich mich an einen Anwalt, der dafür sorgte, dass ich in Buenos Aires eine Unterkunft fand und anschließend nach Kuba fliegen durfte, um meine

Familie wiederzusehen. Viviana und ich ließen uns in Buenos Aires im Altstadtviertel San Telmo nieder. Zuallererst suchten wir die Wohnung von Vivianas Eltern in Avellaneda auf. Wir fanden sie so vor, wie sie wohl seit dem Tag geblieben war, an dem sie verschleppt wurden. Für Viviana war das ein furchtbarer Moment.

Wir wurden Tag und Nacht überwacht. Ein Wagen, in dem zwei Gestalten saßen, parkte fortwährend in unserer Straße. Die Militärs waren noch immer an der Macht, ihr Proceso de Reorganización Nacional immer noch im Gang[108], auch wenn ihre Tage nun gezählt waren. Die Repression wurde schwächer, flackerte aber ab und zu noch immer auf. Einige Tage nach meiner Freilassung wurden zwei Genossen verschleppt und später als vermisst gemeldet.

Ich wurde vom Gefühl der Verzweiflung und des Scheiterns geplagt. Alle revolutionären Mühen waren zerrieben. Es war die totale Niederlage. Die Junta hatte 30 000 Personen verschwinden lassen; 10 000 andere waren wegen ihrer Überzeugungen eingesperrt worden; weitere Zehntausende Argentinier waren ins Exil geflohen. Der Staatsterrorismus hatte ein Klima der Angst und des Schreckens hervorgebracht. Und überall wurden Menschen denunziert.

Argentinien hatte sich gründlich verändert. Die Jugend war verschreckt, niedergedrückt, amorph. Sie hatte keine Zukunft, keine Hoffnung, keinen Antrieb mehr. Es war ein verheerender Aderlass für das Land. Unsere politischen und gewerkschaftlichen Organisationen waren ausgeblutet. Im Gefängnis hatten wir eine schemenhafte Vorstellung von den Verheerungen, die in unserer Abwesenheit angerichtet worden waren, wir wussten aber nichts Konkretes, das sie bestätigt hätte. Wir hatten die bleiernen Jahre hinter

Gittern verbracht, abgeschnitten von der Welt. Auch Viviana und mir wurde nach und nach klar, wieviel Glück wir hatten, noch vor der organisierten Durchführung der Repression verhaftet worden zu sein. Die Haft war sehr hart gewesen, aber nichts gegen das Schicksal derjenigen, die man verschleppt, gefoltert, lebend aus Flugzeugen in den Ozean oder den Río de la Plata geworfen hatte, derjenigen, deren ganze Familien dezimiert worden waren, nur weil sie mit einem »Subversiven« verwandt waren. Angesichts der Barbarei, die diese Zehntausende von Opfern erlebt hatten, war unsere Haft kaum der Rede wert. Für die Militärs waren politische Gefangene einfach Kriegsbeute.

Wir erfuhren, dass vor der Invasion der Falklandinseln am 30. März 1982 die Menschen überall im Land in Scharen spontan auf die Straße gegangen waren. Mit allem ging es bergab. Die jährlichen Inflationsraten waren auf 924 Prozent geklettert. Die Reihen der Mütter der Verschwundenen, der Madres de la Plaza de Mayo[109], waren bedrohlich angeschwollen. Es war unmöglich geworden, diese mutigen Frauen zu ignorieren, die mit ihren weißen Kopftüchern auf dem Plaza de Mayo ihre Runden drehten. Sie forderten ihre Kinder zurück, lebend. Schlimmstenfalls wollten sie erfahren, was mit ihnen geschehen war, unter welchen Umständen sie gestorben waren und wo sich ihre sterblichen Überreste befanden. Auch die Arbeiterschaft wurde unruhig. Die Arbeitslosenzahl war sehr hoch, die Löhne waren seit Jahren nicht angehoben worden, während die Inflation weiter galoppierte. Die Invasion der Falklandinseln war ein – gescheiterter – Versuch gewesen, wieder an Stärke zu gewinnen und die Initiative zurückzuerlangen. Den Militärs entglitt die Macht.

Die Gefangenschaft war den politischen Häftlingen eine Lehre. Wir hatten zwei Optionen: entweder uns durch die Niederlage geschlagen zu geben, die Flinte ins Korn zu werfen und so alles noch schlimmer zu machen; oder ein Beispiel für Zuversicht zu geben und den Geist am Leben zu halten, der uns vor der Katastrophe beseelt hatte. Am Ende sind beide Alternativen eingetreten. In unseren Reihen kam es zu einer massiven Zahl von Selbstmorden und Depressionen. Viele Gefährten haben den Kampf und ihre Ideen aufgegeben. Aber sie waren nicht die Mehrheit.

Nach der Rückkehr nach Buenos Aires besuchte ich meine Cousine Hercilita, die Tochter einer Schwester meines Vaters. Sie hatte einen vermögenden Mann aus dem Großbürgertum geheiratet, einen gewissen Casares, Eigentümer eines Unternehmens für Milchprodukte, das sich La Martona nannte. Als sie von meiner Freilassung erfuhren, luden sie mich zum Abendessen ein. Sie besaßen eine irre Villa in einem vornehmen Viertel. Als ich dort ankam, stellte Hercilita mir eine Frage, die ich unfassbar zynisch fand: »Jetzt, wo die Militärregierung dabei ist, abzudanken, was werdet ihr Subversive denn machen?« Ich verstand ihre Frage nicht. Ich war zu schockiert über diese Anspielung. Ich hatte gerade acht Jahre Haft hinter mir, ihr Cousin Ernesto war tot, der Rest der Familie, eingeschlossen ihr Onkel (mein Vater), im Exil, und das war alles, was ihr zu fragen einfiel! Ich antwortete: »Die Militärs haben geputscht. Offensichtlich sind *sie* die Subversiven, oder nicht? Warum rufst du nicht einen Militär an und stellst ihm diese Frage?« Und mit diesen Worten schlug ich hinter mir die Tür zu. Wenige Tage später erhielt ich einen Anruf von meinem Onkel. Er war alt und lag im Sterben. Nach dem Verschwinden von Ernesto und während meiner Haft hatte er sich wie ein Schwein benommen. Er bat mich an sein Bett, um mich um Verzeihung zu bitten. »Bitte, gib den Weg frei, dass ich ins Paradies kommen kann«, bettelte er. Ich sagte ihm, er solle sich zum Teufel scheren. Ich hatte die Nase gestrichen voll von dieser Sorte Mensch.

Nachdem ich meine sechsundzwanzig Pesos ausgegeben hatte, besaß ich keinen Heller mehr. Meine Schwester Celia stellte für mich den Kontakt zu einem Mann her, der sich Chevalier nannte, ein Schweizer, der sie bei einer ihrer Kampagnen für politische Gefangene unterstützt hatte. Chevalier schickte mir einen Scheck über fünfzig Schweizer Franken. Nach acht Jahren Gefängnis war ich so desorientiert und ahnungslos, was ausländische Währungen betraf, dass ich in eine Zweigstelle der Schweizer Bank in der Avenida Corrientes ging, weil ich dachte, ich könnte dort meinen Scheck gegen Bargeld eintauschen. Ich fuhr im Aufzug nach oben und war von der Modernität und dem strahlenden Licht überrascht, das von selbst anging, wenn man ihn betrat. Ich war davon überzeugt, dass man es löschen musste, bevor man im Aufzug zu seinem Ziel fuhr. Ich verstand nichts. In der Bank wandte ich mich an einen seriösen Herrn im Anzug und sagte zu ihm, ich hätte Schweizer Franken. »Wieviel?«, fragte er und dachte offenbar, es handle sich um eine größere Summe. »Fünfzig.« Er sah mich ungläubig an. Er hielt mich sicher für einen kompletten Armleuchter und wies mir den Weg zu einer Wechselstube. Chevalier schickte mir weiterhin Geld, damit ich wieder auf die Beine kam.

Sobald ich die behördliche Genehmigung in den Händen hatte, zog ich nach Kuba. Meine Kinder Martín, Pablo und Ana sind bei ihrer Mutter aufgewachsen, ohne mich. Sie standen Ernestos Kindern nahe. Mein Vater hatte wieder geheiratet, eine argentinische Künstlerin, jünger als er, mit der er drei kleine Kinder hatte. Ich verbrachte ein paar Wochen in Havanna, während derer ich mit Verlegern in Kontakt kam – dank meiner Schwester Celia und ihrer zahlreichen Verbindungen. Das war ein bittersüßes Erlebnis. In meiner Abwesenheit war Che zu einer historischen Persönlichkeit geworden, einer mythischen Figur, deren Heldentaten in den Schulen gelehrt wurden. Sein Bruder zu sein, öffnete mir hier, im Gegensatz zu Argentinien, alle Türen.

Ich hatte beschlossen, kubanische Bücher zu verkaufen und herauszugeben, die man in Argentinien nicht bekommen konnte. Meine Familie verbanden starke und enge Beziehungen mit Kuba. Fidel behandelte uns, als gehörten wir zu seiner Familie. Das war seine Art, seinem ermordeten Freund Ehre zu erweisen. Diese privilegierten Beziehungen ermöglichten mir den Zugang zur Welt der kubanischen Kultur.

Ich ging wieder nach Buenos Aires. Meine Kinder waren bereits dort und kehrten schließlich sehr schnell wieder nach Kuba zurück: Ihr Leben spielte sich von nun an auf der Insel ab. Argentiniens Militärdiktatur lag in Trümmern.

Ich fing also an, in einer Buchhandlung in der Avenida Corrientes zu arbeiten, einer der wichtigsten Handelsarterien in Buenos Aires, zusammen mit meinem Freund, dem Verleger und Buchhändler Carlos Damián Hernández. In jenen Tagen trat ein Handelsvertreter der kubanischen Botschaft an mich heran, der mich darauf brachte, unverlegte kubanische Bücher zu verkaufen, und so wurde ich zum Repräsentanten des Instituts für Bücher und kubanische Ausgaben. Anschließend eröffneten wir ein Kulturzentrum namens Nuestra América. Wir hatten augenblicklich Erfolg. Von der Kubanischen Revolution zu sprechen war so lange verboten gewesen, dass die Argentinier nun vor Neugier vergingen. Sie wollten ihre Erinnerung zurück. Ich organisierte ein Buchfestival, und die Leute kamen in Scharen. Sie saßen da und blätterten stumm in den Büchern, unfähig zu sprechen, sich öffentlich zu äußern. Die Repression hatte sie gelehrt, den Mund zu halten. Wir hatten so viele Diktaturen und Verfolgungswellen hinter uns, dass sie nicht mehr sicher waren, ob die neue Demokratie halten würde. Es war gruselig.

Als die Sowjets Wind vom Erfolg des Festivals bekamen, luden sie mich ein, auch in Moskau eines zu organisieren. Ich lehnte ab. Ich hatte mit diesem fanatischen Land nichts zu schaffen. Zudem hatte bereits Che die UdSSR angeprangert und sogar ihren Zusammenbruch vorhergesagt. Er hatte sie »Kortison« getauft, wegen ihrer schmerzstillenden Wirkung. Nach seiner Überzeugung hatte sich der sowjetische Kommunismus verfahren. Er ergab folglich keinen Sinn mehr. »Wenn der Kommunismus sich nicht für das Bewusstsein interessiert, kann er eine Methode der Verteilung sein, aber er besitzt keine revolutionäre Moral mehr«, hatte er zu dem Journalisten Jean Daniel gesagt.[110]

Nach und nach ging ich zum Verkauf anderer kubanischer Artikel über: Rum, Guavenmarmelade und Zigarren, vorwiegend solche, die man in Argentinien nicht bekommt. Von da an ging es Schlag auf Schlag. Ich wurde der erste Importeur von Havannas. Die kubanische Gesellschaft Habanos S.A. schlug mir vor, vollhaftender Teilhaber zu werden. Später wurde ich einer ihrer Vizepräsidenten. Ich flog zwischen Buenos Aires und Havanna hin und her. Der Zigarrenhandel verschaffte mir die Möglichkeit, weiterhin Bücher zu verkaufen und herauszugeben. Aus mir wurde eine Art Geschäftsmann. Ich importierte Millionen von Havannas, die ich in 1500 Verkaufsstellen vertrieb, von Nord bis Süd, bis nach Ushuaia in Feuerland. Ich lernte Marketing und Werbung. So kam ich auf die Idee, in Tankstellen, Duty-Free-Shops, Kiosken und Supermärkten Humidore einzurichten. Aus Kuba ließ ich *torcedores* (Zigarrenrollerinnen) kommen, die Vorführungen gaben; zudem veränderte ich die Präsentation der Packungen, um sie attraktiver zu machen. Ich steckte sie in hübsche Röhren oder verpackte sie in Zellophan.

Und dann, im Jahr 2000, als man vierzig Prozent der Anteile von Habanos S.A. an die Spanier (an den Tabakkonzern Altadis) verkaufte, zog ich einen Schlussstrich unter die Zusammenarbeit. Ich war nicht damit einverstanden. Die Situation auf Kuba war damals sehr kompliziert. Eines Tages entdeckte ich zufällig Schmuggelware in einer Zigarrencharge, die aus dem Norden des Landes kam und nach Europa gehen sollte. Ich glaube, es war Kokain, auch wenn ich es nie mit Gewissheit erfuhr. Ich fragte einen Freund, der Beziehungen zum Zoll hatte, ob er eine Untersuchung veranlassen könne. Der Zoll antwortete mir, dass eine Untersuchung Geld kosten würde. Ich gab ihnen die entsprechende Summe. Drei Tage später verabredete mein Freund sich mit mir. Er gab mir das Geld zurück und sagte: »Sie wollen weder etwas unternehmen noch etwas davon wissen.« Es war ja auch eigenartig, dass die Drogenspürhunde vom

Zoll nichts bemerkt hatten. Ich musste außerdem feststellen, dass die Havannas gar nicht die echten waren: Sie waren Schmuggelware! Es war beängstigend.

Ich beschloss, mit dem Geld, dass ich bei Habanos S.A. verdient hatte, in meinem Viertel Las Cañitas in Buenos Aires *Epicúreos* zu eröffnen, einen Ort, der als Restaurant und Boutique für Wein und Zigarren fungierte. Das Ganze entpuppte sich als Initiative von trauriger Gestalt, die keine sechs Monate überlebte, mir das Leben schwer machte und sämtliche Ersparnisse auffraß. Das Geschäft funktionierte nicht, weil keiner kam. Was mich so schmerzte, war nicht so sehr das Geld, das ich in dem Laden versenkte, sondern das Gefühl des Misslingens. Ein paar Monate nach meiner Freilassung aus dem Gefängnis verkaufte ich Zigarren im Wert von 600 000 Dollar im Monat, reiste und traf einen Haufen spannender Leute. Naiv, wie ich war, dachte ich, ich könnte diese Erfahrung mit *Epicúreos* wiederholen. Das war ein Irrtum. Zigarren verkaufen ist ganz und gar nicht dasselbe wie ein Restaurant zu bewirtschaften. Ich hatte soeben meine erste berufliche Schlappe erlebt.

NACH HAVANNA FLIEGEN

Mein Vater war der Erste aus der Familie, der, 1974, nach Kuba auswanderte. Er hatte große Geldsorgen. Mit seiner neuen Frau Ana María »Tutti« Erra und ihren beiden Kindern María Victoria und Ramón wohnte er in seinem Appartement in der Calle Paraguay. Zu der Zeit waren seine Frau und er Kunstmaler. Sie gingen nie aus. Mein Vater hatte zudem beschlossen, ein Buch mit Erinnerungen an Ernesto zu veröffentlichen. Die komplizierten autorenrechtlichen Probleme waren aber noch nicht gelöst. Roberto, Celia, Ana María und ich waren mit der Veröffentlichung des Buchs nicht einverstanden, das uns mehr das Ego unseres Vaters zu streicheln als eine Übung in Erinnerung zu sein schien. Ich hatte den Verdacht, dieses Projekt war für ihn eine Art zu sagen: »Ich bin nun einmal der Vater des berühmten Revolutionärs, und ich verdiene mein Geld mit dem, was mir rechtmäßig zusteht.« Das Buch korrigierte hier etwas und beschönigte da etwas und war somit nichts, worin die Ideale meines Bruders fortlebten. Mein Vater hatte zum Beispiel die Idee, Ernestos Briefe anzuhängen, aber die Passagen wegzulassen, die ihren Konflikt betrafen. Ich hingegen meinte, man müsse die Briefe vollständig, einschließlich der weniger schmeichelhaften Absätze, veröffentlichen. Kurz, sein Vorhaben ärgerte mich. Mein Vater wusste, dass er behaupten konnte, was er wollte, wir würden ihm öffentlich nie widersprechen. Als Ernesto uns von seinen Reisen schrieb, kriegten er und mein Vater sich mehrfach über Politik in die Haare. Ernesto sprach wiederholt von »deinen Yankee-Freunden«; aber als Ernesto dann zum Mythos wurde, änderte mein Vater seine Einstellung und schimpfte auf die USA, diese Imperialisten. Ich wusste nie, ob er das aus Berechnung tat oder aus Überzeugung. Natürlich war es sein gutes Recht, seine Ansichten zu ändern. Wer weiß? Womöglich war es Ernesto gelungen, ihn umzustimmen. Immerhin besaß er großes Überzeugungstalent.

Roberto ist nicht meiner Meinung, und es kommt immer noch vor, dass wir uns wegen unseres Vaters streiten. Mein Bruder meint, ich sei zu streng mit ihm. Möglicherweise stimmt das. Ich habe als Jüngster andere Erfahrungen gemacht als meine Brüder und Schwestern. Ich verbrachte ganze Jahre allein mit meiner Mutter und sah, wie sie, die ohnehin schon krank war, unter der Trennung litt. Mein Vater war ein äußerst vielschichtiger und schwer zu durchschauender Mensch. Er hatte eine Menge Freunde und Beziehungen. Er passte sich an alle Situationen an und war bei vielen sehr beliebt. Es fehlte ihm nur eine Qualität. Welche? Das war die Eine-Million-Dollar-Frage. Ich zankte mich immer wieder mit ihm. Ich warf ihm seine Unreife vor. Eine Zeit lang sprach ich praktisch nicht mehr mit ihm. Tatsache ist, dass in den Siebzigerjahren das Klima zwischen uns vergifteter wurde. Damals hatte ich begriffen, dass wir so nicht weitermachen konnten, wenn wir einen Schein von Familienzusammengehörigkeit bewahren wollten. Ich musste eine Entscheidung treffen: ihn akzeptieren, wie er war, oder ihn nicht mehr sehen. Ich wählte das Erste.

Im fortgeschrittenen Alter von immerhin dreiundsiebzig Jahren schlug er sich mit den unlösbaren Problemen Argentiniens herum und kämpfte an mehreren Fronten gleichzeitig. Seine beiden kleinen Kinder konnten nichts dafür und litten darunter. Zu allem Übel kämpfte er aktiv für die kommunistische Organisation Movimiento Nacional de Defensa del Petróleo y la Energía (deren Mitglied meine Mutter gewesen war). Juan Perón war damals an der Macht und verfolgte die extreme Linke. Wir fühlten, wie sich der Schraubstock zusammenzog, in dem unsere Familie eingeklemmt war. Nicht nur war die politische Situation problematisch für einen Guevara – die Art und Weise, wie mein Vater darauf reagierte, tat ein Weiteres, um die Gefahr zu vergrößern. Wir wussten nie, welche schicksalhaften Worte er hervorstoßen, wie unvernünftig er sich verhalten würde. Anfang 1974 hatte die furchtbare Triple A ja bereits mit ihrem Terror begonnen.

Dann kam mir die Idee, ihn nach Kuba zu schicken. Seine Probleme würden sich in Wohlgefallen auflösen, sobald er den Fuß auf Havannas Boden setzte. Immerhin war er der Vater von Che. Roberto wollte damit nichts zu tun haben. Für ihn war es riskant, zugunsten der Insel Stellung zu beziehen. Ana María hatte sich dort bereits eingerichtet: Ihr Ehemann Fernando Chaves war 1972 während der Militärdiktatur von Alejandro Agustín Lanusse[111] des Landes verwiesen worden. Fernando war Professor an der Universität und kämpfte ebenfalls auf Seiten der PRT. Er war inhaftiert und wieder freigelassen worden mit der Auflage, das Land zu verlassen. Am Tag ihrer Abreise ins Exil begleitete die ganze Familie sie zum Flughafen Ezeiza. Wir waren alle gefilzt worden. Eine Armee von Offizieren und vermutlich auch einige Schergen der Triple A waren vor Ort. Meine Schwester Celia hatte sie mit einer äußerst beleidigenden Geste[112] bedacht, aber so war Celia eben, tollkühn, immer dagegen, immer eine große Klappe.

Ich unterbreitete meinem Vater meinen Vorschlag oder vielmehr, ich ermahnte ihn dringend, auszureisen, um uns vor dem Damoklesschwert zu befreien, das in seiner Anwesenheit in Buenos Aires in dieser Zeit über uns schwebte. Er widersprach nicht. Daraufhin kontaktierte ich Fidel, der seine Ankunft vorbereitete. Fidel hat uns immer wie Angehörige behandelt und uns in schwierigen Zeiten geholfen. Ich organisierte die Abreise, und eines Tages im Februar 1974 flogen mein Vater und seine neue Familie nach Havanna. Sie wohnten zuerst im Hotel Habana Libre, dem Ex-Hilton, wo wir 1959 abgestiegen waren. Danach gewährte Fidel ihnen das Nutzungsrecht für ein Haus an der Calle Séptima 7617 im Stadtviertel Miramar. Kuba nahm sich meines Vaters an – als Dank dafür, dass er ihm seinen Sohn geopfert hatte.

In Havanna schlüpfte Ernesto Guevara Lynch wie selbstverständlich in die Rolle des »Vaters von Che«, ein Zustand, der rasend schnell seine Hauptbeschäftigung, um nicht zu sagen, sein Beruf wurde. Über die Maßen stolz auf Ernesto, stand er bereit, um vom Nationalheldenstatus seines Erstgeborenen zu profitieren. Als die Kubaner erfuhren, dass Ches Vater unter ihnen lebt, kamen sie und erwiesen ihm ihre Reverenz wie einem Würdenträger. Im nicht versiegenden Strom der Besucher waren auch ausländische Touristen, sozusagen im politischen Sommerurlaub. Sie klopften normalerweise unangekündigt an seine Tür. Mein Vater empfing sie alle. Sie fragten ihn, ob er Architekt sei, und er antwortete »Ja!«, und Ingenieur: »Ja!«, Vater von Che!? »Ja, ja, ja, sicher!« Auf Kuba der Vater von Che zu sein war überirdisch. Das verschaffte augenblicklich eminente Bedeutung. Als ich dort war, habe ich niemals kundgetan, dass ich der Bruder von Che bin. Trotzdem suchten die Leute meine Nähe, sobald sie davon erfuhren. Ernesto wurde eben verehrt, und ein Teil dieses Kults fiel auch auf uns zurück. Es war beeindruckend.

Mein Vater lebte vom kubanischen Staat, der fortan alle seine Probleme löste. Er bekam sogar, mit fünfundsiebzig Jahren, ein drittes Kind, Ramiro. Ein Jahr später, als Argentinien unaufhaltsam auf eine weitere Diktatur zusteuerte, schickte ich meine Frau und meine Kinder nach Kuba. Dieses Exil hatte den Vorzug, dass meine Kinder mit ihren Cousins, die sie kaum mehr kannten, wieder zusammenkamen.

Roberto und seine Familie zogen als nächste fort. Roberto war schon von seiner Reise nach Vallegrande im Jahr 1967 gezeichnet. Ernestos Tod hatte ihn sehr mitgenommen und ihn zugleich in seinen Überzeugungen bestärkt. Seine Parteinahme für die militante Linke war energischer geworden, sein Aktivismus hatte an Tiefe gewonnen. Meine aufeinanderfolgenden Festnahmen und die brutale Repression hatten ihn dann endgültig vom kämpferischen Engagement überzeugt. Sein älterer Bruder hatte gelebt, gekämpft und war für seine Ideale gestorben; ich, sein jüngerer Bruder, hatte für die seinen im Kerker gesessen. Er konnte nicht ungerührt bleiben. Trotz des Risikos hatte er versucht, meine Verteidigung zu gewährleisten und sich mit einem anderen Anwalt zusammengeschlossen, Gustavo Roca[113], einem

Freund Ernestos, der Spezialist für Strafrecht war und für die Menschenrechte kämpfte. Auch die anderen Berufskollegen, mit denen er einen regelmäßigen Kontakt arrangiert hatte, waren wegen ihrer Verteidigung von Montoneros oder Mitgliedern anderer revolutionärer Gruppen hochgradig gefährdet.

Ich bat Roberto auszuwandern, meine Verteidigung einzustellen. Anfangs lehnte er es entschlossen ab. Ich wollte nicht auch noch den einzigen Bruder verlieren, der mir geblieben war. Er auch nicht. Unser Wunsch, einander zu beschützen, führte uns in eine Sackgasse. Er hatte die allergrößten Skrupel, mich meinem Schicksal zu überlassen. Gleichzeitig hatte er aber auch eine Frau und fünf Kinder, die ebenfalls seines Schutzes bedurften. Da ich darauf bestand, fügte er sich am Ende. Die Bedrohung hatte sich potenziert. Roberto sah schließlich ein, dass es für ihn nur zwei Möglichkeiten gab: zu verschwinden wie die anderen, oder ins Exil zu gehen. Er flog zuerst nach Kuba, dann nach Spanien. Er reiste viel und versuchte, das Ausland gegen die Militärs und seine Grausamkeiten zu mobilisieren. Er kämpfte für die PRT, und die Exil-Argentinier wählten ihn zu deren Präsidenten.

Im Oktober 1981, als er an einer Konferenz in Mexiko teilnehmen wollte, wurde er verhaftet. Die Mexikaner beschuldigten ihn, an der Entführung der Nichte des Präsidentschaftskandidaten der PAN[114], Pablo Emilio Madero, beteiligt gewesen zu sein. Man warf ihm vor, er habe Gelder für die PRT erpressen wollen. Einige Wochen später wurde er aus Mangel an Beweisen freigelassen. Es braucht hier nicht erwähnt zu werden, dass mein Bruder Roberto niemals irgendjemanden entführt hat. Nichtsdestotrotz schien es offenbar legitim, wenn man jemanden mit unserem Namen für alles und nichts beschuldigte. Wir waren von Haus aus gefährliche »Subversive«. Doch je mehr man uns zu Unrecht beschuldigte, umso mehr widerte uns das System an und wir bekamen Lust, uns dagegen aufzulehnen.

Celia floh als letzte. Wie wir alle trug sie schon das Kainsmal auf der Stirn und verschlimmerte ihre Situation noch dadurch, dass sie mich regelmäßig im Gefängnis besuchte. Sie hatte sogar die Dreistigkeit, nach Rawson zu kommen, eine hochgradig symbolische Geste, die ihre Entschlossenheit, ihren Mut und ihre rebellische Einstellung zeigte, Qualitäten, die der repressive Apparat natürlich nicht dulden konnte. 1975 erreichten die Gräuel der Triple A ihren Höhepunkt. Aus schierem Trotz und weil sie es nicht übers Herz brachte, mich im Stich zu lassen, hatte Celia den Rhythmus ihrer Besuche beibehalten. Nach dem Putsch flehte ich sie an, sie abzubrechen. Bezaubernd starrköpfig, wie sie war, wies sie das von sich. Von März 1976 an konnten wir spüren, wie die Repression schärfer wurde. Indem sie das Kommen und Gehen der Besucher überwachten, konnten die Militärs die Verwandten und Sympathisanten zurückverfolgen, die in ihren Augen sofort zu Mitschuldigen wurden. Und dann ließen sie sie verschwinden. Die massiven Verschleppungen begannen in dieser Zeit, und man ist Schritt für Schritt unserem Kreis immer näher gekommen. Eines Tages wurde ein Freund von Celia vor den Augen von Zeugen auf der Straße entführt. Von diesem Moment an war ich sicher, dass sie die Nächste sein würde. Jetzt war ich es, der fürchtete, er könnte eine Schwester verlieren. Sie war auch noch so unvorsichtig, herzukommen und mir von der Entführung ihres Freundes ins Gefängnis zu erzählen. Und so las ich ihr die Leviten:

»Bist du verrückt? Was machst du denn hier? Ich bin schon im Gefängnis, reicht das denn nicht? Du kannst nichts für mich tun! Hau endlich ab, geh weg von hier.«

Ich war erleichtert, als sie sich im August 1976 endlich entschied wegzugehen, nachdem die Militärs, die ihre Repressalien in kleinen *Grupos de tareas* (Gruppen für bestimmte Aufgaben) durchführten, ihre Wohnung verwüstet hatten. Sie nahmen mit, was sie konnten, und zerstörten das, was zurückblieb. Gelegentlich nahmen sich die Unterdrücker auch Unschuldige vor, deren Besitz sie begehrten. Ich unterstelle natürlich nicht, dass es Schuldige und Unschuldige gab, ich spreche von Leuten, die sich politisch gar nicht betätigten und dennoch von der repressiven Flutwelle mitgespült wurden.

Celia wurde tatsächlich Opfer von Einschüchterungen, seit November 1975 bekam sie anonyme Telefonanrufe. Als sie mich im Gefängnis besuchte, wurde sie von den Aufsehern bedroht. Sie kämpfte ja lautstark und vehement für die Befreiung politischer Gefangener. Und während dieser ganzen Zeit war sie allein. Ihr Ehemann Luis, von dem sie sich getrennt hatte, war mittlerweile verstorben.

Sie floh Hals über Kopf zu Fuß über die Grenze nach Uruguay (der Flughafen Ezeiza wurde extrem überwacht). Nach Uruguay zu kommen, bedeutete nicht unbedingt Freiheit: Das Land unseres Nachbarn im Norden war ebenfalls vermintes Terrain. Tatsächlich hatte Argentinien mit den Anrainerstaaten soeben ein Auslieferungsabkommen für »subversive Elemente« erwirkt. Doch sie schaffte es unbemerkt über die Grenze.

Begleitet von ihrem Mann Carlos hatte unsere Freundin Olga den Mut, in Celias Wohnung zu gehen, gleich nach deren Untertauchen. Sie wollte sehen, was sie nach der Plünderung noch retten konnte. Während sie sich die Schäden ansah, klingelte das Telefon. Nach ein paar Sekunden des Zögerns und einem flüchtigen, vielsagenden Blick nahm Carlos den Hörer ab. Während der bleiernen Jahre konnten die harmlosesten Handlungen dein Leben in Grauen verwandeln. Der Anrufer, der sich als Roberto ausgab, fragte nach Celia. Carlos wusste sofort, dass diese Stimme nicht die meines Bruders war. Die Männer der *Grupos de tareas* wussten, wie es schien, dass er oft mit Celia telefonierte, aus Kuba oder von woanders her. Glücklicherweise wussten sie offenbar nicht, dass Celia über die Grenze geflohen und weit weg war. Carlos gab vor zu glauben, er habe Roberto am anderen Ende, und antwortete, dass sie weggegangen sei, um einen Kurs zu besuchen, und sicher bald zurückkomme. Olga bekam Angst. Sie machten sich aus dem Staub, ohne irgendetwas mitzunehmen.

Ende des Jahres 1976 war meine Familie, mich ausgenommen, auf diese Weise in Havanna wieder vereint. Ich war in Rawson glücklich, sie außer Reichweite der Militärjunta zu wissen. Celia hat sich nicht auf Kuba niedergelassen, sondern ist fast unmittelbar danach nach Spanien gegangen, auf der Suche nach Anwälten, die bereit waren, die politischen Gefangenen zu verteidigen. Von 1976 bis 1982 durchpflügte sie ganz Europa, um die Menschen auf die schrecklichen Vorgänge in Lateinamerika aufmerksam zu machen, gab Interviews und hielt Vorträge, wo immer sich Gelegenheit dafür bot. Sie verbrachte lange Monate in Paris und in der Schweiz. Wie Ernesto sprach sie Französisch, hatte aber bald keine Lust mehr, sich andauernd in einer fremden Sprache auszudrücken. Das Exil ist nicht leicht. Sie war völlig pleite, konnte ihren Beruf als Architektin nicht ausüben und lebte von der Großzügigkeit guter Menschen. Häufig musste sie auf dem Sofa schlafen, da sie immer bei anderen wohnte. Sie hatte von mir ein Porträt auf einem Poster machen lassen, das sie fortwährend mit sich herumtrug, zusammen mit einem Foto von Ernesto, das jeden Abend an ihrem Schlafplatz neben ihr lag, damit sie es vor dem Einschlafen betrachten konnte. Ich glaube, dass sie sich sehr einsam fühlte.

Sie kehrte ein paar Monate nach der Wahl von Raúl Alfonsín am 30. Oktober 1983 aus dem Exil zurück. Roberto kam kurz danach. Ana María und mein Vater zogen es vor, in Havanna zu bleiben. Nach meiner Entlassung aus dem Gefängnis sah ich sie regelmäßig, weil ich beruflich zwischen Argentinien und Kuba hin- und herpendelte. Mein Vater hing sehr an meinen und Ernestos Kindern, vor allem an dem Jüngsten, der seinen Vater praktisch nicht mehr gekannt hat. Sie fragten ihn über Che Löcher in den Bauch, und er schilderte ihnen liebend gern Ches Kindheit, seine Jugend, seine Liebschaften und Reisen.

Mein Vater starb im April 1987 im Alter von siebenundachtzig Jahren, nachdem er einige Wochen zuvor eine Hirnblutung erlitten hatte. Als er den Schlaganfall bekam, lag ich selbst krank in Havanna und befand mich in einem erbärmlichen Zustand. Nachdem ich in Argentinien schwer erkrankte und keine Krankenversicherung hatte, war ich ein paar Tage zuvor auf Robertos Drängen nach Kuba transportiert worden. Der sechsstündige Flug war furchtbar und kam mir endlos vor. Man hatte drei Sitze für mich reserviert, damit ich liegen konnte. Ich glaubte, ich würde niemals ankommen. Ich litt an einer sehr seltenen Krankheit, dem

Guillain-Barré-Syndrom, das statistisch einen unter einer Million trifft und die peripheren Nervenbahnen schädigt, was sich durch Schwäche und fortschreitende Lähmungserscheinungen bemerkbar macht.

Als wir endlich in Havanna aufsetzten, erwarteten mich auf dem Rollfeld bereits ein Ärzteteam und ein Krankenwagen. Ich hatte drei Monate lang sehr gelitten. In dieser Zeit schied mein Vater auf einem anderen Stockwerk des Krankenhauses auf kleiner Flamme dahin. Ich war zu schwach, um mein Bett zu verlassen, und habe ihn nicht mehr gesehen. Er war ohnehin kaum mehr bei Bewusstsein. Ich erfuhr eines Morgens aus dem Fernsehen von seinem Tod. Die Krankenschwester, die zu diesem Zeitpunkt in meinem Zimmer war, rannte los, um den Fernseher auszuschalten. Zu spät. Ich konnte nicht mehr zu seinem Begräbnis gehen. Er ruht im Pantheon für Militärangehörige in Havanna, zusammen mit meiner Schwester Ana María, die drei Jahre danach an Knochenkrebs starb.

Was habe ich mich mit meinem Vater gestritten! Nach meiner Freilassung hatte er die Schnapsidee, die Korrespondenz während meiner Jahre in der Haft zu publizieren. Seiner Meinung nach waren die Briefe von besonderem Interesse: Ich schrieb von dort in einem Code, um Repression und Zensur zu unterlaufen. Ich war zum Experten geworden in der Kunst, Dinge zu erzählen, ohne sie direkt beim Namen zu nennen. Mein Vater fand meine Briefe exzellent und wollte sie der Öffentlichkeit zur Verfügung stellen. Als er mir bei der Entlassung ihre Publizierung vorschlug, explodierte ich. Ich konnte nicht begreifen, wie ihm eine solche Idee überhaupt durch den Kopf gegangen sein konnte. Es ging schließlich um private Post zwischen ihm und mir.

Ich denke, mein Wutausbruch hat ihn erschreckt. Jedenfalls hat er es aufgegeben.

Nach seinem Tod setzte ich meine Pendelreisen zwischen Buenos Aires und Kuba fort. Ich bekam engen Kontakt zu meinen Neffen und Nichten. Aber ich bin – und das bedauere ich bitter – Fidel nicht nähergekommen. Ich wollte aus unserer Beziehung niemals, außer in Ausnahmefällen, Gewinn ziehen. Vielleicht dachte ich, dass das die Ehre meines Bruders antasten könnte, der so integer war und eine ausgeprägte Aversion gegen Privilegien aller Art hatte.

Dafür lernte ich Raúl Castro und seine Frau Vilma Espín Guillois näher kennen. Vilma war in Kuba eine sehr wichtige Frau. Sie kam aus einer wohlhabenden und einflussreichen kubanischen Familie (ihr Vater war einer der Anwälte der Firmengruppe Bacardi) und hatte ein exzellentes Studium am renommierten MIT[115] hingelegt, wo sie ihr Diplom als Bauingenieurin bekam. Bei ihrer Rückkehr nach Kuba schloss sie sich in der Provinz Oriente der Bewegung des 26. Juli an und kämpfte furchtlos mit der Waffe in der Hand. Als Präsidentin der Federación de Mujeres Cubanas, der 1960 gegründeten Vereinigung kubanischer Frauen, war sie, bevor sie im Jahr 2007 starb, eine sehr starke, sehr streitbare Frau, eine Feministin, die Wunder zugunsten der Frauen- und Homosexuellenrechte vollbrachte. Vor Fidel war Kuba ein Land reinrassiger und verbohrter Machos. Vilma trug dazu bei, dass sich diese Mentalität veränderte. Ihre Tochter Mariela ist Direktorin des Centro Nacional de Educación Sexual; ihr Sohn Alejandro ist Colonel beim Ministerium des Inneren. Mariela ähnelt viel mehr ihrer Mutter als ihrem Vater. Raúl ist vor allem ein Militär. Er spricht nicht, er bellt Befehle. Ich kam mit der Familie in sehr engen

Kontakt. Wenn ich während dieser Jahre auf Kuba war, beherbergten sie mich immer in ihrem kleinen Haus.

Fidels jetzige Frau, Dalia Soto del Valle, kenne ich dagegen nicht. Sie war der Öffentlichkeit ohnehin lange unbekannt gewesen. Fidel hielt sein Privatleben immer sehr diskret. Er schien keinerlei gesellschaftliches Leben zu haben, ging selten aus dem Haus, abgesehen von seinen offiziellen Terminen, auf die seine Gattin ihn nie begleitete. Lange hieß es, er stünde der Revolutionärin Celia Sánchez sehr nahe. Vielleicht stimmte das. Ich glaube eher, Fidel wurde von Fragen der Sicherheit getrieben. Seine Kinder wurden erst sichtbar, als sie erwachsen waren. Man wusste kaum, wer sie oder wie viele es überhaupt waren. Fidel Castro hat elf Kinder von sieben Frauen, von denen er zwei geheiratet hat. Ich hatte Gelegenheit, seinen Sohn Alejandro zu treffen.

Das einzige Mal, als ich mich direkt an Fidel wandte, um ihn um einen Gefallen zu bitten, war 1984, weil ich wollte, dass meine Tochter Ana nach Kuba zurückging. Sie hatte mehrere Jahre auf der Insel gelebt, war mit ihrer Mutter nach Buenos Aires zurückgekehrt, konnte sich aber nicht an Argentinien gewöhnen. Ich schrieb Fidel. Er antwortete mir umgehend mit einem sehr liebevollen, schönen Brief, dem ein Geschenk beilag. Nicht nur akzeptierte er, dass Ana auf Kuba Fuß fasste, er stellte auch sicher, dass sie eine Wohnung und eine Anstellung bekam. Ich war ihm unendlich dankbar. Nach dem Sturz der Militärdiktatur sind auch die beiden Jungen aus meiner Beziehung zu María Elena Duarte, Martín und Pablo, für eine Weile nach Buenos Aires zurückgekommen. Seit ihrer Auswanderung ins Exil waren jedoch neun Jahre verstrichen, und ihr Leben spielte sich jetzt auf Kuba ab. Also sind sie dorthin zurückgekehrt. Mein Sohn

Martín und meine Tochter Ana leben heute in Spanien. Mein Sohn Pablo ist auf Kuba geblieben.

Ich habe noch immer Kontakt zu Ernestos alten Kampfgenossen Harry Villegas und Leonardo Tamayo, die nicht nur den Guerillakampf in der Sierra Maestra überlebten, sondern auch den von Ñancuahuazú, und die danach wichtige Posten in der kubanischen Regierung bekleideten. Sie haben mir im Vertrauen etwas gestanden, das mich zutiefst berührt hat. Als sie in Bolivien kämpften, sprach Ernesto oft von mir. Eines Tages vertraute er ihnen an, er sehe in mir unter all seinen Brüdern und Schwestern seinen spirituellen Erben, denjenigen, der seinen Kampf weiterführen und zu Ende bringen könne. Das geht mir heute durch den Kopf, da ich dieses Buch schreibe.

»AUF IMMER, MEINE KINDER«

Eines Tages führte der Zufall mich und Fidels Sohn Alejandro Castro sowie Celia, die Tochter von Ernesto, in ein Restaurant von Havanna. Und wie es eben so geht, kamen wir darauf zu sprechen, was es für jeden von uns bedeutete, mit so berühmten Menschen verwandt zu sein. Ich kannte zwar seine Brüder und Schwestern nicht, aber wir mussten feststellen, dass Alejandro von uns allen am meisten unter seinem Sohn-Sein gelitten hatte. Er wurde überbehütet und war sein Leben lang von Leibwächtern umgeben. Fidels Sicherheit war immer ein entscheidender Aspekt im Leben seiner Familie gewesen. Die wiederholten Angriffe aus den Vereinigten Staaten ließen ihn befürchten, dass man sich an seine Sprösslinge halten würde. Seine Kinder sind deshalb aufgewachsen, ohne jemals allein ihren Aufenthaltsort zu verlassen. Und abgesehen davon – was für eine Last, ein Sohn von Fidel zu sein! Alejandro fühlt eine ungeheure Bewunderung für seinen Vater, aber er kann sie nicht unbefangen äußern. Er ist Fotograf und macht Porträts von … Fidel. Er kann noch so toll sein, das Entscheidende auf dem Foto ist nie er, sondern immer Fidel. Der Arme stand sein Leben lang im Schatten des *Máximo Líder*.

Celia, meine Nichte, ist Tierärztin und eine bekannte Delphinexpertin. Sie arbeitet im Aquarium von Havanna. Vor Jahren fällte sie die Entscheidung, niemals über ihren Vater zu sprechen. Sie hat sich von ihrem chilenischen Gatten getrennt und lebt sehr zurückgezogen mit ihren Kindern. Sie will sich nicht um das Centro de Estudios Che Guevara von Havanna kümmern, das Museum, das es sich zur Aufgabe gemacht hat, die Archive von Che zusammenzustellen – ob es sich nun um Schriften, Bücher, Reden, Artikel oder Fotos handelt. Das Centro wird von ihrem Bruder Camilo geleitet, der heute Fotograf ist, nachdem er mehrere Ämter in der kubanischen Verwaltung bekleidet hatte.

Meine Nichte Hilda, Ernestos älteste Tochter, habe ich kaum gekannt. Als ich aus dem Gefängnis kam, war sie siebenundzwanzig Jahre alt, mit einem Mexikaner verheiratet und von Beruf Bibliothekarin. Sie litt bereits damals unter Depressionen. Sie starb im Alter von nur neununddreißig Jahren an Krebs.

Aleida ist Kinderärztin, Spezialistin für Allergien im Kindesalter. Sie praktiziert in einem Krankenhaus in Havanna. Sie brachte zahlreiche humanitäre Missionen in Angola, Ecuador und Nicaragua auf den Weg. Aktiv setzt sie sich für Menschenrechte ein und leitet daneben zwei Zentren für behinderte Kinder und Missbrauchsopfer. Aleida reist unermüdlich, um den kostenlosen Zugang zur Gesundheitsfürsorge zu propagieren. Sie sagt, die Quelle ihrer Inspiration sei ihr Vater. Neben ihrem Bruder Camilo ist sie Herausgeberin der Zeitschrift *Paradigma*.

Meine Neffen und Nichten haben ihren Vater praktisch nicht gekannt.[116] Wenn er unterwegs war, schickte er ihnen bebilderte Postkarten. Sie haben den schönen Abschiedsbrief aufbewahrt, den er vor seiner Abreise nach Bolivien an sie gerichtet hatte:

> Meine lieben Kinder Hildita, Aleidita,
> Camilo, Celia und Ernesto,
>
> wenn ihr eines Tages diesen Brief in euren Händen haltet, werde ich nicht mehr bei euch sein. Ihr erinnert euch fast nicht an mich, und die Jüngsten von euch gar nicht. Euer Vater war ein Mensch, der immer gemäß seinen Idealen gehandelt hat, und wenn etwas sicher ist, dann dass er seinen Überzeugungen treu war. Werdet groß als gute Revolutionäre. Studiert hinreichend die Techniken der Naturbeherrschung. Vergesst niemals, dass die Revolution das Wichtigste ist und dass jeder von uns allein nichts gilt. Allem voran aber seid immer fähig, in eurem Innersten jede Ungerechtigkeit wahrzunehmen, die gegen wen auch immer und wo auch immer auf der Welt begangen wird. Das ist die schönste Eigenschaft eines Revolutionärs. Auf immer, meine Kinder, ich habe die Hoffnung nicht verloren, euch wiederzusehen. Ein dicker, zärtlicher Schmusekuss von eurem Papa.[117]

Ernesto hatte große Schuldgefühle, weil er seine Vaterrolle nicht wahrnehmen konnte. Er vergötterte seine fünf Kinder und war untröstlich, dass er wegen seiner langen und wiederholten Abwesenheiten seine Liebe zu ihnen nicht häufiger unter Beweis stellen konnte. Er war zerrissen zwischen dem Wohl seiner Kinder und der Kinder im Rest der Welt. Wer brauchte ihn mehr? Aleida March war eine überaus einfühlsame Mutter, und er rechnete damit, dass sie ihre Kinder gut erziehen würde. »Meine Kinder sagen zu den Soldaten, die sie jeden Tag sehen, ›Papa‹, und mich sehen sie nie«, klagte er, oder auch: »Manchmal sind wir Revolutionäre sehr einsam, selbst für unsere Kinder sind wir beinahe Fremde. Sie sehen uns seltener als die Wachposten, den sie ›Onkel‹ nennen.« Sich seiner Familie zu entfremden, war für ihn ein großes Opfer. Im Januar 1965, als er in Paris ist, schreibt er an Aleida: »Ich werde definitiv alt. Ich bin jedes Mal mehr verliebt in dich, und ich fühle mich magnetisch zu unserem Haus hingezogen, unseren Kindern, dieser ganzen kleinen Welt, derer ich umso mehr gewahr werde, als ich sie nicht vor mir habe. Dieses fortgeschrittene mentale Alter, das ich habe, ist sehr gefährlich; du wirst mir zum Bedürfnis, wo ich mir nur eine Gewohnheit bin.« Das Aufwachsen ohne ihren Vater war auf Kuba, wo er doch so verehrt wurde, für seine Kinder sehr schwierig.

Mit Aleida March habe ich nie über die Abwesenheit Ernestos gesprochen. An dem Tag, als Fidel in einem Theater öffentlich Ches Abschiedsbrief verlas, kam sie in Schwarz und weinte leise auf dem Balkon. Sie war sehr verliebt in meinen Bruder, sie war von wahrer Leidenschaft für ihn ergriffen. Später hat sie noch mal von vorne begonnen und einen Verwaltungsoffizier geheiratet. Die Kubaner haben ihr das nie verziehen. Sie erwarteten von ihr, für den Rest ihres Lebens Ches treue Witwe zu sein, sich dafür aufzuopfern, sein Andenken lebendig zu halten und sonst nichts. Das wurde mir jedes Mal klar, wenn ich mit den Leuten sprach. Aber in gewisser Weise widmet Aleida ihr Leben doch ihrem toten Gatten. Auch sie arbeitet am Centro de Estudios Che Guevara. Ich fragte mich sogar oft, wie eigentlich ihr jetziger Partner mit all dem zurechtkommt.

Ich verspüre eine grenzenlose Liebe für meine Neffen und

Nichten. Ich versuche, sie in ihrem Leben zu begleiten, sie so oft wie möglich zu sehen, ihnen mit Rat zur Seite zu stehen. Andererseits bin ich kein Therapeut, es ist nicht meine Aufgabe, ihnen zu viele Fragen zu stellen oder sie zu analysieren. Es gibt Themen, die ich in ihrer Gegenwart nur ansprechen, wenn sie mich darum bitten. Wir reden manchmal über Ernesto, aber immer beiläufig. Sie reißen Witze. Ernesto, einer seiner Söhne, sagt zum Beispiel gern im Spaß, dass sein Vater vergessen habe, ihm seine Neuronen weiterzuvererben. Man spürt, dass das ein schwieriges, vermintes Feld für sie ist, auch wenn sie es ins Witzige ziehen. Ich tue es ihnen nach. In ihnen ist ein leerer Raum, den ich, so gut ich kann, zu füllen versuche. Wenn sie nach Argentinien kommen, gebe ich mein Möglichstes, damit sie sich zu Hause fühlen. Ernesto fühlt sich mehr denn seine Brüder und Schwestern als Argentinier, aber am Ende verläuft sein Leben doch auf Kuba. Ihm fühle ich mich am nächsten. Er ist eine interessante Persönlichkeit, die nicht den Erwartungen ihrer Verwandten gerecht werden will, ein Antikonformist, der so tut, als beuge er sich, dann aber genau das macht, was er vorgehabt hat.

Ernesto spricht fließend Russisch. Er hat in der Sowjetunion Jura studiert. Er ist Anwalt geworden, mehr aus Notwendigkeit als aus Liebe. Er wäre gern Mechaniker geworden, aber Aleida konnte nicht begreifen, dass ihr Sohn und vor allem der Sohn Ches nicht studieren wollte. Also schickte sie ihn nach Moskau an die Universität. Er verbringt nun seine freie Zeit mit seiner großen Leidenschaft, als Mechaniker zu arbeiten. Er hat sich auf Motorräder spezialisiert, in letzter Zeit vor allem auf Harley-Davidsons. Ganz ohne jeden Zweifel fließt das Blut meines Onkels Jorge de la

Serna in seinen Adern. Er hat es zu einem solchen Meister gebracht, dass er heute weltweit als einer der besten Harley-Spezialisten gilt, was freilich der Gipfel der Ironie ist. Er besitzt zwei alte Harley-Vintage-Maschinen, Reliquien, die er gut in Schuss hält. Auf der Insel muss man schon ein verflucht guter Mechaniker sein, um diese Kisten zum Laufen zu bringen! Doch bei all seinem Talent kann er mit seinen zwei Harleys gerade mal ein wenig in der Stadt herumgurken, sich aber nicht auf irgendwelche Überlandtouren wagen. Seiner Mutter ist das Ganze nach wie vor ein Dorn im Auge. Auch seine Weigerung, sich im Centro de Estudios Che Guevara zu engagieren, ärgert sie. Aber Ernesto ist fünfzig und hat beschlossen, dass es für ihn höchste Zeit ist, zu tun, was ihm beliebt. Kürzlich kam ihm die Idee, zwölf Harleys zu kaufen und mit einem Touristikunternehmen als Partner eine Rundtour für Touristen anzubieten. Er taufte die Tour La Poderosa Tours, nach dem Motorrad[118] von Alberto Granado, mit dem Ernesto und Mial 1951 durch Südamerika kurvten. Die Fahrt geht durch jene Orte, welche am ehesten die Kubanische Revolution versinnbildlichen. Als die kubanische Gemeinde von Miami von dem Projekt erfuhr, schäumte sie vor Wut. Sie fand das Unterfangen unanständig.

Von den fünf Kindern meines Bruders ist Ernesto dasjenige, das am schwersten mit seiner illustren Herkunft zu kämpfen hat. Ich sage immer im Spaß, es gebe zwei nicht zu bewältigende prometheische Aufgaben: meine Schwester Celia und meinen Neffen Ernesto davon zu überzeugen, endlich über Che zu sprechen. Mir scheint, den Mount Everest zu besteigen, wäre für sie dagegen eine Leichtigkeit.

Einmal bat Ernesto mich, ihn nach Santa Clara zu begleiten, wo das Mausoleum von Che[119] steht, ein beeindruckendes Monument von quasireligiösem Charakter, der mir missfällt. Das war im Oktober, dem Monat seines Todes und der Gedenkfeiern. Um den Menschenmassen und dem Presserummel zu entgehen, wollte ich nicht am Tag des Zeremoniells hingehen, das normalerweise am 8. Oktober stattfindet. Ernesto war einverstanden, zwei Tage zu warten. Unglücklicherweise gab es am 10. Oktober immer noch massenweise Besucher. Eine Journalistin, die mich offenbar erkannte, kam auf uns zu. Ich schlug ihr vor, statt mit mir, dem Bruder, doch besser mit seinem Sohn zu sprechen. Je mehr sie Ernesto bedrängte, umso mehr wich er zurück. Am Ende stand er buchstäblich mit dem Rücken zur Wand, wo sie ihm schließlich ein Mikrofon unter die Nase hielt. Er musste irgendetwas sagen. Noch heute wirft er mir vor, ich hätte ihn »verraten und verkauft«.

MAN TÄUSCHT SICH LEICHT IN DEN KUBANERN

Seit der Verkündung der historischen Annäherung zwischen den Vereinigten Staaten und Kuba haben zahllose argentinische Fernseh- und Radiojournalisten Kontakt zu mir aufgenommen. Sie würden gern meine Meinung wissen. In meiner Eigenschaft als Ches Bruder oder einfach als Argentinier, der sich einer tieferen Kenntnis der Insel und vorzüglicher Beziehungen erfreut? Ich war mir dessen nicht so bewusst, es war mir auch gleich. Ich stehe den kubanischen Unternehmern genauso nahe wie dem kubanischen Proletariat. Ich habe Beziehungen zu führenden Persönlichkeiten in der Regierung ebenso wie zu einer großen Zahl einfacher Arbeiter. All dies macht mich indessen noch nicht zu einem Kubaner. Meine Verwandtschaft mit Che verleitet die Journalisten möglicherweise zu glauben, meine Meinung sei wertvoller als irgendeine andere.

Vor allem möchte ich klarstellen, dass meine Unterstützung des revolutionären Prozesses auf Kuba ungebrochen ist und dass ich gar keinen Kontakt zu Kubanoamerikanern habe.

Der Zufall wollte es, dass ich kurz vor der Verkündung des politischen Tauwetters meinem Neffen Ernesto half, die zwölf Motorräder zu besorgen, die er für seinen touris-tischen Motorrad-Rundtrip benötigte. Manche Leute schlossen daraus sofort, dass ich in die vertraulichen Vertragsdetails eingeweiht wäre, da ich wüsste, dass amerikanische Touristen wieder den Weg nach Kuba suchten. Der argentinische Fernsehkanal TN lud mich ins Studio ein, um an einer Gesprächsrunde über Gott und die Welt mit Barack Obama und Raúl Castro teilzunehmen. Wenngleich ich Raúl kenne, bin ich doch nicht sein Sprecher, und natürlich habe ich den amerikanischen Präsidenten nie persönlich kennengelernt! Ich erwiderte spöttisch, dass Obama mich natürlich umgehend angerufen und gebeten habe, La Poderosa Tours auf die Beine zu stellen. Doch Spaß beiseite, dieses Projekt begann mit einer Reihe von Zufällen, und wie mein Freund Orlando Fundora immer sagt: »Wenn's passt, passt's!«

Dem Journalisten von TN jedenfalls sagte ich sinngemäß Folgendes: Kuba ist für mich viel mehr als ein schlichter Spielstein internationaler Politik. Ich fühle mich Kuba nah, es ist meine zweite Heimat, meine zweite Familie, mein zweites Zuhause, selbst wenn ich nie länger als drei Monate am Stück dort war und dort keiner offiziellen Aufgabe nachgehe. Es hat die Meinen aufgenommen, ohne Fragen zu stellen, als Argentinien sie verfolgte. Es ist mein geliebter und vertrauter Ort. Ich fliege seit 1959 regelmäßig dorthin, ich habe es von Nord bis Süd durchfahren und fühle mich zutiefst damit verbunden. Aus all diesen Gründen glaube ich, eine ziemlich genaue Vorstellung von den Ereignissen zu besitzen.

Wenn man nach meiner Meinung über das Tauwetter fragt, beginne ich normalerweise mit der Einschränkung, man müsse es immer in einem politischen und diplomatischen Zusammenhang betrachten: Die Veränderungen, die wir derzeit beobachten, sind das Ergebnis eines langen Prozesses, den die Kubaner von Miami und Havanna erlebt haben, auch wenn der Rest der Welt bis vor kurzem nicht wusste, dass er überhaupt im Gange war. In Wirklichkeit gab es immer Kontakt zwischen den Menschen der beiden Länder, die eine Hassliebe miteinander verbindet.

Manchmal ist die Liebe obenauf, manchmal der Hass. Zahlreiche Inselkubaner haben nahe oder entferntere Verwandte in den Vereinigten Staaten und umgekehrt. Auf der einen wie der anderen Seite praktiziert die alte Garde einen doppelzüngigen Diskurs: Sie verkündet öffentlich das eine, und im intimen Kreis sagt sie etwas ganz anderes. Die auf der Insel, die beschlossen haben zu bleiben, hielten die Exilierten lange Zeit für Vaterlandsverräter, für *gusanos*[120] – Würmer, nichtsnutzige Dreckskerle. »Wenn du ins Meer gesprungen bist, um Miami zu erreichen, ist das deine Sache«, sagten sie. »Aber jetzt, wo du drüben bist, willst du uns Vorschriften machen? Vergiss es! Lass uns in Frieden!« Gleichzeitig haben die, die auf Kuba geblieben sind, Geldgeschenke aus aller Welt angenommen, wo immer sich die kubanische Diaspora niederließ. Die andere Seite wiederum kritisiert Kuba, hilft aber dann doch, indem sie Geld schickt.

In den Neunzigerjahren lernte ich eine Familie gut kennen, deren Großmutter seit der Zeit vor der Revolution noch im selben Haus lebte. Ihr ältester Sohn war in die Vereinigten Staaten gegangen, während der jüngere auf Kuba geblieben war. Er war Beamter. Die Großmutter pflegte weiterhin die Beziehung zu ihrem Sohn und ihren Enkeln in Miami. Ihr Jüngster meinte, dass sein Bruder zum Feind übergelaufen sei. Sie verteidigte ihren Sohn im Exil. Die Zeit verging, und die Kritik des Jüngeren verwandelte sich mehr und mehr in Anerkennung. An dieser Familie konnte ich die Veränderung der Einstellungen persönlich erleben.

Die Exilkubaner neigen immer dazu zu glauben, sie seien besser informiert. Sie stellen sich vor, dass ihre Landsleute von der Insel keine Ahnung haben. Das ist ein großer Irrtum! Ich gebe zu, dass das Internet auf Kuba langsam ist und die Presse nicht frei und pluralistisch. Aber jeder dort hat eine Parabolantenne und sieht das TV-Programm aus Miami. CDs und DVDs zirkulieren munter. Informationen dringen auch über jenen Kanal durch, den man dort *radio bemba* nennt, Mund-zu-Mund-Propaganda, und über die Kommunikation mit denen, die abgehauen sind. In Havanna kann man sehen, wie die Jungen sich die besten Cafés und Ecken mit WLAN aussuchen, wie La Rampa oder das Hotel Presidente. Via Moderne und Technologie bleiben sie auf dem Laufenden. Dazu kommt, dass die Insulaner enorm viel lesen. Sie sind gebildet, kennen und respektieren ihre Geschichte. Sie haben eine viel offenere Vorstellung von der Welt, als man vermuten würde. Wenn sie Florida besuchen, kommen sie bereits informiert und vorbereitet dort an. Sie sind kultiviert dank des kostenlosen Bildungssystems. Sie organisieren, bauen, unternehmen. Und nicht zufällig bringen sie es rasch zu Wohlstand.

Die kubanische Lobby in Miami gelangt ins Hintertreffen. Ich denke mir, der Grund ist, dass die Jungen die Beziehungen normalisieren und auf Kuba ihre Verwandten besuchen wollen. Sie denken nicht mehr ideologisch wie noch ihre Eltern oder Großeltern. Die Schlachten der Nachhut sind nicht mehr die ihren. Sie erkennen sich darin nicht wieder, weil sie nicht dieselben Erfahrungen gemacht haben. Sie wollen diese Konflikte nicht mehr, die ihnen lächerlich und unnütz vorkommen. Und das Gleiche passiert auf Kuba.

Die kubanische Regierung hat immer die Vorschriften und die Rechtsprechung den Veränderungen angepasst, die im Land eingetreten sind. Sie arrangiert sich mit den unvermeidlichen Gegebenheiten. Es gibt eine unglaubliche Menge Geld, das unter den Matratzen gehortet wird und von der Diaspora geschickt oder mitgebracht wurde. Seitdem Charterflüge von Miami oder New York aus genehmigt werden (der Flughafen José Martí in Havanna verfügt über ein besonderes Terminal, das diese Passagiere in Empfang nimmt), haben im Lauf der vergangenen zehn Jahre etwa eine Million Exilkubaner die Insel besucht. Wenn man davon ausgeht, dass jeder von ihnen 10 000 Dollar, also die maximal erlaubte Summe, ins Land gebracht hat, dann sind dadurch zehn Milliarden Dollar ins Land geflossen, die Summen, die über die Western Union hereingekommen sind, noch nicht mitgerechnet. Die Vereinigten Staaten haben den Fluggesellschaften mittlerweile erlaubt, für Geschäftskunden kommerzielle Flugverbindungen zwischen beiden Ländern zu eröffnen. Man schätzt, dass ihre Zahl bei 110 Flügen täglich liegen wird (gegenüber ungefähr 25 Charterflügen pro Tag).

Die Inselbewohner haben das Geld also seit langem angehäuft, weil sie keine wirkliche Gelegenheit hatten, es auszugeben. Sie konnten legal keine Wohnung kaufen (zahlreiche Kubaner sind noch Besitzer ihrer alten Familienresidenzen), hatten dafür aber das Recht, zu tauschen. Was also taten sie? Sie taten so, als tauschten sie eine Zweizimmerwohnung gegen ein Haus mit fünfzehn Zimmern und bezahlten den

Preisunterschied unter dem Tisch. Das war freilich ein offenes Geheimnis. Wer ist auch so naiv zu glauben, der Besitzer eines Herrenhauses tausche dieses gegen eine Zweizimmerwohnung?

Als der kubanische Staat feststellte, dass er diesen Schwarzmarkt nicht nur nicht unterbinden konnte, sondern damit auch viel Geld verlor, legalisierte er am Ende den Grundstückstauschhandel und belegte ihn kurzerhand mit einer Steuer. Er erklärte damit ein bereits fest verwurzeltes Prozedere für rechtsgültig.

Es gab in den Vereinigten Staaten ein Büro für kubanische Angelegenheiten, das ein Spiel spielte, das die Kubaner »das Roulette« nannten. Von Zeit zu Zeit genehmigte es einem Kubaner aus Miami, auf die Insel zu reisen. Und mit der Zeit genehmigte es eben immer mehr dieser Reisen. Heute, da der Handel liberalisiert ist, wandert das Geld bei helllichtem Tag dorthin. Jedes Mal, wenn ich nach Kuba fliege, stelle ich enorme Veränderungen fest. Frisörläden, Restaurants, Autowerkstätten schießen wie Pilze aus dem Boden.

Obama erkannte, dass der Moment für eine Kehrtwende in der Politik gekommen war. Das 1962 verhängte Embargo hat fünfzig Jahre später immer noch zu keinem sinnvollen Ergebnis geführt. Und ich denke, dass dabei auch die politische Entwicklung der lateinamerikanischen Länder eine Rolle spielte, die immer mehr nach links und damit näher an Kuba herangerückt sind.

Eine Anekdote haftet bis heute in meinem Gedächtnis. Ich bin auf Kuba, während die Insel eine sehr schwierige Zeit erlebt. Ich halte an einer Tankstelle. Der Tankwart hält mich wegen meines helleren Teints für einen Spanier. Und schon zetert er los, während er den Kraftstoff einfüllt. »*Oye*

Pepe[121], versuch dir mal ein bisschen vorzustellen, wie das für uns ist, hier zu leben. Es ist furchtbar! Wir haben nichts zu essen.« Ich mustere ihn von Kopf bis Fuß. Er ist korpulent, eigentlich fett. Ich gebe ihm zur Antwort: »Verarschst du mich? *Du* wagst es, mir zu erzählen, dass du zu wenig zu essen bekommst! Ich hör mir gern deine Klagen an, aber lass dir was Besseres einfallen!«

Ich liebe das Volk der Kubaner. Es ist bewundernswert und stoisch und macht, was es will, in genau dem Rhythmus, der ihm liegt. Was Heldentum und Tapferkeit betrifft, ist es ganz unvergleichlich! Es ist eines der ersten, die einen alten Kahn bestiegen haben, um anderswo ein besseres Leben zu finden. Es ist Experte in der Kunst, ununterbrochen zu reden, ohne auch nur irgendetwas zu sagen. Es weiß, wie man noch unter Wasser Havannas raucht. Es ist voller Leben, es tanzt, lacht, scherzt, hat eine natürliche Neigung zum Glücklichsein, ein fröhliches Temperament, einen tiefen Sinn für Humor, und macht sich über sein Unglück lustig. Eine traurige Geschichte, die man in Argentinien zu einem Tango stilisiert, mündet auf Kuba in einen Witz. Stromausfälle sind hier so sehr an der Tagesordnung, dass sie die eigentliche Norm sind. Die Kubaner lachen sich darüber tot. Wenn Licht brennt, werden sie schwärmerisch: »Ah, Licht!« Sie lieben es, folgenden Scherz zu wiederholen: Kurz vor dem Abgrund hält der Kapitalismus inne und bückt sich. Was sieht er da unten im Abgrund? Den Kommunismus, der schon dort ist und dem er gleich Gesellschaft leisten wird.

Die Tür der Kubaner steht immer offen. Gastfreundschaft und Solidarität zählen zu ihren wertvollsten Qualitäten. Sie sehen in den Menschen noch menschliche Wesen, keine Objekte, keine Maschinen. Sie versuchen nicht, ihren Nachbarn übers Ohr zu hauen, auszuprobieren, was man ihm wegnehmen oder aus ihm rausziehen kann. Sie haben weder Ferrari, Mercedes noch Privatflugzeug. Na und? Sind sie deswegen kreuzunglücklich? Ich kenne eine junge Kubanerin von sechsundzwanzig Jahren, die gerade nach Buenos Aires gezogen ist. Sie ist ein hübsches Mädchen aus Havanna, klug, kultiviert, geistreich und intelligent, das noch nie aus Kuba herauskam. Das erste Mal, als sie hier einen Kurs belegte, reagierte sie zutiefst schockiert. Sie suchte ein Paar weißer Tanzschuhe. Und was sagte die Verkäuferin im Schuhgeschäft, als sie die Schuhe anprobieren wollte? Dass der neueste Schrei Plateausohle sei, die würden jetzt von allen *Porteñas*[122] getragen, und sie täte gut daran, auch welche zu tragen, sofern sie nicht der Geschmacksverirrung bezichtigt werden wollte. Meiner Freundin sind Konzepte wie Mode oder Saison fremd, sie findet das frivol. Auf Kuba gibt es keine Mode. Man zieht an, was günstig und zweckdienlich ist.

Sicherlich lebt auf Kuba eine ärmere Gesellschaft als in den meisten anderen entwickelten Ländern, dafür ist sie aber gerechter, weniger materialistisch, und Kriterien wie Rechtschaffenheit und Chancengleichheit sind hoch entwickelt. Der Kubaner hat ein sicheres moralisches Gespür und einen Sinn für Brüderlichkeit und Gerechtigkeit. Frauen und Männer sind gleichberechtigt. Die kubanische Frau macht mit ihrem Körper, was sie will. Sie hat das Recht, abzutreiben. Niemand zwingt sie dazu, ein Kind zu gebären, das sie nicht will. Es gibt fast keine Kriminalität. Die Justiz funktioniert. Der gewaltsame Tod eines Menschen, Mann oder Frau, führt normalerweise noch am selben Tag zur Verhaftung des Täters. Das Sicherheitsgefühl, das daraus erwächst, ist eine Frucht der Veränderungen, die die Revolution der Gesellschaft gebracht hat. Organisiertes Verbrechen gibt es auf Kuba nicht.

Aus einem Teil der Staatseinkünfte finanziert sich das öffentliche Gesundheitswesen, aus einem anderen Erziehung und Bildung, wieder ein anderer wird für Sozialprogramme wie Kindergeld und Kindergärten ausgegeben und so weiter. Die menschlichen und gesellschaftlichen Werte, die den Kubanern am Herzen liegen, könnten sich durch die Rückkehr der Vereinigten Staaten auf die Insel leicht verlieren. Die Vereinigten Staaten wollen den Krieg der Ideologien gewinnen. Seit fünfzig Jahren ist es ihr Ziel, Kuba zu einem kapitalistischen Land zu machen. Nun zerstört der Kapitalismus aber die Gleichheit – man muss sich nur die Millionen von Millionären, die öffentlich mit ihrem Reichtum protzen, und die Privilegien der Parteikader und Unternehmensbosse in China ansehen. Dennoch sind die Veränderungen, die ich auf Kuba beobachte, notwendig.

Um seine Sozialprogramme zu entwickeln und aufrechtzuerhalten, musste der kubanische Staat die Löhne angleichen. Was ist ein gerechter Lohn? Wenn man die Summe der Reichtümer eines Landes unter seinen Einwohnern aufteilt. Kuba kennt nicht die irrwitzigen Lohnunterschiede, die in anderen Ländern herrschen, zum Beispiel in den Vereinigten Staaten, wo ein Generaldirektor dreihundertmal so viel verdient wie ein Arbeiter. Die Vereinigten Staaten plündern die Ressourcen anderer Länder, verteilen ihre Reichtümer aber nicht einmal gerecht an die eigenen Leute, geschweige denn an die Bewohner der beraubten Länder. Währenddessen schickten die Kubaner ihre besten Ärzte ins Ausland, um Leben zu retten. Auch während der Ebola-Epidemie in Westafrika waren sie äußerst engagiert.

Kuba ist ein kleines Land mit elf Millionen Einwohnern, das mutig fünf Jahrzehnte lang der größten Weltmacht getrotzt hat. Dieser Kampfgeist ist bewundernswert. Kuba überlebte – schlecht, aber recht – die »Sonderperiode«[123], die auf den Kalten Krieg folgte. Nachdem es die Unterstützung der UdSSR verlor, als die Mauer in Berlin fiel, und es nichts mehr hatte, war es dennoch imstande weiterzubestehen, teilweise durch Förderung des Tourismus. Niemand glaubte ernsthaft daran, dass Kuba die Loslösung von der UdSSR überleben würde. Es hat den Beweis erbracht. Es hat zu Fidel gehalten. Die Kubaner verteidigen weiterhin die Konzepte Solidarität und Gerechtigkeit, während sie sich dem ungleich egoistischeren kapitalistischen Modell annähern. Ich nenne diese Mischung aus kapitalistischem und sozialistischem System »capisol« (sic). Es ist ein Widerspruch, aber welches Volk lebt schon ohne Widersprüche? Die Kubaner warten mit Ungeduld auf die amerikanischen Kreuzfahrtschiffe, fürchten sich aber zugleich davor, unheilbar kontaminiert zu werden. Sie wollen, dass die Gringos kommen und ihr ganzes Geld ausgeben, wohl wissend, dass die Veränderungen, die diese neuen Geldquellen mit sich bringen, ihr Denken verformen werden, und nicht unbedingt zum Besseren hin. Sie sind zugleich begeistert und besorgt beim Gedanken an den Menschen-Tsunami, der sich unweigerlich über ihre Strände ergießen wird. Auch Frankreich bildet da keine Ausnahme: Der französische Präsident François Hollande ist nach der Ankündigung des Tauwetters gleich nach Kuba gereist mit dem Ziel, diplomatische und geschäftliche Beziehungen zu entwickeln. Er traf in Havanna in Begleitung von mehreren Geschäftsleuten ein, darunter Vertreter von Pernod Ricard, der Hotelkette Accor, von Air France, Carrefour und Orange. Und man kann sich ausmalen, dass ein Teil der Gewinne aus diesen Projekten nach Frankreich zurückwandern wird.

Man täuscht sich leicht in den Kubanern. Sie waren in ihren eigenen Augen nie Marxisten, sondern Castristen und Revolutionäre. Ein Freund sagte kürzlich zu mir: »Kuba war vier Jahrhunderte lang von Spanien abhängig, dann von den USA, danach von der Sowjetunion, und jetzt schickt es sich an, sich wieder dem amerikanischen Einfluss zu unterwerfen. Der Kreis schließt sich.« Das Problem ist, dass Kuba jetzt keine Wahl mehr hat. Es kann sich nicht mutterseelenallein durchschlagen und Millionen von Investoren die Stirn bieten, die auf die Ausbeutung von Ressourcen und die Eröffnung neuer Märkte spezialisiert sind. Was erwarten wir von Kuba? Dass es die Schweiz oder Frankreich ist? Wir vergleichen es immer mit entwickelten Ländern. Warum vergleicht man es stattdessen nicht mit seinen Nachbarn Haiti, der Dominikanischen Republik oder, noch besser, mit Honduras? Welches dieser Länder wäre bitte besser aufgestellt? Welches von ihnen bietet seinen Einwohnern kostenlose Gesundheitsversorgung und Bildung? Welches kann eine niedrigere Kriminalitätsrate vorweisen? Doch Lokomotive eines triumphierenden Sozialismus zu sein und die Welt zu verändern, ist schwierig, wenn man 180 Kilometer vor der Haustür einen Nachbarn wie die Vereinigten Staaten hat. Das Schicksal des weltweiten Sozialismus kann nicht mit Kuba stehen und fallen.

Ist sein Wirtschaftsmodell eine Erfolgsgeschichte? Das

hängt von der Perspektive ab. Che hat das Problem der Industrialisierung 1963 in seinem berühmten Interview mit Jean Daniel angesprochen und erklärt: »Unsere Schwierigkeiten sind grundsätzlich die Frucht unserer Fehler. Und wir haben zahllose Fehler gemacht. Was den schlimmsten Schaden angerichtet hat, war die ungenügende Nutzung des Zuckerrohrs.« Bei anderer Gelegenheit meinte er: »Was mir am wenigsten gefällt, ist der mangelnde Mut, bestimmten wirtschaftlichen und politischen Tatsachen ins Auge zu blicken. […] Wir haben es manchmal mit Weggenossen zu tun, die eine Vogel-Strauß-Politik betreiben und den Kopf in den Sand stecken. Was die wirtschaftlichen Probleme angeht, haben wir die Dürre und den Imperialismus angeklagt … manchmal wollten wir eine Neuigkeit nicht verbreiten, sind uns darüber nicht einig, und am Ende blieb die amerikanische Version übrig.«

Was wäre passiert, wenn Che auf Kuba geblieben wäre? Wir können das natürlich unmöglich wissen. Er dachte, dass auf der Insel im Großen und Ganzen alles auf einem guten Weg, in guten Händen sei und er also daran gehen könne, diese Erfahrung anderswo zu reproduzieren. Ist Kuba dem Geist von Che treu geblieben? Oder ist Che gar verantwortlich für Kubas Missstände? Die Frage ist eine dialektische Falle. Ernesto wollte das Land industrialisieren und seine Produktion vielseitiger machen. Deshalb war er zu Beginn Industrieminister. Er wollte den bilateralen Handel ausweiten: Kuba exportierte vor allem Zucker und importierte Fleisch. Das aber war nicht ausreichend, um das Land reich zu machen. Es musste, um seine Revolution fortzusetzen, unabhängiger werden.

Ernesto ist auf der Insel sehr gegenwärtig, dennoch ist es

schwierig, seine heutige Wirkung auf die kubanische Politik zu bemessen. In Kubas Schulen bringt man den Kindern Ernestos Ruhmestaten nahe und stellt ihn als Nationalhelden hin, lehrt aber nicht seine Art zu denken. Nur sehr wenige kennen ihn genauer. Das Industrieministerium gibt es nicht mehr, auch nicht das Programm der Freiwilligenarbeit, das er aufgebaut hat und das immer als etwas fungierte, das er »Bewusstseinsgenerator« nannte, denn er fühlte sich nicht zu einer wirtschaftlichen, sondern gesellschaftlichen und humanitären Botschaft berufen.

Kuba wird beschuldigt, ein repressiver Staat zu sein. Die Vereinigten Staaten hatten die Stirn, es wegen seiner Menschenrechtsverletzungen anzuklagen, während sie auf Kuba seit 2002 das Gefangenenlager Guantánamo unterhielten, ein Zentrum außergerichtlicher Verhaftungen, in dem Häftlinge für unbegrenzte Zeit weggesperrt wurden. In Wirklichkeit gibt es auf Kuba keine echte politische Repression. Man weiß heute, dass die 53 Inhaftierten, von denen so oft als arme politische Gefangene die Rede war, tatsächlich Agenten der CIA waren, die von den kubanischen Geheimdiensten enttarnt worden waren. Zahlreiche angebliche Dissidenten Kubas sind im Übrigen von den USA angeworben. Was soll Kuba bitte tun? Sie gewähren lassen, wie es ihnen beliebt? Wenn die CIA die Insel auf dem Umweg über anticastristische amerikanische Organisationen destabilisieren will, ist doch klar, dass sie sich verteidigen wird! Wie oft hat die CIA nicht versucht, Fidel umzubringen? Kuba wurde während der vierundfünfzig zurückliegenden Jahre immer wieder angegriffen, obwohl es sich gegenüber den Vereinigten Staaten nie selbst aggressiv verhalten hat. Und während dieser ganzen Zeit hat man uns glauben machen wollen, dass sie, die Insel, es ist, von der eine Gefahr für den Weltfrieden ausgeht. Was antwortete Che 1964 in einem Interview in der Sendung des CBS *Face the Nation*[124], als er gefragt wurde, wie er sich die Beziehungen zwischen den USA und Kuba vorstellt? »Was Kuba vor allen Dingen möchte, ist, dass die Vereinigten Staaten Kuba in Ruhe lassen. Wir wollen keinen Konflikt. Wir wollen, dass ihr uns vergesst. Das ist alles, worum wir bitten, und es ist etwas sehr Einfaches.« Aber die USA konnten Kuba nicht vergessen. Sie hatten es zu ihrer Obsession gemacht. All die vergangenen Jahrzehnte über verbreiteten sie Lügenmärchen. Zum Beispiel, dass man auf Kuba nicht frei seine Meinung äußern dürfe. Auf Kuba hat man die Freiheit, auf der Straße zu sagen, wie und was man will, ohne von irgendjemandem zur Rechenschaft gezogen zu werden. Man kann sich allerdings nicht in der Zeitung frei äußern. Eine weitere wenig bekannte Tatsache betrifft die Wahlen auf Kuba. Auf Kuba wird mehr gewählt, als in jedem anderen Land. Es gibt keine Präsidentenwahl, aber eine Unmenge von Kommunal-, Regional- und Parlamentswahlen. Die Nationalversammlung des kubanischen Volkes umfasst 612 Abgeordnete, die vom Volk gewählt werden. Und niemandem wird eine Pistole auf die Stirn gesetzt, um ihn zu zwingen, dies oder das zu wählen.

Hat Fidel Che verraten, indem er ihn in Bolivien im Stich ließ? Hat er ihn in einen auswärtigen Krieg geschickt, um ihn loszuwerden, um der Sowjetunion zu gefallen, die Che in den Reden seiner letzten Jahre kritisiert hatte? Nichts wäre weiter von der Wahrheit entfernt. Fidel und Che teilten ein und dieselbe Vision der Welt und der Revolution, die notwendig ist, um dem Elend ein Ende zu setzen, das der Kapitalismus und sein Alter Ego, der Imperialismus, den Gesellschaften aufbürden. Fidel musste auf Kuba bleiben, und Che wollte sich die Freiheit nehmen, den Samen der Unabhängigkeit, der Gleichheit und der sozialistischen Ideale auch in andere Böden zu säen. Er verließ Kuba aus freien Stücken. Seine Korrespondenz und seine Schriften könnten diesbezüglich nicht klarer sein. Ernesto war ein Feind der Großkonzerne, der Multis und des Kapitalismus, und auch Fidel war deren Feind. Da aber Che jetzt tot und begraben ist, attackiert man Fidel, ihn, der noch lebt. Fidel kommt die Rolle des Bösewichts zu, die Sündenbockrolle. Er wird zum Verräter, zu jemandem, der sich treulos verhalten hat. Nun sorgt Fidel aber für Ernestos Kinder, die ihn liebevoll *tío*, Onkel, nennen. Der Beweis seiner Feinfühligkeit gegenüber unserer Familie ist, dass die kubanische Regierung die Veröffentlichung des berühmten Fotos mit dem toten Ernesto, desjenigen, das mich am 10. Oktober 1967 so sehr traumatisierte, und das seiner abgetrennten Hände, untersagt hat. Aus Anstand uns gegenüber und weil sie zu schmerzlich sind.

Fidel hielt 1987 in Havanna in Anwesenheit des sowjetischen Botschafters Yuri Petrow eine sehr wichtige Rede. Und Fidel sah Petrow direkt in die Augen und erklärte: »Ich glaube, dass es nicht schlecht wäre, wenn Sie ein wenig Zeit damit zubringen könnten, die Gedanken von Che zu studieren. Sie würden bemerken, dass wir auch in Lateinamerika Leute haben, die denken können.«

WAS KANN ICH ANDERES TUN ALS SÄEN?

Manchmal sorgt der Zufall dafür, dass alles gut wird. Wenn mein Café-Restaurant-Abenteuer auch ein Reinfall war, hat es zumindest dazu geführt, dass ich die französische Journalistin Armelle Vincent kennenlernte und nun dieses Buch hier schreibe. In der Tat wurde unsere Freundschaft 2007 an einem Tisch im *Epicúreos* geboren. Ein argentinischer Freund hatte ihr von mir erzählt, nachdem er ein Interview – mein allererstes – in der Tageszeitung *Página 12* gelesen hatte, in dem ich die Regierung aufforderte, die Entschädigungszahlungen zu leisten, die sie den politischen Gefangenen für ihre Haftzeit in Aussicht gestellt hatte, da sie die Erfüllung ihres Versprechen augenscheinlich auf die lange Bank schob. Als Armelle von mir erfuhr, wollte sie sich unverzüglich mit mir treffen. Wie die meisten Leute hatte sie nie über die Möglichkeit nachgedacht, dass Che einen Bruder haben könnte, einen, der dazu auch noch lebt! Sie begab sich unverzüglich im Viertel Las Cañitas nach mir auf die Suche (das Interview erwähnt weder meinen genauen Namen noch die Adresse des *Epicúreos*) und fand mich schließlich. Sie stellte sich vor und bat mich um ein Interview. Ich lehnte ab. Damals war ich noch nicht dazu bereit. Ich lud sie allerdings zu einem Kaffee ein. Sie wurde von ihrem argentinischen Ehemann begleitet. Wir haben sehr lange miteinander geredet. Ich erzählte ein wenig über meine Familie. Armelle schien interessiert. Wir sahen uns am darauffolgenden Tag zum Mittagessen wieder. Im Laufe des Gesprächs erfuhr ich, dass Claudio, Armelles Mann, 1974 aus Argentinien fliehen musste, nachdem man ihn wegen seiner revolutionären Aktivitäten – er war in einer guevaristischen Bewegung aktiv – inhaftiert hatte. So etwas schafft starke Bande. Ich gewährte Armelle das Interview. Sie veröffentlichte ein Porträt von mir in dem französischen Magazin *L'Amateur de Cigare*. Wir blieben in Kontakt. Als wir uns im März 2015 in Buenos Aires wiedersahen, habe ich ihr anvertraut, dass ich von nun an das Vermächtnis meines Bruders in Ehren halten wolle, und sie schlug vor, daraus ein Buch zu machen. So wurde dieser Text geboren, in Frankreich.

Ich hatte mich jahrelang geweigert, über Ernesto zu sprechen. Aus Scham, in stillschweigender Übereinkunft mit meinen Brüdern und Schwestern, als Reaktion auf das Verhalten meines Vaters auf Kuba, der mit seiner Prahlerei als Vater von Che noch eins draufsetzte, sicher auch aus Angst. Wozu wäre es nütze zu sagen, ich bin der Bruder von Che? Damit sie mich umlegen? Ehrlich gesagt, nach der Diktatur, als die Gefahr abgewehrt war, stellte ich mir die Frage nicht, warum ich mich noch immer so unbehaglich fühlte bei dem Gedanken, unsere Verwandtschaft zur Sprache zu bringen. Das war ein sehr intimes Thema. Che war mein Bruder, bevor er der Held mit dem Glorienschein wurde. Ich fürchtete, sein Andenken auszubeuten, wie es so viele andere getan hatten. Ich bewahrte Stillschweigen, während ich die ganze Zeit auf den Straßen überall auf der Welt mit den

Bildern konfrontiert wurde, in denen er als Legende weiterlebte. Dieser Mythos war mir unerträglich und ist es mir noch immer.

Ein Oktobertag im Jahr 1973. Ich war mit der Familie auf Kuba, als mein Sohn Martín einen sehr schweren Asthmaanfall erlitt. Ich vermute, er hat die Krankheit geerbt – wie sein Onkel Ernesto und sein Bruder Pablo. Meine beiden Söhne sind Asthmatiker. Ich nicht. Ich litt nach meinem Gefängnisaufenthalt an den Symptomen einer seltenen Lungenkrankheit, aber das war kein Asthma. Ich brachte Martín zur Notaufnahme Borrás, einem Großklinikum in Havanna. Seine Situation war so ernst, dass die Ärzte beschlossen, ihn stationär aufzunehmen, um eine Transfusion vorzunehmen. Er konnte kaum noch atmen.

Sicherlich hat mich die Ärztin aufgrund meines Namens erkannt. Am nächsten Tag nahm sie mich zur Seite: »Señor Guevara«, sagte sie, »wir möchten Sie gern zur Teilnahme an einer Zeremonie einladen, die morgen stattfindet. Wir verteilen zu Ehren von Che Preise an die besten Mitarbeiter und rechnen mit Ihrem Kommen.« Oktober ist der Monat der Gedenkfeiern anlässlich des Todes von Che und von Camilo Cienfuegos. Ich lehnte ab und erklärte, dass ich mich diesbezüglich diskret verhalten möchte und ins Krankenhaus gekommen sei, weil mein Sohn krank ist. Die Ärztin, die zwar klein und zierlich, aber ziemlich autoritär war, hörte auf diesem Ohr gar nicht gut. Sie sah mich mit funkelnden Augen an und erwiderte in einem Ton, der keinen Widerspruch duldete: »Hören Sie mir gut zu, Señor Guevara. Sie haben jedes Recht, zu sprechen oder nicht zu sprechen. Es scheint mir jedoch, dass Ihre Position die eines großen Egoisten ist. Jeder hier weiß, dass Sie da sind, Sie haben ja keine Ahnung, was Sie alles sagen könnten und es aber tief in Ihrem Innersten vergraben haben. Wenn Sie es vorziehen, es dort drinnen vermodern zu lassen, ist das Ihre Entscheidung, aber ich bin nicht damit einverstanden.« Ich war platt.

Sie sprach völlig ungehemmt weiter und ließ nicht locker. Ihrer Zurechtweisungen überdrüssig, gab ich nach. Was blieb mir anderes übrig? Ich fragte sie, wo und wann die Zeremonie stattfinden sollte, und ging hin, ohne die geringste Idee zu haben, was ich dort wohl Vernünftiges von mir geben könnte. Sie hatten in einem geräumigen Saal einen langen Tisch aufgestellt. Anwesend waren der Direktor des Krankenhauses, Ärzte, Krankenschwestern, Sanitäter ... Ich kannte niemanden aus diesem Umfeld. Sie wiesen mir einen Platz am Tischende zu und vergaßen mich zu meiner großen Erleichterung für die Dauer der Preisverleihung. Ich überlegte. Noch nie hatte man mich um so etwas gebeten. Was erwarteten sie von mir? Plötzlich nahm die Ärztin das Mikrofon in die Hand und verkündete: »Wir haben die große Ehre, an diesem Abend den Bruder von Doktor Ernesto Guevara, dem heldenhaften Guerillero, bei uns zu haben ...« Bevor sie ihren Satz zu Ende brachte, erhob sich die gesamte Zuhörerschaft und applaudierte frenetisch. Augenblicklich bildete sich in meinem Hals ein riesiger Kloß. Ich zitterte; ich musste mich beruhigen und an das denken, was ich sagen wollte. Sie weinten! Che war nun schon seit fünf Jahren tot, und seine Abwesenheit wurde auf Kuba noch immer als schmerzlich empfunden. Die Gäste waren offenbar äußerst empfindsam. Ihre Bewegtheit berührte mich zutiefst.

Irgendjemand hielt mir das Mikrofon unter die Nase, und

ich begann zu sprechen. Die Worte kamen wie von selbst aus mir heraus. Während ich redete, war ich selbst nah dran, zu weinen. Der Kloß war noch immer in der Kehle, aber ich sprach weiter. Ich weiß nicht mehr, was ich sagte, aber meine Worte kamen direkt aus dem Herzen. In regelmäßigen Abständen setzte Applaus ein. Das war das erste Mal, dass ich in der Öffentlichkeit über Ernesto sprach. Ich erinnere mich mit höchster Rührung daran, habe es aber sechsunddreißig Jahre lang nicht wieder versucht.

Was Interviews in den Medien betrifft, erlebte ich 1965 oder 1966 (ich erinnere mich nicht mehr an das genaue Datum) etwas sehr Scheußliches, wonach ich für lange Zeit von Interviews Abstand nahm. Die ganze Welt, meine Familie eingeschlossen, fragte sich damals, wohin Che gegangen war. Er hatte sich in Luft aufgelöst. Ich sprach mit niemanden aus meiner Verwandtschaft über Ernesto. Eines Tages stellte sich mir in meiner Buchhandlung ein Journalist des Magazins *Gente* vor. Er wollte mich interviewen. Ich ließ ihn wissen, dass ich grundsätzlich keine Interviews gab. Er insistierte. »Ich möchte nur wissen, ob Sie wissen, wo sich Ihr Bruder befindet«, erklärte er mir. Ich wiederholte, dass ich keine Interviews gebe. Ich fügte hinzu, dass er, selbst wenn ich wüsste, wo mein Bruder ist, der Letzte sei, dem ich es auf die Nase binden würde. Auf der anderen Straßenseite stand ein Fotograf mit einem Teleobjektiv, den ich nicht gesehen hatte. Er fotografierte mich ohne mein Einverständnis. Am nächsten Tag veröffentlichte *Gente* ein Foto von mir mit folgender Bildlegende: »Juan Martín Guevara gibt vor, den Aufenthaltsort seines Bruders Che nicht zu kennen, sein Tonfall macht aber deutlich, dass er ihn sehr wohl weiß.« Diese Vorgehensweise war umso empörender, als sie mich in große Gefahr brachte. Ich ging zu dem Blatt und knöpfte mir dieses Schwein von Journalist vor: »Was willst du eigentlich? Mir die SIDE[125], das FBI, die CIA und den KGB auf den Hals hetzen? Bist du krank oder was?« Es war ihm gleichgültig, weil er seinen Fake-Exklusivbericht ja gebracht hatte. Das Übel war geschehen. Wenn mich die Geheimdienste vorher noch nicht auf dem Schirm gehabt haben sollten, was ich stark bezweifle, so nahmen sie mich spätestens jetzt ins Visier.

Mit den Jahren habe ich mich verändert, die Journalisten ließen mich schließlich in Frieden, ich hatte sie entmutigt. Dann, angestachelt durch mein erstes Interview 2007 für die Tageszeitung *Página 12*, versuchten sie es noch einmal. Das hatte aber nicht Che zum Thema, sondern die Abfindungen, die die Regierung den ehemaligen politischen Gefangenen versprochen hatte. Sie war mit ihrem Versprechen in der Schuld, und ich setzte mich dafür ein, dass es auch eingelöst würde. So erfuhr die Öffentlichkeit von meiner Existenz. Man hatte völlig vergessen, dass Che Brüder und Schwestern hat. Die Argentinier kamen aus dem Staunen gar nicht mehr heraus. Das zeigt, wie wenig sie mit den Hintergründen vertraut waren. Indessen brauchte ich zwei weitere Jahre, um mich dazu durchzuringen, über Che zu sprechen. Ich war ein Opfer von Selbstzensur geworden.

Als die argentinische Presse um 2009 einen neuen Versuch startete, war ich schließlich so weit, ohne dass ich mich dazu bewusst entschlossen hätte. So etwas ergibt sich auf natürliche Weise. Eines schönen Tages sagte ich einfach ein Interview zu. Ich hatte eine ganze Menge zu sagen, Dinge, die ich bislang für mich behalten hatte. Außerdem gab es zahlreiche Unterhaltungen, die ich mit Roberto, Celia und, vor ihrem Tod, Ana María geführt hatte. Seit Celia 1984 aus dem Exil zurückgekehrt war, gefolgt von Roberto, sprachen wir viel über Ernesto und darüber, ob wir besser reden oder schweigen sollten. Ana María und Celia beharrten auf ihrem Standpunkt und hielten an ihrem Stillschweigen fest. Roberto äußerte sich viel in der Öffentlichkeit, vor allem im Rahmen seiner Bewegung, der MODEPA.

Celia weiß nichts von diesem Buch. Wenn sie davon erfährt, kann es durchaus sein, dass sie nie wieder mit mir spricht. Sie ist völlig uneins mit mir über dieses Vorhaben. Wir vermeiden das Thema, um nicht zu streiten. Sie ist ungnädiger, kompromissloser als je zuvor. Roberto hat wieder, mit dreiundachtzig Jahren, die Anonymität gewählt. Er will über all dies nicht sprechen. Er weiß, dass ich sehr aktiv bin, intensiv an der Verteidigung von Ernestos Andenken arbeite, aber er fragt mich nie danach. Seine Frau hingegen bestärkt mich sogar darin.

Mein Wunsch zu sprechen geht nicht nur auf persönliche Erwägungen zurück. Zwischen 2001 und 2003 hat Argentinien einen politischen Erdrutsch erlebt. Es war eine Periode extremer Instabilität: Nach zwei desaströsen Amtszeiten des Peronisten Carlos Menem als Präsident von Argentinien haben sich im Casa Rosada in nur vier Jahren nacheinander fünf Präsidenten die Klinke in die Hand gegeben; manche davon hielten keine achtundvierzig Stunden durch.[126] Damals behauptete ich, die Jugend sei im Augenblick dabei, Che wiederzuentdecken. Sie dürstete nach Wissen. Sie stellte Fragen. Es gab ein Bedürfnis, eine Notwendigkeit, die dem Chaos entsprang, der katastrophalen wirtschaftlichen und gesellschaftlichen Krise, die uns 2001 mit voller Wucht erwischt hatte. Wir befanden uns bereits in einer gefährlichen Rezession. Die drastischen wirtschaftlichen Maßnahmen, die der Internationale Währungsfonds uns aufbürdete, stießen uns in den Abgrund (wir waren Griechenland, bevor Griechenland kam). Ganze Bevölkerungsteile purzelten von einem Tag auf den anderen aus der Mittelschicht in die Armut: Ihre Ersparnisse waren plötzlich weniger wert – wenn sie nicht sogar völlig zusammengeschmolzen waren. Die Leute mussten zum Tauschhandel zurückkehren, um zu überleben. Sie hatten kein flüssiges Geld mehr. Die Banken waren geschlossen oder beschränkten die Höhe von Barauszahlungen. So gingen wir dazu über, Lebensmittel gegen Dienstleistungen zu tauschen. Bald wurde klar, dass der Raubtierkapitalismus nicht das versprochene Nirwana war. Die Leute gingen mit Vehemenz auf die Straße. Man musste ein Gegenmittel finden, auf den Ruinen der alten Gesellschaft eine neue schaffen. Die Jungen erinnerten sich wieder an Che. Was sagte er nochmal über den Kapitalismus? Welche Lösungen empfahl er? Ganz allmählich begann ich zu antworten. Ich brachte mich ein. Ich fühlte, dass ich ihm gegenüber eine Verantwortung hatte, eine Erinnerungsfunktion, die mich verpflichtete, über ihn zu sprechen. Welche Etappen hat er durchlaufen, um zu Che zu werden?

Zur selben Zeit beschlossen drei alte Freunde, Museen zu eröffnen: die Schwester eines Zellengenossen und Abgeordnete der Provinz Misiones, Julia Perié, in Puerto Caraguatay, wo Ernesto seine ersten beiden Lebensjahre verbrachte; die Tourismusbeauftragte Carina Chiuchich in Alta Gracia, wo Ernesto seine Jugendjahre verbrachte; und Darío Fuentes in San Martín de Los Andes in der patagonischen Provinz Neuquén[127]. Ernesto war von Neuquén, einem Ort von umwerfender Schönheit, verzückt und hatte daran gedacht, seinen Lebensabend dort zu verbringen. Julia, Carina und Darío baten mich, an dem Abenteuer mitzuwirken. Sie nahmen so viele Anstrengungen auf sich, um das Andenken meines Bruders zu ehren, dass ich nicht Nein sagen konnte. Wir organisierten die Route für eine touristische Kulturreise, die wir *Los Caminos del Che*, die Wege von Che, tauften, welche die drei Museen miteinander verbindet und vom argentinischen Tourismusministerium gefördert wurde. Unser erstes öffentliches Zusammentreffen fand 2009 statt. Es markierte meinen Einstieg in die nationale und internationale Szene. Im Jahr 2013 gründete ich den Verein *Por las Huellas del Che* (Auf den Spuren von Che), dessen Ziel es ist, sein Denken zu verbreiten. Ich betone immer wieder, dass man Che ans Kreuz schlagen wollte, und zwar nicht nur seinen Körper, sondern seine Ideale. Der Verein begann seine Arbeit damit, dass er eine detaillierte Studie darüber erstellte, wie sich das Bild von Che gewandelt hat, seit er zusammen mit Fidel vom Hafen Las Coloradas ablegte. Wir wollten verstehen, wie er über die Zeit hinweg wahrgenommen wurde. Was fanden wir heraus? Dass das Bild von ihm erwartungsgemäß zahlreiche Facetten hatte: die des kommunistischen argentinischen Arztes, der die jungen Leute aus gebildeten Familien indoktriniert; die des Filmhelden (*Che!* von Richard Fleischer mit Omar Sharif in der Hauptrolle und in neuerer Zeit *Che* von Steven Soderbergh mit Benicio del Toro[128]); die eines psychopathischen Killers, der um sich schießt, was das Zeug hält; die des heroischen Kämpfers und Beschützers der Witwen und Waisen und so fort. Und wer ist Che wirklich?

Ich verfolge mit diesem Buch – und dem Verein – mehrere Ziele. Mein Hauptziel ist, dass man meinen Bruder jenseits des Mythos kennenlernt. Die Leute tragen ein verzerrtes Bild von Che mit sich herum. Hinter der Maske einer Ikone oder des Guerilleros, so anziehend sie sein mag, gibt es eine Botschaft, sie sich lohnt, verbreitet zu werden. Wer kennt die Gedanken von Che? Fast niemand! Und doch ist er einer der großen marxistischen Denker des Jahrhunderts. Die Allgemeinheit muss sich darüber klar werden, dass dieser Mann nicht nur dazu taugte, die Waffe zu erheben. Er nannte sich Abenteurer, aber von jener Art, die jederzeit ihr Leben dafür einsetzt, in Gleichklang mit ihrer Wahrheit zu leben und für ihre Ideen zu sterben. Es ist entscheidend, zu verstehen, dass Ernesto anfangs eine normale, wenn nicht gewöhnliche Person war, die zu einem außergewöhnlichen Menschen wurde, den andere nachahmen können und sollen. Große Persönlichkeiten haben Seltenheitswert, aber es gibt sie. Und diese hier war ein Argentinier. Was mich zum zweiten Ziel führt: Die Argentinier sollten sich auf die Vorbildrolle ihres Che besinnen. Ohne den Kubanern zu nahe treten zu wollen, aber er hatte doch argentinische Gewohnheiten, eine argentinische Kultur, argentinischen Humor. Kürzlich hielt ich einen Vortrag an einer großen Universität in Havanna und brachte unglücklicherweise das Argentinische an Che zur Sprache. Die Zuhörer nahmen mir das sehr übel. So sehr, dass einige Personen sich erhoben, um mir lauthals zu widersprechen. Nicht nur sei Che Kubaner, versicherten sie mir, sondern er sei sogar ein *santaclareño*, einer, der aus Santa Clara stammt, und habe überhaupt nichts von einem Argentinier, nicht einmal den Akzent, der irgendwo zwischen mexikanisch und kubanisch schwanke.

Ich insistierte nicht weiter, das hätte zu nichts geführt, aber ich war erstaunt.

Ernesto hatte nie aufgehört, sich als Argentinier zu fühlen und unser Land zu lieben. In Havanna begab er sich regelmäßig zur Nachrichtenagentur Prensa Latina, um sich über die Ereignisse in seinem Herkunftsland zu informieren, die er mit großem Interesse verfolgte. Er kannte die Namen aller Politiker, aller Militärs und der wichtigsten Gewerkschaftler. Nichts von dem, was in Buenos Aires passierte, entging ihm. Jorge Masetti – dem er in der Sierra Maestra ein langes Interview gegeben hatte und der sein Freund geworden war – schickte ihm jeden Morgen alle Nachrichten, die mit Argentinien zu tun hatten.[129]

Eines Tages befragte eine Journalistin, an deren Name ich mich nicht mehr erinnern kann, Ernesto zu unserem Land. Als der etwas später das Thema wechseln wollte, »Genug von Argentinien – sprechen wir über etwas anderes«, fragte sie ihn: »Warum? Ich dachte, Sie lieben Ihr Land?« – »Genau deswegen!«, erwiderte Ernesto. Die Wahrheit ist eben, dass er ein tiefes Heimweh nach seinem Land verspürte.

Auf Kuba gilt Che als der perfekte Mensch, er wurde zum Heiligen gemacht, und niemand darf daran rühren. Ernesto hatte aber auch Fehler wie alle Menschen. Er konnte sowohl verbal wie körperlich nicht besonders gut zeigen, was er für die Menschen empfand. Daraus schlossen sie, er sei so distanziert, wie meine Mutter es war. Sie liebte uns zärtlich, schloss uns aber nie in ihre Arme. Dennoch wussten wir alle, welch tiefe Zuneigung sie für uns empfand. Deshalb war die lange Umarmung von Mutter und Sohn am Flughafen von Havanna so berührend und so besonders für uns. In seinen Briefen ließ Ernesto seiner Seele viel freieren Lauf. Er schrieb wundervolle Liebesgedichte an Aleida und davor an Chichina. Sein Herz war voll Zärtlichkeit. Eine seiner Lieblingsmaximen war: »Hart werden, ohne jemals die Zärtlichkeit zu verlieren.« So war er.

Ich möchte dazu beitragen, dass man ihn besser versteht. Ich bin weder Intellektueller noch Journalist, aber ich bin sein Bruder, und diese schlichte Tatsache hat Gewicht. Wenn die Leute erfahren, wer ich bin, glauben sie mir nicht, zweifeln, halten mich für einen Spinner. Sie mustern mich von oben bis unten mit erstaunlicher Dreistigkeit. Ich bin ihnen ein Geheimnis. Sobald sie die Möglichkeit in Betracht gezogen haben, dass ich vielleicht die Wahrheit sage, besteht ihre zweite Reaktion darin, nach Ähnlichkeiten zu suchen. Sie sehen sich meine Augen genau an, meine Nase, meinen Mund, meine Figur. Ich bin kleiner als Ernesto. Wir haben eine gewisse Ähnlichkeit, aber sie ist nicht von der Sorte, die ins Auge springt. Wir haben dieselbe Stimme. Wenn mich irgendjemand mit seinen Gefühlen überschüttet wie diese Japanerin in Vallegrande, ist mir vollkommen klar, dass diese Gefühle nicht für mich bestimmt sind. Jedes Mal frage ich mich: Was fühlt diese Person? Warum diese starke Erregung? Ich habe Menschen aus aller Herren Länder getroffen, die Che in sich tragen.

In Argentinien zeigt sich das Phänomen im Vergleich zu Kuba in fast umgekehrter Weise. Ernesto wurde dort lange Zeit geschmäht, dann ignoriert. Er beschämte sie zu sehr. Stellen Sie sich vor, ein Land, das siebzehn Militärdiktaturen hinter sich hat, in dem die Redefreiheit so oft mit Füßen getreten wurde, wo Günstlingswirtschaft und Vorteilsgewährung an der Tagesordnung und bereits verinnerlicht sind. Auch wenn die Provinzen Córdoba, Misiones und Neuquén heute in ihren Museen Che ehren, trägt nicht eine einzige Straße seinen Namen. Das Bürgermeisteramt weigert sich. Kürzlich beantragte eine Schuleinrichtung die Erlaubnis, in Escuela Ernesto Guevara umbenannt zu werden. Der Antrag wurde mit der Begründung, dass er »ein Mörder war«, abgewiesen. Was macht es da schon, dass Dutzende Straßen der Hauptstadt nach Diktatoren und Urhebern von Blutbädern benannt sind!

Trotz allem ändert sich allmählich die Einstellung. Heute ist Che ein Symbol, das ein Teil der argentinischen Bevölkerung wieder für sich beansprucht. Die Kirchners schmückten eine Wand des Casa Rosada mit seinem Porträt. Politiker, die die wirkliche Gedankenwelt von Che oft nicht kennen, machen sich sein Image zunutze, ohne zu bemerken, dass ihre Korruptheit eine Beleidigung seiner Integrität darstellt.

Zuweilen erlebe ich aber auch Überraschungen. Kürzlich fahndete ich nach einem vergriffenen Buch über meinen Bruder. Nach fruchtlosen Nachforschungen in den Buchhandlungen der Hauptstadt fand ich es schließlich auf einer Internetseite, die gebrauchte Bücher anbot. Der Verkäufer traf sich mit mir in einem beliebten Viertel an einer Straßenecke. Er wusste nicht, wer ich bin. Er war einfach gekommen, um einem Unbekannten ein Buch zu verkaufen. Der Mann war um die dreißig. Er schien ziemlich arm. Als er ankam, streckte er mir das Buch entgegen und erging sich augenblicklich in Entschuldigungen dafür, dass er sich von ihm trennen wollte. Er erzählte mir, er besitze eine ganze Sammlung von Werken über Che, er sei ein großer Bewunderer von Che, habe praktisch alle seine Schriften gelesen, ich solle das unbedingt auch tun. Er trenne sich von dem

Buch mit höchstem Bedauern, aber er sei einfach völlig pleite. Er hielt mir seine improvisierte Vorlesung über Che vor dem Eingang eines Supermarktes, vor dem ein Sicherheitsmann auf und ab ging und uns böse Blicke zuwarf. Endlich enthüllte ich, wer ich bin. Er konnte es zuerst nicht glauben. Wieso suchte ich aber dieses Buch, wenn ich wirklich der Bruder von Che war? Müsste ich dann nicht bereits ein Exemplar davon besitzen? (Tatsächlich hatte ich auch eins, das ich sogleich aus meiner Mappe holte, um es ihm zu zeigen, aber ich wollte eben ein zweites.) Er fragte mich nach meinem Namen, wollte alles über meine Familie wissen, versuchte mich in Widersprüche zu verwickeln. Als es ihm aus gutem Grund nicht gelang, mich aufs Glatteis zu führen, fügte er sich der erdrückenden Beweislage. Er war überglücklich, einem nahen Verwandten von Che begegnet zu sein. Ich hatte den Tag für ihn gerettet.

Diesem Mann war das Denken Ches vertraut, was in Argentinien ziemlich selten ist. Es herrschen immense Informationslücken. Die jungen Generationen sollten einen Blick auf Ches Kindheit werfen, auf seine Adoleszenz und auf ihn als jungen Mann. Zum gegenwärtigen Zeitpunkt arbeiten meine Genossen in der Gewerkschaft Asociación de Trabajadores del Estado (ATE – Staatliche Angestelltengewerkschaft) zusammen mit der Universität von Buenos Aires und dem Centro Che de Cuba an einer ausführlichen Dokumentation über Ernesto in Argentinien. Man wird ihn darin als den Bruder, Sohn, Freund, Neffen, Enkel, Arzt, Schachspieler, Intellektuellen, Politiker, Strategen und Kämpfer Che entdecken. Wenn wir alle einmal tot sind, lebt wenigstens Che als Che weiter.

Ihn in seiner Menschlichkeit darzustellen ist die einzige

Möglichkeit, über sein Denken zu sprechen, seine Philosophie und sein Bewusstsein. Nur so lassen sich Klischees vermeiden, vornehmlich das des Guerillero, das mir viel zu eng scheint. Genauso schrecklich simplifizierend ist es, seine literarische Produktion auf das Tagebuch einer Motorradreise zu reduzieren, wenn er doch dreitausend Seiten Schriften hinterlassen hat. Die Guerilla war für ihn nur eine Methode, um die Befreiung zu erreichen, den Umbau der Gesellschaft, die soziale Gleichheit nach einer endlosen Ausbeutung des Menschen durch den Menschen. Er führte das Problem einer Lösung zu, die selten so aktuell war wie heute. Wir vergessen leicht, dass Ernesto zwischen 1959 und 1965 das Format und die Verpflichtungen eines Staatschefs hatte. Er zog auf Staatsreisen kreuz und quer über den Planeten, traf mit anderen Staatsoberhäuptern zusammen, während er zur selben Zeit auf Kuba eine veritable Wirtschaftspolitik entwickelte. Er wurde Präsident der Nationalbank und besuchte mit Salvador Vilaseca Kurse in höherer Mathematik, um sie kompetent leiten zu können. Er war ein großer Marxleser, dessen Grundgedanken er in seinem Industrieministerium umzusetzen suchte. Grundgedanken, die nichts mit denen der UdSSR zu tun hatten, die sich in Richtung Materialismus und Dogmatismus entwickelt hatten. Dazu notierte er: »Auf den unversöhnlichen Dogmatismus der Stalin-Ära folgte ein haltloser Pragmatismus. Und das Tragische ist, dass sich dieses Phänomen nicht auf den wissenschaftlich geprägten Sektor beschränkt; es erscheint vielmehr unerwartet in allen Lebensbereichen der sozialistischen Völker und erzeugt extrem schädliche Verwerfungen, deren letztendliche Konsequenzen unberechenbar sind.«[130]

Che wollte eine gerechte Gesellschaft aufbauen, die nicht

auf Gewinn, sondern auf menschlichen Prinzipien und den Idealen Anständigkeit, Solidarität und Brüderlichkeit beruht. Er sagte, man »muss auf die gleiche selbstverständliche Art Marxist sein, wie man als Physiker ein Anhänger Newtons oder als Biologe ein Anhänger der Entdeckungen von Pasteur ist [...]. Das Verdienst von Marx ist es, dass er der Geschichte der Sozialphilosophie einen qualitativen Sprung beschert hat. Er interpretiert die Geschichte, erklärt ihre Dynamik und leitet ihre Zukunft daraus ab. Im Übrigen reicht er weit über seine wissenschaftliche Problemstellung hinaus: Er formuliert ein revolutionäres Konzept. Es genügt nicht, die Natur der Sache zu verstehen, es gilt, sie auch zu verändern. Der Mensch hört auf, Sklave und Mittel der Geschichte zu sein, und wird zum Architekten seiner Zukunft.«[131]

Im Gegensatz zu den russischen Apparatschiks weigerte sich Che, Privilegien in Anspruch zu nehmen. Geld interessierte ihn nicht. Er verteilte die Geschenke, die er von anderen Staatschefs bekam, immer sofort an seine Untergebenen. Aleida war deshalb sehr enttäuscht, als er eines Tages einen Farbfernseher – der auf Kuba Seltenheitswert hatte – an einen verdienten Angestellten des Industrieministeriums weiterschenkte.

Ernesto hatte indessen die Kubanische Revolution nicht nötig, um antidogmatisch zu sein. Er hatte nichts mit ideologischen Schranken am Hut. Er lernte und entdeckte durch den praktischen Umgang mit den Dingen. Wenn er von Dialektik sprach, beschränkte er sich nicht auf spekulative Philosophie. Zuerst kam die Aktion, dann das Denken. Er gab sich Mühe, aus seinem Handeln eine theoretische Reflexion abzulösen und sein Denken im Handeln konkret werden zu lassen. Während des ganzen Feldzugs von Ñancahuazú verschlang er ein Buch nach dem anderen. Er las wieder und wieder die griechischen Philosophen, um den Menschen und seine Rolle in der Geschichte zu verstehen. Er las sie zweimal, für den Fall, dass ihm bei der ersten Lektüre etwas entgangen war. Seine Sorge bewegte sich weit jenseits der Guerilla. Er durchlebte einen permanenten politischen, philosophischen und menschlichen Reifungsprozess. Sein Denken entwickelte sich fortwährend weiter. Wie konnte man zum Ideal des »neuen Menschen« gelangen, wenn man nicht in der Lage war, den Menschen zu verstehen?

Wer sich für Ernestos Denken interessiert, muss bereit sein, das Feld der Gestaltung von Wirklichkeit zu betreten, sich auf die Veränderung des politischen, ideologischen, philosophischen und kulturellen Denkens einzulassen, um am Ende zu diesem »neuen Menschen« zu gelangen, der ihn so sehr beschäftigt hat. Ein radikaler Umschwung zu einer Gesellschaft, die auf Gerechtigkeit gründet, erforderte und erfordert in jedem Fall die vollständige Metamorphose des Menschen, nicht nur des Meisters oder Arbeitgebers, sondern auch des Sklaven und Arbeiters. Wir alle müssen unsere Einstellung ändern, uns verbessern. Die Ausbeutung des Menschen durch den Menschen findet nicht nur auf dem Gebiet der Arbeit statt, sie erstreckt sich auf alle menschlichen Bereiche. Die wirtschaftlichen Strukturen können nicht verändert werden, wenn nicht gleichzeitig eine Entwicklung des menschlichen Bewusstseins erfolgt. Diese wiederum kann nur über die Praxis erfolgen. Dazu muss man zuerst die Macht übernehmen, Schluss machen mit dem privaten Eigentum an Produktionsmitteln und mit dem Monopolstreben. Was beobachten wir heute in Argentinien? Die immer gleichen Banken, Starbucks, McDonald's, Walmart, Carrefour, Farmacity, all die ausländischen Unternehmen, die bei uns eingedrungen sind: Lassen sie ihre Gewinne bei uns im Land? Mitnichten. Sie setzen sogar noch ihre Namen auf die Produkte, die in Argentinien produziert werden. Das Phänomen wiederholt sich überall in der Welt. Wir erleben eine Vereinheitlichung. Wir verlieren unsere Unterschiede.

Was kann ich gegen diese Dynamik, diese Dampfwalze, anderes tun als säen? Der eine hat das Glück, auf fruchtbarem Boden zu säen, der andere muss Dünger einsetzen. Ich glaube fest an historische Koinzidenz, zum Beispiel, wenn in einer revolutionären Situation ein Mensch bereit ist, sie mit Erfolg zu nutzen. Manchmal stimmen die Umstände, aber die Person fehlt, die diese Situation braucht. Manchmal ist es umgekehrt. Die Geschichte zeigt uns aber, dass es manchmal Augenblicke gibt, in denen die Sterne auf wunderbare Weise in der richtigen Konstellation stehen. Wie an jenem Abend, da Fidel und Ernesto sich in Mexiko kennenlernten. Der Zufall hatte die Dinge zum Guten gewendet, aber dazu war es eben auch notwendig, dass Fidel in der Lage war, in wenigen Stunden Ernestos Fähigkeiten zu erkennen.

Meine Mission ist nicht nur an meine Verwandtschaft mit Che geknüpft. Ich teile auch seine Ideen. Ich bin Marxist-Leninist, Guevarist. Ich glaube an eine Verbesserung der Welt und bin überzeugt, dass die Mächte, die uns regieren, die Körperschaften, die Kartelle, die Milliardäre, die Armeen, nicht so liebenswürdig sind, dass sie kampflos die Macht in unsere Hände zurückgeben werden. Durch ihr Verschulden steuern wir direkt auf die Katastrophe zu. Wir kommen an einen Wendepunkt. Aber es fehlt uns eine Bewegung, um uns dem entgegenzustellen. Man muss den Menschen wieder die Mittel zu ihrer Verteidigung an die Hand geben. Ich optiere nicht für den bewaffneten Kampf, ich glaube vielmehr an die Wirksamkeit einer gewissen Gewalt. Man kämpft nicht mit Worten gegen das Krokodil. Die Gewalt existiert, und sie ist das direkte Resultat des Kapitalismus. Jemand wird und muss auftauchen. Wer, was, wann, wo, wissen wir noch nicht. Aber so können wir nicht weitermachen.

Die Sechzigerjahre waren eine leuchtende und stürmische Epoche, dank des Sieges der Kubanischen Revolution und der Niederlage des Imperialismus in der Schweinebucht. Die Welt schien zweigeteilt: Kommunismus auf der einen, Kapitalismus auf der anderen Seite. Eine Dekade später befanden wir uns in einer grauen Periode. Che war besiegt und mit ihm die bolivianische Revolution.

Dieses Debakel hinterließ einen Schandfleck auf dem Erdteil Lateinamerika. Es hatte eine entscheidende Bedeutung für die darauffolgenden Ereignisse, aber wir mussten Jahre warten, um sein Ausmaß zu erkennen. In den Siebzigerjahren trug uns noch die Hoffnung, dass uns die Revolution gelänge, dass wir sie gewinnen und dem Sozialismus zum Sieg verhelfen könnten, zumindest in Argentinien. Dann kollabierte die UdSSR, und mit ihr fiel der Eiserne Vorhang. Heute treten wir aus dem Nebel. Es genügt schon zu sehen, was in Europa passiert. Sind sich die Europäer des Ernstes der Probleme zur Gänze bewusst, die auf sie zukommen? Die Arbeitslosigkeit, die Schuldenberge, die Immigration und so weiter? Der alte Kontinent zeigt derzeit schwere Schlagseite, immer bedrohlicher neigt er sich dem Abgrund zu. Was können wir tun angesichts der enormen Finanzkonzentrationen und der Multis, die, wie es scheint, über unsere Existenz bestimmen, angesichts der Waffen-, Medien-, Energie- und Landwirtschaftsmonopole? Jeder dieser lebensentscheidenden Bereiche befindet sich in den Händen weniger Menschen. Wer könnte sich schon mit derartigen Mächten anlegen?

Aus diesem Grund bin ich überzeugter Guevarist. Wir mögen wenige sein, aber in uns keimt die Vorstellung auf, dass dieser Gedanke nicht romantisch, *quijotesk* ist, wie immer wieder gesagt wird. Nein, die Philosophie von Che ist konkret und praktisch. Ist sie besiegt, zum Kniefall gezwungen worden? Das zweifellos. Vor kurzem hörte ich einige Vorträge an der Universität in Buenos Aires. Die Redner waren der Ansicht, Lateinamerika bilde heute eine globale und solidarische Einheit. Ich bin ganz anderer Meinung. Die Vereinigten Staaten üben einen riesigen Einfluss auf unseren Kontinent aus, und sie haben keinerlei Interesse daran, uns einig zu wissen: Wir könnten uns ihrem Griff entwinden.

Wenn die USA selbst in der Krise stecken, ist das die Krise eines reichen und übermächtigen Landes. Die USA haben Wall Street (Goldman Sachs, Morgan Stanley, JP Morgan Chase etc.), die mächtigste Armee der Welt, die größten Medienkonzerne (Time, Warner, Viacom, Comcast, etc.), die wichtigsten Hightech-Unternehmen (Google, Facebook, Microsoft). Sie managen ihre Krise, indem sie den anderen den Schwarzen Peter zuschieben. Bei der Krisenbewältigung behalten sie das Beste für sich und kehren anderen den Mist vor die Tür. Doch der Mist stinkt auch vor ihrem Haus. Ungefähr fünfzig Millionen Amerikaner leben im Augenblick am Rande des Existenzminimums, ein explosiver Zustand, der direkt zu dem Wendepunkt hinführen kann, von dem die Rede war. Es gab einmal eine gesegnete Zeit, da ein großer Teil dieser Menschen zur Mittelklasse gehörte. Sie hatten ein Auto, ein Haus und einen Überschuss an Nahrung. Sie glaubten sich im Besitz unveräußerlicher Rechte – die sich nun in Luft aufgelöst haben. Werden sie sich zufriedengeben mit der Erklärung, dass es noch ärmere Länder gibt und Völker, die noch mehr leiden als sie? Natürlich nicht! Denn es ist ja kein Erdbeben, das ihnen alles genommen hat, sondern das Raubtier Kapitalismus. Was ist denn tatsächlich das Ziel derer, die auf den meisten Reichtümern sitzen? Dass die anderen nicht wissen, wie sie dazu gekommen sind; dass jene, die sie leiden lassen, davon überzeugt sind, ihr armseliges Schicksal sei der Wille Gottes, und dereinst, im ewigen Leben, würden sie erlöst und beglückt; dass sie überzeugt sind, ihr Untergang habe damit zu tun, dass sie schwarz, braun, dumm oder unfähig sind …

Wer sind jene Länder, die für die reichen Nationen die Folgen des Raubtierkapitalismus ausbaden? Aus geschichtlicher Perspektive diejenigen, die man die Dritte Welt oder Entwicklungsländer nennt. Doch heute werden die entwickelten Länder selbst zum armen Mann. Europa beispielsweise drängt Portugal an den Rand des Abgrunds, und die ersten, die hineinstürzen, sind naturgemäß die Armen. Der Klassenkampf, von dem Marx sprach, ist heute möglicherweise anders zu definieren, aber er findet noch immer statt. Es handelt sich nicht mehr um eine Frage der Moral oder Gerechtigkeit, auch wenn es natürlich krasse Ungerechtigkeiten gibt, sondern um eine praktische, konkrete, politische und wirtschaftliche Frage. Die Lösung unserer Probleme kann man nicht in der Anarchie finden, die wir derzeit auf dem Feld der Produktion erleben. Das Einzige, was man uns vorschlägt, ist, immer noch mehr zu besitzen. Unsere Religion ist der kannibalistische Konsum geworden. So produzieren wir immer mehr, wofür und mit welchem Ziel? Um die Monopole zu ernähren, von denen oben die Rede war.

Man macht uns glauben, dass Maßnahmen zugunsten der Armen getroffen werden. Man gibt ihnen öffentliche Schulen, lehrt sie lesen und schreiben. Man verteilt die Verwaltungsposten der oligarchisch geführten Unternehmen an die Mittelklasse. Währenddessen schickt die Oligarchie ihre Kinder auf Privatschulen und später auf die großen Universitäten, die mit Hilfe derselben Gussform Führungskräfte aus ihnen machen, um uns zu kontrollieren. Man erwartet von diesen künftigen Plutokraten, dass sie das kapitalistisch-imperialistische Modell weiterzeugen. Von Zeit zu Zeit schert einer von ihnen aus der Reihe aus und stellt seine Unabhängigkeit unter Beweis. Die Oligarchie staunt. Man hat ihn mit allen Instrumenten versehen, damit er die da unten weiterhin unten hält. Wie konnte das nur geschehen?

Che verließ Kuba zu früh, als dass sein Engagement und seine Vision hätten Früchte tragen können. Er versuchte auf Kuba, den Sowjetmarxismus zu überholen und einen Marxismus mit menschlichem Antlitz zu verwirklichen. Er glaubte, sein Projekt sei auf dem Weg; es wurde durch seinen Fortgang unterbrochen. Der Kommunismus hat in einem Desaster geendet. Der Kapitalismus überlebte, aber zum Schaden des Planeten und der Menschen. Die Reichtümer sind weiterhin in den Händen weniger konzentriert, während es mehr und mehr Arme gibt. Sehen wir nicht die offenkundige Beziehung von Ursache und Wirkung?

Der Mensch hat aufgehört, wichtig zu sein, und verwandelte sich stattdessen in ein Objekt von Ausbeutung und Missbrauch. Alle Bereiche sind heute von Amoralität und Korruption kontaminiert, sogar der Fußball, der kein Sport mehr, sondern zu einem widerlichen Geschäft verkommen ist. Wir verlieren immer mehr unsere Menschlichkeit, unsere Solidarität, unsere Umgänglichkeit. So ist der Mensch aber nicht geboren. Man hat ihn so gemacht.

Habe ich die Lösung zu diesen Problemen? Unglücklicherweise nicht. Hätte ich sie, wäre ich ein zweiter Che. Mein Bruder hatte Lösungen. Sie konnten nicht erfolgreich zu Ende geführt werden. Er hat eine strategische Niederlage erlitten, nicht nur in Südamerika, sondern auf der ganzen Welt. Er wollte die Denkweise der Menschen verändern, um letztlich einen weltweiten Wandel zu erreichen. Daran glaubte er.

Eines der Ziele des Vereins *Por Las Huellas del Che* ist es, an allen Orten präsent zu sein, an denen Che als Denker, als gesellschaftlicher Erneuerer lebt. Der Verein muss fortbestehen. Er wird nichts revolutionieren, das ist auch nicht sein Ziel. Er soll in der Lage sein, Ches geistiges Vermächtnis zu verbreiten, das überall auf der Welt gewachsen ist. Der marxistische Leuchtturm des 21. Jahrhunderts wird Che sein. Er hat die auslösenden Ereignisse identifiziert und das Unheil vorausgesehen, das wir jetzt erleben, ohne einen Ausweg zu kennen. Er ist ein zukunftsweisender Denker, auch wenn er 1967 gestorben ist. Im Nachhinein stellt man fest, dass er eine atemberaubende Zukunftsvision hatte. Er sagte zum Beispiel den Zusammenbruch der Sowjetunion voraus. Wer wäre 1965 dazu fähig gewesen? Und warum war er es? Weil er aufgrund seiner profunden Analyse der sowjetischen Gesellschaft erkannte, dass diese mit kapitalistischen Waffen gegen den Kapitalismus kämpfte, was letztlich zu einer Stärkung des liberalen Systems führte. Die Sowjets haben sich nach der Revolution auf ihrem Weg verirrt. Der Neuen Ökonomischen Politik (NEP), die Lenin 1921 vorantrieb, um das wirtschaftlich schwer angeschlagene Land wieder zu dynamisieren[132], lastete er an, dass sie sich in eine vollendete Tatsache verwandelt hatte, anstatt nur eine vorübergehende Maßnahme zu sein. Die materiellen Stimulantien nahmen in der sowjetischen Gesellschaft auf Kosten menschlicher Werte einen zentralen Platz ein. Das Volk war immer besessener hinter dem materiellen Gewinn und finanziellen Belohnungen her. Che taufte dieses Phänomen »Gesetz des Werts« und setzte es in Kontrast zur Moralität, die er für das entscheidende Fundament hielt. Die Menschen sollen vom Wunsch, Gutes zu tun, angestachelt werden, von der Lust, anständig zu sein und die ihnen zugefallene Aufgabe zu erfüllen, der Freude an einem klaren Bewusstsein. Die Aufgabe einer Regierung muss daher allem voran eine erzieherische sein. Was nicht heißt, dass sich die materielle Frage ganz aus der Welt schaffen lässt.

Che hat sich weder mit den Repressionen durch das Sowjetregime noch mit dem Begriff der freien Meinungsäußerung näher beschäftigt. Er ist in Kuba während der Chruschtschow-Jahre an die Macht gelangt, und es ist diese Zeit, die er in diesem konkreten Moment analysierte. Er beklagte jedoch den Dogmatismus, den Totalitarismus und die Inkohärenz des Sowjetsystems. Seiner Ansicht nach hatte die UdSSR die marxistischen Grundsätze verraten, indem sie sie zum Dogma machte. Was schreibt er 1965 aus Tansania, wo er darauf wartet, seine Abreise nach Bolivien zu organisieren? »Ich benutzte diese langen Leerzeiten dazu, die Nase in die Philosophie zu stecken, etwas, das ich schon lange einmal machen wollte. Ich bin gleich auf die erste Schwierigkeit gestoßen: Auf Kuba gibt es dazu keine Publikationen, abgesehen von den sowjetischen Ziegelsteinen von Schriften, die den Missstand aufweisen, dass sie einen vom Denken abhalten. Die Partei hat schon alles für dich gemacht. Du musst es nur noch verdauen. Als Methode ist das antimarxistisch, aber schlimmer noch, es ist auch inhaltlich sehr mittelmäßig.«[133]

Im 20. Jahrhundert hießen einige Antworten auf diese Frage bewaffneter Kampf, Revolution, Aufstand, Unruhen. Heute können wir wahrscheinlich sagen, dass diese Methoden nicht die besten sind. Andererseits besteht kein Zweifel daran, dass der Kapitalismus sich selbst in den Abgrund stürzen wird. Er wird nicht sagen: »Ok, es reicht, ich werde jetzt einer besseren Welt Platz machen. Schluss, basta, ich höre auf, ich strecke die Waffen.« Die große Frage ist also, welcher Weg zu Gleichheit, zu Gerechtigkeit führt.

Che befürwortete den bewaffneten Kampf, denn er war überzeugt, dass dies die einzige Art und Weise war, ein für allemal mit dem Imperialismus Schluss zu machen. Müssen wir warten, bis der Henker uns den Kopf abgeschnitten, bis Dracula alles Blut aus unseren Adern gesaugt hat, oder sollen wir zu den Waffen greifen und uns verteidigen?

Im Laufe der vergangenen Jahre erlebten wir Momente unmittelbarer Aggression gegen das Volk, zum Beispiel in der Krise des Subprime-Markts und in den Immobilienpfändungen. Dennoch kam es kaum zu nennenswertem Protest.

Da die Mächtigen natürlich von den Übeln wissen, die sie verursachen, lancieren sie die Desinformationen oder die Ablenkungen, nach denen die Abgestumpftheit der Massen verlangt. Die Leute sind sehr apolitisch geworden, nicht nur in den Vereinigten Staaten. Die erbitterte Verteidigung des Privateigentums, des Individualismus und Egoismus ist in der Gesellschaft derart verwurzelt, dass es extrem schwierig geworden ist, die Menschen zu organisieren. Sie sind davon überzeugt, dass es keine Lösung gibt, dass die Verhältnisse eben so sind, wie sie sind, und nicht anders sein können. Sie sind zu Fatalisten geworden.

Warum habe ich mich letztendlich entschlossen, zu sprechen? Wozu dieses Buch und dieser Verein?

Wohl weil ich andauernd mit einer offenkundigen Tatsache konfrontiert bin: der Notwendigkeit, dass unsere Gesellschaft verändert werden muss. Ich nehme die Ideale meines Bruders in Anspruch. Ich spreche in seinem Namen. Damit wir die großen Denker der Geschichte studieren konnten, war es immer unumgänglich, dass sich jemand fand, der sie liest, herausgibt und dokumentiert. Das ist es, was ich mit Hilfe des Vereins tun kann.

Und würde ich versuchen, meine Mission im Alleingang zu erfüllen, könnte man mir allzu leicht Steine in den Weg legen – ganz abgesehen davon, dass ich zweiundsiebzig bin. Die Feinde des Volkes können nichts gegen ein Buch unternehmen, noch weniger, wenn es in Frankreich publiziert wird. Es gab eine Zeit, da in Argentinien »subversive« Werke zensiert wurden. Das ist nicht mehr der Fall. Die heutige Methode ist, zu versuchen, uns vom Lesen abzuhalten, uns vor den Fernseher zu locken oder im Internet surfen zu lassen. Das ist der Grund, warum ich so gegen diese Medien eingestellt bin. Mir missfällt ihre Unmittelbarkeit. Heute muss alles gleich jetzt passieren, obwohl wir uns doch Zeit nehmen sollten, um nachzudenken, zu reflektieren. Technik und Moderne erlauben uns das nicht mehr.

Da ich aber Optimist bin und nicht glaube, dass die Menschheit ihren eigenen Untergang will, müssen wir etwas tun, und ich habe das Gefühl, dass die Zeit reif ist für die Verbreitung von Ernestos Philosophie. Er hatte ein derart weitgreifendes Denken – aber nicht die Zeit, um die fundamentalen Prinzipien dieses Denkens praktisch umzusetzen –, dass ich wenigstens zu seiner Verbreitung beitragen möchte.

Che kann uns aufrütteln. Man muss ihn dazu nur ins rechte Licht rücken.

CHE LEBT WEITER

Les honneurs, ça m'emmerde! – Ehrenbezeugung, wie mich das ankotzt!«, ruft mein Bruder eines Tages im Jahr 1961 aus, nach der Invasion in der Schweinebucht. Er sagt das auf Französisch, um die Angestellten seines Industrieministeriums nicht zu brüskieren, die soeben ihren Wunsch geäußert haben, eine öffentliche Hommage für ihn abzuhalten, »zu Ehren seines großartigen Trainings zur Ertüchtigung der Mitglieder des Rebellenheers«.

Ernesto hat nichts für Lobreden übrig. Er richtet die Augen auf seine Angestellten und erklärt: »Mir scheint, dass ihr nicht versteht, was ich wieder und wieder in meinen Schriften und Reden sage. Was wir hier brauchen, sind keine Lobhudeleien, sondern Arbeit. Ihr haltet euch für Revolutionäre? Dann geht auf Gefechtsstation ... in der Fabrik!«

Meinem Bruder ging es nicht um Ruhm und er verachtete jede Oberflächlichkeit. Was hätte er wohl von der Werbekampagne von Mercedes-Benz 2012 gehalten? Eine Kampagne, die hochgradig umstritten war, weil sie die Unverschämtheit besaß, den Stern auf seinem Barett durch das Logo des deutschen Automobilherstellers zu ersetzen ... Als es auf der Weltmesse in Las Vegas enthüllt wurde, wollte ein Journalist meine Meinung darüber wissen. Zwei Dinge kommen mir in den Sinn, erklärte ich. Die erste: Mercedes-Benz produziert wunderbare Autos. Die zweite: Wenn Deutschland morgen kommunistisch wird, war Mercedes-Benz der Vorreiter! Aber im Ernst, wichtig ist hier zu verstehen, warum Mercedes-Benz unter all den Bildern ausgerechnet das von Che gewählt hat. Der kreative Kopf, der diese Idee hatte, war ein Genie. Er traf zwei entgegengesetzte Ziele gleichzeitig: die Anticastristen von Miami waren fassungslos, als sie sahen, dass Mercedes-Benz sein Image mit dem eines »sadistischen Serienmörders« verknüpfte; und die anderen fanden es empörend, dass Mercedes-Benz einen makellosen Menschen für vulgäre kommerzielle Zwecke ausbeutet und auch noch ausgerechnet zur Förderung des Absatzes von Luxuslimousinen. Jedenfalls löste die Kampagne ein kleines Erdbeben aus. Am Tag seiner öffentlichen Vorstellung in Las Vegas durchquerte der Vorstandsvorsitzende von Daimler, Dieter Zetsche, unter einem gigantischen Konterfei von Che den Raum. Es war ein völlig irrwitziges Schauspiel – bis Zetsche angesichts des allgemeinen Aufschreis die Kampagne abbrechen und eine Entschuldigung formulieren musste.

Warum verkauft sich das? Warum entscheiden sich die Leute, die ihre Opposition, ihren Protest ausdrücken wollen, eher für dieses Bild als für ein anderes?

Kein Kaufmann der Welt wirft gern sein Geld zum Fenster hinaus, im Gegenteil. Für ihn ist Che vor allem ein Geschäft, so wie er das auch für manche Bewohner von La Higuera ist, die Fremdenführer geworden sind. Die Frage ist also nicht, warum es Verkäufer gibt, die so etwas tun, sondern vielmehr, warum es Käufer dafür gibt. Diego Maradona und Mike Tyson tragen Che-Tattoos, der eine auf dem Arm, der andere am Oberkörper. Was bedeutet das? Dass Che in ihrem Leben präsent ist, dass er ein Symbol darstellt, wichtig genug, um es sich in die Haut zu brennen.

Ich lehne den Totalausverkauf meines Bruders ab. Gleichzeitig weiß ich, dass er mir meine Aufgabe erleichtert. Tatsächlich keimt die Saat schon, die Leute sind bereits aufnahmefähig für sein Bild. Ohne seine Gedankenwelt zu kennen, wissen sie zumindest, dass er da ist. Ich muss nur noch die Vermittlung besorgen. Ich bezweifle, dass Mike Tyson oder Diego Maradona die Philosophie von Che studiert haben, aber ich weiß, dass sie dafür empfänglich sind. Wenn sie ihnen dann mit der Vorstellung, die sie sich davon machen, verträglich erscheint, werden sie ihr Tattoo behalten. Wenn nicht, können sie es jederzeit entfernen lassen.

Die Mächtigen haben versucht, Che mit allen Mitteln auszulöschen, indem sie ihn lieber ermordeten, statt ihn einzusperren, dann, indem sie den Leichnam verschwinden ließen, schließlich, indem sie auf seinen Gedanken, seinem Kampf und seinen Ideen herumtrampelten. Sie haben ihn getötet. Trotzdem hat er überlebt. Wieviel Male wurde die Kubanische Revolution schon als Ergebnis einer fremden Invasion diffamiert, als einen Vorstoß der Sowjets, statt sie als nationales und patriotisches Projekt anzuerkennen? Beschrieben sie Ernesto nicht als Mörder, als wildes Tier, als furchtbaren Marxisten? Auch die Verleumdungen haben nicht funktioniert. Die Liedermacher schrieben weiter ihre Songs (mindestens fünfzig Balladen sind Che gewidmet), die Schriftsteller ihre Bücher und die Dichter ihre Poeme, die Straßenkünstler sprühen ihn weiterhin auf die Wände und so weiter. So lebt Che weiter, ist präsenter denn je, und es ist illusorisch, sein Gedenken auslöschen zu wollen.

Die Strategie war daher, ihn zu mystifizieren, ihn zu kreuzigen, damit die Menschheit aufhört, ihn sich als realen Menschen, als berührbar vorzustellen. Ist er erst einmal ein Mythos, wie soll man noch seinem Beispiel folgen? Er ist dann kein Mensch mehr aus Fleisch und Blut, sondern eine unerreichbare, phantasmagorische Figur, mit der man sich nicht messen kann. In dem Maß also, wie man seine Legende überhöht, setzt man sein Denken herab. Er ist eine Muschel geworden, wunderschön, aber leer. Glauben Sie, dass das ein Zufall ist? Bestimmt nicht.

Man hat zwischen Che und Christus eine Parallele konstruiert. Die beiden ähneln sich in ihrem Tod. Das berühmte Foto von Ernesto als liegender Grabfigur auf dem zementenen Estrich in der Waschküche des Hospitals in Vallegrande erinnert seltsam an Andrea Mantegnas *Beweinung Christi*. Diese Analogie, die ich für unnütz und gefährlich halte, diente dazu, Ernesto in den Heiligen Ernesto von La Higuera zu verwandeln. Sein Denken, seine Entschlossenheit, seine Kampfbereitschaft verschwinden so hinter der Legende. Ernesto war alles, nur kein Mystiker, selbst wenn er sich als »wandelnder Prophet« verstand. Was nicht heißt, dass er nicht Gemeinsamkeiten mit Christus aufweist: den Humanismus, die ständige Sorge um die Unterdrückten, die Rebellion gegen die Mächtigen, die Anprangerung des Reichtums und der Gier. Jesus opferte sich für die Menschen, Che tat das Gleiche.

Im Juli 1959, auf einer Staatsreise nach Indien, schrieb er meiner Mutter einige Dinge, die ein Licht auf den Charakter seines Denkens werfen:

Mein alter Traum, all diese Länder zu besuchen, wird heute in einer Weise wahr, die mir jede Freude daran raubt. Ich spreche über politische und wirtschaftliche Probleme, muss an Partys teilnehmen, Smoking tragen und auf einen meiner reinsten Genüsse verzichten, nämlich im Schatten einer Pyramide oder von dem Grab des Tutanchamun zu träumen. Obendrein ohne Aleida[134], die ich nicht mitgenommen habe wegen eines dieser komplexen mentalen Grundmuster (sic), die ich ganz gut kenne.[135] [...] Ägypten war ein diplomatischer Erfolg ersten Ranges; die Botschafter aller Länder trafen sich am Abend des Abschieds, den man für uns organisierte, und ich hatte Gelegenheit, die Kompliziertheit der Diplomatie festzustellen, als ich sah, wie der apostolische Nuntius mit einem einwandfrei dümmlichen Lächeln dem russischen Attaché die Hand hinstreckte. Und jetzt kommt Indien, neuerliche protokollarische Komplikationen, die in mir eine kindliche Panik auslösen; Männer, die die immerselbe höfliche Begrüßungsformel wiederholen etc. Einer meiner Mitarbeiter schlug folgende Formel vor: auf alles mit »Oink-oink« zu antworten; der Erfolg ist durchschlagend. Außerdem, selbst wenn ich den ganzen Tag dummes Zeug auf Kubanisch daherredete, würde mein spanischer Gesprächspartner nichts verstehen.
In mir hat sich das Bewusstsein eines Gegensatzes von Gruppe und Einzelnem entwickelt; ich bin weiterhin derselbe Einzelgänger, der auf sich gestellt seinen Weg sucht, nur dass mir jetzt meine historische Aufgabe bewusst ist. Ich habe weder Haus noch Frau noch Kinder noch Eltern noch Brüder oder Schwestern, meine Freunde sind meine Freunde, insoweit sie meine politischen Ansichten teilen, und dennoch bin ich zufrieden, ich fühle mich als jemand, der im Leben steht. Ich bin nicht nur mit dieser unbändigen inneren Kraft ausgestattet,

die ich immer schon spürte, sondern auch mit der Fähigkeit des Mitgefühls für andere. Eine absolut fatalistische Vorahnung meiner Mission nimmt mir alle Furcht.

Che kämpfte für das Volk, er gab dafür sogar sein Leben. Aus diesem Grund konnte dieses Bild von ihm zweifellos so rasch, in kaum fünfzig Jahren, entstehen. In unserer Zeit verbreiten sich die Informationen mit unglaublicher Geschwindigkeit. Sie dringen innerhalb von Sekunden weltweit zu jedem durch. Trotzdem gibt es noch enorm viel über ihn zu entdecken. Wie wird man ihn in zweitausend Jahren aufnehmen? Ich hoffe, dass er nicht zu einer religiösen Ikone wird. Die Leute sollen sich mit seinem Humanismus befassen und das Religiöse außen vor lassen.

Das Bild Ches überdauert. Er ist da, erscheint vor uns, und man wird ihn nicht mehr los. Er stellt weiterhin für einige eine reale Gefahr dar. Die Jugend der ganzen Welt nimmt ihn als Archetyp von Rebellion, Redlichkeit, Kampf, Gerechtigkeit und Ideal für sich in Anspruch. Als der bolivianische Präsident Evo Morales sich mit Papst Franziskus traf, trug er eine Jacke, auf der ein Bild von Che aufgestickt war. Er hat außerdem ein Bild von ihm in seinem Präsidentenbüro hängen; die Demonstranten im Libanon, die vor dem Grab des ehemaligen Ministerpräsidenten Rafiq al-Hariri gegen Syrien demonstrierten, trugen T-Shirts mit dem aufgedruckten Bild von Che; der Fußballspieler Thierry Henry tauchte auf einer Party, die von der FIFA organisiert wurde, in einem rot-schwarzen Che-T-Shirt auf; in Stawropol in Russland trugen die Demonstranten, die die Barauszahlung von Sozialhilfen anprangerten, Banner mit dem Bild von Che; im Flüchtlingslager Dheisheh im Gazastreifen schmücken Che-Zeichnungen eine Mauer zu Ehren der Opfer der Intifada; der chinesische Aktivist und Legco-Abgeordnete Leung Kwok-hung fordert Peking mit einem Che-T-Shirt heraus; und in Hollywood trägt Carlos Santana, der für *Die Reisen des jungen Che* den Filmsong[136] interpretiert, ein Che-T-Shirt und hält ein Kreuz in der Hand. Che verkörpert den Ungehorsam gegen die Zentren der Macht.

»EIN JAHR. SCHON SO LANGE HER.«

Ein Jahr nach dem Tod Ches bat ein argentinisches Blatt Berta Gilda »Tita« Infante, seine beste Freundin, einen Text über ihn zu verfassen. Für mich ist das, wie ich bereits erwähnte, der schönste, der bewegendste, der jemals über Ernesto geschrieben wurde. Deshalb möchte ich dieses Buch mit ihm enden lassen.

Tita und Ernesto begegneten einander 1947 an der medizinischen Fakultät, drei Jahre nach meiner Geburt. Ich habe Tita nie persönlich kennengelernt – oder vielleicht doch, denn sie kam manchmal zu uns nach Hause, aber ich war noch zu klein, um mich heute daran zu erinnern. Was ich von ihr weiß, hat man mir erzählt.

Tita kam ein paar Monate, bevor sie sich an der Fakultät einschrieb, mit ihrer Mutter und ihrem Bruder Carlos aus Córdoba nach Buenos Aires. Drei Jahre zuvor war ihr Vater, ein Politiker und Anwalt, gestorben. Als Carlos selbst Anwalt war, wurde auch er auf Kuba zu einem engen Vertrauten Ernestos, als er die Leitung des Senders Radio Rivadavia übernahm. Er war Ernestos Hauptquelle für Mate, den er ihm kiloweise aus Buenos Aires mitbrachte.

Tita war zwei Jahre älter als Ernesto. Sie war zierlich, hatte große Augen und kurzes Haar. Sie war nicht schön und auch nicht besonders gesprächig, aber sie war sehr sanftmütig, kultiviert und politisch hellwach. Sie war Mitglied der kommunistischen Jugend. Meine Schwester Ana María erzählte mir, dass Tita im Leben meines Bruders einen enormen Stellenwert hatte, dass sie eine sehr interessante, sehr belesene Person von großer spiritueller Kraft war. Von ihrem ersten Zusammentreffen an verbanden sie eine Seelenverwandtschaft und gegenseitiger Respekt. Sie war der Typ Frau, der Ernesto interessierte. Die Familie hat nie erfahren, bis zu welchem Grad an Intimität ihre Beziehung reichte, wir glauben aber, dass Tita sehr in Ernesto verliebt war. Es schrieb ihr aus allen Ländern, durch die er kam, und Tita antwortete ihm. Sie pflegten eine lebhafte Korrespondenz.

Tita machte es sich zur Aufgabe, die Länder zu besuchen, die auf Ernesto besonderen Einfluss hatten: Peru, Venezuela, Guatemala, Mexiko und Frankreich, wo sie zehn Jahre verbrachte und wie er die französische Sprache erlernte. In ihren Briefen vertraut Ernesto ihr seine Zweifel, seinen Kummer und sogar seine Liebesgeschichten an. Man hat gesagt, er halte sie für »die Begleiterin seiner intellektuellen Abenteuer«. Ihre Korrespondenz atmet oft den Geist ideologischer Debatten.

Tita Infante nahm sich am 14. Dezember 1976 das Leben. Offenbar schaffte sie es nicht, nach dem Tod des Mannes weiterzuleben, den sie so sehr geliebt und bewundert hatte. Hier ihr Text *Evocación de Tita Infante a un año de la muerte del Che* (Erinnerungen von Tita Infante ein Jahr nach dem Tod von Che), der 1968 publiziert wurde:

Die Erinnerung an einen großartigen Menschen wachzurufen, ist immer ein schwieriges Unterfangen. Wenn heute, im Jahr 1968, dieser Mensch auch noch Ernesto Guevara ist, scheint es mir unmöglich. [...] Ein Jahr. Schon so lange her. [...] Ernesto ist tot, aber er ist für die Ewigkeit geboren. Er lebte sein ganzes Leben, indem er fröhlich auf einem Weg weiterlief, der für die Tragödie bestimmt war. Sein Tod stellte sich ihm in den Weg, aber er eröffnete ihm andere Türen zu diesem Leben, das er so geliebt hat. Die Erinnerung an seine Person, sein Leben, seinen Kampf ist für immer in die Herzen der Völker dieser Erde eingegraben, denn Ernesto Guevara war einer dieser seltenen Menschen, die das Schicksal der Menschheit von Zeit zu Zeit schenkt.
Seit einem Jahr ist er nun Gegenstand zahlreicher Schriften: Bücher, Artikel, Forschungsbeiträge, Essays, Biographien. Was kann ich dem hinzufügen? Eine dauerhafte Freundschaft band uns für Jahre aneinander: beinahe sechs Jahre von Angesicht zu Angesicht und weitere Jahre in brieflichem Austausch.
Diese Freundschaft erblickte das Licht der Welt im Jahr 1947. In einem Hörsaal der Anatomie der medizinischen Fakultät. [...] Sein Dialekt verriet den Provinzler, der er war, sein Aussehen einen schönen und gewieften jungen Mann ... Das Feuer, das seine Existenz zu verzehren schien, lauerte behütet unter den zart geordneten Scheiten seiner Höflichkeit, loderte aber auf in seinem Blick. Unter einer Mischung aus Schüchternheit und Süffisanz, vielleicht Wagemut, verbarg sich eine abgründige Intelligenz und eine unstillbare Sehnsucht, die Dinge zu verstehen, und auf ihrem Grunde eine unendliche Liebesfähigkeit.
Wir haben nie einer kulturellen oder politischen Gruppe ange-

hört, auch keinem festen Freundeskreis. Wir fühlten uns beide, wenngleich aus unterschiedlichen Gründen, ein bisschen fremd innerhalb der Fakultät, er zweifellos, weil er wusste, dass er hier nur ein kleines Stückchen dessen finden würde, was er suchte. Wir sahen uns daher immer nur zu zweit. In der Fakultät, in den Cafés, bei mir, in seltenen Fällen auch bei ihm ... und auch im Naturwissenschaftlichen Museum, wo wir uns an Mittwochen verabredeten und »die Phylogenese des Nervensystems studieren« wollten; wir widmeten uns dann den Fischen und wechselten zwischen Sektionen und Präparationen, Paraffin und Mikrotom zur Herstellung von Gewebsschnitten, Mikroskopen und so fort hin und her, angeleitet von einem alten Professor aus Deutschland. Die liebenswerten Gespräche mit Ernesto verkürzten mir die Stunden, die mir andernfalls sehr lang geworden wären. Er vergaß nie eine Verabredung und erschien immer pünktlich. Er vergaß nie anzurufen. Was für ein komischer Bohemien war das!
Jedes Mal, wenn wir unvermutet Erfolg hatten, zitierten wir die Zeilen von Gutiérrez, die wir beide im Kopf hatten:

Ach, stimm mir nicht die Siegeshymne an
am sonnenfinstren Tag der Schlacht ...[137]

[...] Ich sah ihn oft besorgt, ernst oder nachdenklich. Aber nie wirklich traurig oder bitter. Ich erinnere mich an kein einziges Treffen, wo er nicht dieses Lächeln aufgesetzt, diese warmherzige Zärtlichkeit ausgestrahlt hätte, die alle, die ihn kannten, so sehr an ihm geschätzt haben. In den Gesprächen mit ihm war für Verächtliches kein Platz; eine tiefgreifende Kritik übte er in einem kurzen Satz, auf den immer eine positive Bemerkung folgte, die produktiv auf die Zukunft gerichtet

war. Er war weniger gegen als vielmehr für die Dinge. Das war zweifellos der Grund, warum er niemals auch nur den geringsten Groll hegte.
Da er jede Sekunde genoss, selbst noch das Fahren in öffentlichen Verkehrsmitteln, hatte er normalerweise immer ein Buch dabei. [...] Er besaß nie viel Geld, eher im Gegenteil. [...] Aber seine dürftigen ökonomischen Ressourcen waren für ihn kein Grund zu tieferer Besorgnis und hinderten ihn auch nicht daran, dem nachzukommen, was er als Verpflichtung empfand. Weder die von ihm an den Tag gelegte Lässigkeit noch seine verlotterte Kleidung vermochten es, die maßvolle Vornehmheit seiner Person zu verschleiern.
[...] Als Student arbeitete er wenig, aber gut. Im Inneren dieses jungen Mannes, der immer für das »Abenteuer« lebte, der »oft genug den Charme des unsteten Lebens unter den Sohlen spürte«, die Lust, sich treiben zu lassen, gähnte ein großer Wissensdurst. Nicht, um geschraubt-vergeistigte Wissensschätze anzusammeln, sondern um einer unermüdlichen Wahrheitssuche willen und auf diesem Weg der Suche nach seiner eigenen Bestimmung.
Alles in ihm war kohärent, und jede Erfahrung oder Erkenntnis, welcher Art auch immer, schrieb sich ihm körperlich ein. [...] Er hatte ein Talent zum Studieren. Er ging an den Kern des Problems und erweiterte von da aus den Problemradius, sobald seine zahlreichen Projekte ihm dazu die Zeit ließen. Er war imstande, innezuhalten und das Problem auf erschöpfende Art und Weise zu vertiefen, wenn es ihn begeisterte: Lepra, Allergien, Neurophysiologie, Tiefenpsychologie. [...] Er übersprang praktische und theoretische Hindernisse mit derselben Leichtigkeit wie alle anderen Hindernisse. Wenn er sein Wort gab, hielt er es, koste es, was es wolle. [...]

Er pflegte Freundschaften gewissenhaft und mit Hingabe und nährte sie aus einem tiefen menschlichen Einfühlungsvermögen. Für ihn brachte eine Freundschaft heilige Verpflichtungen mit sich und übertrug in derselben Weise auch Rechte. Er praktizierte das eine wie das andere. Mit derselben Natürlichkeit nahm er in Anspruch, was er zu geben bereit war. Und so handelte er in allen Lebensbereichen.

Mit Ernesto bedeutete geographischer Abstand nicht Abwesenheit. Auf jeder Reise setzten seine Briefe, die je nach den Zufällen und Wandlungen seiner Wege oder seiner finanziellen Situation mehr oder weniger regelmäßig eintrafen, den freundschaftlichen Dialog fort. [...] Er bewahrte die Briefe seiner Freunde auf und vergaß niemals, sie zu beantworten.

Auf der Rückkehr von seiner vorletzten Reise erinnerte er sich an die zwanzig vergangenen Tage in Miami als die härtesten und bittersten seines Lebens (ich übergehe die Einzelheiten, sie finden sich in allen Biographien). Und nicht nur aufgrund seiner wirtschaftlichen Engpässe! [...] Bis zu dem Tag, an dem wir (bei einem Treffen mit seinen besten Freunden in seinem Haus) voneinander Abschied nahmen, habe ich ihn immer nur ergreifend sachlich erlebt: Er rauchte nicht, trank weder Alkohol noch Kaffee und hielt eine strenge Diät. Sein Asthma erlegte ihm Zwänge auf, denen er sich mit unnachsichtiger Disziplin unterwarf.

Jeder Brief von Ernesto war Literatur, voll Zärtlichkeit, Grazie und Ironie; er skizzierte seine Abenteuer und Missgeschicke mit dem feinen Pinsel der Komik, die noch den schwierigsten Momenten jede Schwere nahm. In jedem Land verschmolz er mit dem, was es an Ursprünglichstem zu bieten hatte, seine Neugier trieb ihn dazu, die Inkaruinen, Leprastationen genauso zu besuchen wie die Kupfer- und Wolframminen. Er tauchte rasch in das Leben auf den Dörfern ein und bezog vor dem jeweiligen politischen und gesellschaftlichen Hintergrund unverzüglich Position. Seine Berichte waren ansprechend und von einer leichtfüßigen, aber unverfälschten und eleganten Prosa. Er zeichnete die Wirklichkeit und die Leute realistisch und ohne Beschönigung, mit objektivem Blick. Und wenn er über sein Privatleben sprach, sei es mit Traurigkeit oder Freude, so tat er das nüchtern und unter Einhaltung unbedingter Diskretion.

Ich glaube, dass selbst in den schlimmsten Augenblicken seine Liebe zum Leben so groß war, dass es ihm gelang, gemäß einer ihm eigenen Logik optimistisch zu bleiben: »Wenn es schlecht läuft, tröste ich mich damit, dass es noch viel schlechter sein könnte und dass es zweitens jederzeit besser werden kann.« Im August 1958, als ich meine Abreise vorbereitete, rief mich ein junger, mir unbekannter Journalist an, um sich in einem Café mit mir zu treffen. Es war Masetti. Er war soeben zwei Monate in der Sierra Maestra gewesen. Masetti berichtete mir ausführlichst über die Sierra Maestra: von allem und jedem, von Fidel, Raúl, dem Heerlager ... aber nichts erreichte in seinen Augen die Dimension Ernestos, seine menschlichen Eigenschaften, seinen Todesmut, die Fähigkeit, so viele Facetten aufzuweisen. Ob es darum ging, den Bau eines Standesamts, einer Schule, einer Brotfabrik oder die Instandsetzung und Herstellung von Waffen zu organisieren, Ernesto war da, kümmerte sich darum und leitete die Maßnahmen. Und wenn es ans Kämpfen ging, stand er in vorderster Reihe.

Von seinem legendären todesverachtenden Mut war schon die Rede, und seine Geschichte nimmt nach und nach Gestalt an: dank der Zeugenberichte jener jungen Guatemalteken, die

ihn gekannt und die nach Árbenz' Sturz eine ganz besondere Zuflucht in Argentinien gefunden hatten [...]
Ich genoss das außerordentliche Privileg, ihn aus nächster Nähe zu kennen, sein Vertrauen zu genießen, an einer großartigen Freundschaft teilzuhaben, die niemals von Versäumnis oder Vorbehalt getrübt war. Ich kannte ihn, als er sehr jung war, als er nur Ernesto war. Doch schon damals trug er den künftigen Che Guevara in sich. Seit diesen Jugendjahren sah ich ihn auf seinem persönlichen Weg weiter und weiter voranschreiten, den Blick immer nach vorn gerichtet; er hat nie Halt gemacht, und die, die ihn gut kannten, wussten, dass nicht nur »die Antipoden ihn nicht aufhalten konnten«, sondern dass er in Richtung seines Schicksals ging. [...]
Ich fühle mich so nah und zugleich so weit entfernt von seiner Riesengestalt, die eines Halbgotts aus den griechischen Sagen und mittelalterlicher Helden würdig wäre.
Es ist schwer, so viel Größe auf einen Punkt zu bündeln: seine Empfindsamkeit und Zärtlichkeit, seinen menschlichen Reichtum.
Zu warmherzig, um in Stein gehauen zu sein. Zu groß, als dass wir ihn als einen von uns vorstellen können. Ernesto Guevara, so sehr er Argentinier sein mochte, war vielleicht der authentischste Bürger der Welt.

ANHANG

AUSZÜGE AUS DER REDE IN ALGIER

Liebe Brüder,

Kuba nimmt an dieser Konferenz teil, um im Namen der Völker Amerikas die Stimme zu erheben, und wie schon bei anderen Gelegenheiten gesagt, zugleich auch in seiner Eigenschaft als unterentwickeltes Land, das, während wir hier reden, den Sozialismus aufbaut. Es kommt nicht von ungefähr, wenn unser Block neben den Völkern Asiens und Afrikas seiner Meinung Ausdruck verleihen darf. Eine gemeinsame Hoffnung eint uns auf diesem Weg in die Zukunft: die Niederlage des Imperialismus; eine gemeinsame Vergangenheit im Kampf gegen denselben Feind macht uns auf der ganzen Strecke zu Verbündeten.

Diese Konferenz ist eine Versammlung von Völkern, die im Kampf stehen; dieser Kampf entwickelt sich auf zwei gleichermaßen wichtigen Fronten und erfordert unsere ganze Kraft. Der Kampf gegen den Imperialismus, dessen Ziel, ob er nun mit politischen Waffen, realen Waffen oder beidem zugleich geführt wird, es ist, die kolonialen und neokolonialen Ketten zu sprengen, ist nicht ohne Verbindung zum Kampf gegen den Archaismus[138] und das Elend zu denken; beide sind Etappen auf derselben Marschroute, die zur Errichtung einer neuen Gesellschaft führt, die reich *und* gerecht ist.

Seit die Monopole des Kapitalismus überall auf der Welt die Macht an sich gerissen haben, halten sie den größten Teil der Menschheit in Armut, während die mächtigsten Länder die Profite unter sich aufteilen. Der Lebensstandard dieser Länder beruht auf dem Elend unserer Länder. Um den Lebensstandard der unterentwickelten Länder zu verbessern, müssen wir gegen den Imperialismus kämpfen. Und jedes Mal, wenn ein Land aus dem Baum des Imperialismus herausbricht, wird nicht nur eine Teilschlacht gegen den Hauptfeind gewonnen, sondern es ist auch ein Beitrag zu seiner wahren Schwächung und ein weiterer Schritt zum endgültigen Sieg. Dieser erbarmungslose Kampf kennt keine Landesgrenzen. Wir können nicht gleichgültig bleiben angesichts dessen, was anderswo auf der Welt passiert, denn jeder Sieg eines Landes über den Imperialismus ist ein Sieg für uns, ebenso wie jede Niederlage einer Nation eine Niederlage für uns ist. Die Praxis des proletarischen Internationalismus ist nicht nur eine Aufgabe für die Völker, die für eine bessere Zukunft kämpfen, sie ist auch eine unvermeidliche Notwendigkeit. [...]

Wir müssen eine Schlussfolgerung aus all dem ziehen: Die Entwicklung der Länder, die sich für den Weg in die Freiheit engagieren, muss von den sozialistischen Ländern finanziert werden. Wir geben diese Erklärung nicht als Erpressung oder Bluff und auch nicht mit dem Ziel, ein einfaches Mittel zu finden, um uns den afro-asiatischen Völkern anzunähern; vielmehr ist es unsere tiefe Überzeugung. Der Sozialismus kann nicht leben, wenn sich nicht im Bewusstsein der Menschen ein Umdenken vollzieht, das es ermöglicht, in der Gesellschaft, die den Sozialismus aufbaut oder aufgebaut hat, eine neue, brüderliche Einstellung gegenüber der Menschheit in Gang zu setzen, sowohl auf individueller Ebene als auch weltweit gegenüber den Völkern, die unter der imperialistischen Unterdrückung leiden. [...]

Wir glauben, dass man in diesem Geiste die Verantwortung übernehmen muss, den abhängigen Ländern zu helfen, und dass es nicht mehr darum gehen kann, einen Handel zum gegenseitigen Nutzen auf der Grundlage manipulierter Preise zu entwickeln, die von Marktgesetzen und internationalen Beziehungen aufgezwungen werden, weil dieser Austausch für die unterentwickelten Länder nicht fair ist.

Wie kann man den Vorgang, Primärgüter, deren Herstellung die unterentwickelten Länder unsägliche Anstrengungen und Leiden gekostet haben, zu Weltmarktpreisen zu verkaufen, und den Vorgang, die Maschinen, die in den heutigen automatisierten Fabriken hergestellt werden, zu Weltmarktpreisen zu kaufen, als »gegenseitigen Nutzen« bezeichnen?

Wenn wir zwischen Gruppen von Nationen diese Art Beziehungen herstellen, müssen wir gestehen, dass sich die sozialistischen Länder in gewisser Weise zu Komplizen der imperialistischen Ausbeutung machen. Man kann argumentieren, dass die Höhe des Tauschgeschäfts mit den unterentwickelten Ländern nur einen unbedeutenden Anteil des Außenhandels dieser Länder ausmacht. Das ist wahr, aber es ändert nichts am unmoralischen Charakter der Transaktion.

Die sozialistischen Länder haben die moralische Aufgabe, ihre stillschweigende Komplizenschaft mit den Ausbeuternationen des Westens zu beenden. Die Tatsache, dass der Handel heute eingeschränkt ist, bedeutet nichts. 1959 verkaufte Kuba gelegentlich Zucker an ein Land des sozialistischen Blocks durch Vermittlung eines Zwischenhändlers aus England oder einer anderen Nation. [...]

Für uns gibt es keine andere valide Definition des Sozialismus als die Abschaffung der Ausbeutung des Menschen durch den Menschen. Solange diese Abschaffung sich nicht realisiert, bleibt der Sozialismus im Aufbau begriffen, und wenn dieses Phänomen ausbleibt und die Arbeit an der Abschaffung der Ausbeutung zum Stoppen kommt oder sogar rückläufig wird, dann kann man nicht mehr vom Aufbau eines Sozialismus sprechen.

Allerdings kann das Bündel von Maßnahmen, das wir vorschlagen, nicht einseitig erfolgen. Die sozialistischen Länder müssen die Entwicklung der unterentwickelten Länder finanzieren. Aber es wird dazu auch nötig sein, dass die unterentwickelten Länder ihre Kräfte zusammennehmen und mit festem Willen den Weg des Aufbaus einer neuen Gesellschaft beschreiten – nennen Sie sie, wie Sie wollen –, einer Gesellschaft, in der die Maschine, das Mittel der Arbeit, dem Menschen nicht als Mittel der Ausbeutung dient.

Man hat auch keinen Anspruch auf das Vertrauen der sozialistischen Länder, wenn es einem darum geht, das Gleichgewicht zwischen Kapitalismus und Sozialismus aufrechtzuerhalten, indem man versucht, sich der beiden Kräfte im Stil eines Wettbewerbs zu bedienen und den jeweiligen Vorteil herauszuschlagen: Es muss vielmehr eine neue Politik absoluter Seriosität die Beziehungen zwischen den zwei Gruppen von Gesellschaften bestimmen.

Wir müssen noch einmal unterstreichen, dass die Produktionsmittel vorzugsweise in den Händen des Staates sein müssen, damit das, was sie noch als Ausbeutung kennzeichnet, nach und nach verschwindet. [...]

Der Neokolonialismus hat sich zuerst in Südamerika entwickelt, auf einem ganzen Kontinent. Heute macht er sich in Afrika und Asien bemerkbar. Die Arten seines Eindringens sind ganz unterschiedlich. Eine davon ist brutal und kommt im Kongo zur Anwendung. [...]

Der Neokolonialismus hat seine Fratze im Kongo gezeigt; er ist kein Zeichen von Stärke, sondern von Schwäche; er musste als wirtschaftliches Argument auf Gewalt, seine äußerste Waffe, zurückgreifen, was in hohem Maß zu Gegenreaktionen geführt hat.

Dieses Eindringen geht auch in anderen Ländern Afrikas oder Asiens in einer viel subtileren Form vor sich, die rasch dazu führt, was man die »Südamerikanisierung« dieser Kontinente genannt hat, das heißt zur Entwicklung einer parasitären Bourgeoisie, die nichts zum nationalen Reichtum beiträgt, sondern im Gegenteil ihre enormen verbrecherischen Profite außer Landes in den kapitalistischen Banken hortet und mit dem Ausland handelt, um noch mehr Vorteile zu ergattern, und das mit absoluter Verachtung gegenüber dem Wohlergehen ihres Volkes. [...]

Unsere Völker leiden zum Beispiel unter dem beängstigenden Druck, den ausländische Unternehmensbasen auf die Territorien dieser Völker ausüben, die dann die Bürde riesiger Auslandsschulden tragen müssen. Die Geschichte dieser Schandflecke ist allen wohlbekannt: Marionettenregierungen, Regierungen, die durch einen langwierigen Befreiungskampf geschwächt sind oder die Entwicklung kapitalistische Marktgesetze haben die Unterzeichnung von Abkommen ermöglicht, die unsere Stabilität bedrohen und unsere Zukunft gefährden. [...]

Der Gesichtspunkt der Befreiung durch Waffengewalt von einer politischen Macht der Unterdrückung muss nach den Regeln des proletarischen Internationalismus erwogen werden: Wenn es absurd ist zu glauben, dass der Leiter eines Unternehmens in einem kriegführenden sozialistischen Land zögern würde, die Panzer, die es produziert, an eine Front zu schicken, die keine Zahlungsgarantien vorweisen kann, so ist es nicht weniger absurd, die Solvenz eines Volkes verifizieren zu wollen, das für seine Befreiung kämpft oder die Waffen braucht, um seine Freiheit zu verteidigen. In unserer Welt können Waffen keine schlichten Güter sein, sie müssen den Völkern, die sie anfordern, um sie gegen den gemeinsamen Feind einzusetzen, absolut kostenlos in den nötigen – und möglichen – Mengen geliefert werden. In diesem Geist haben die Sowjetunion und die Volksrepublik China uns ihre militärische Hilfe zugesagt. Wir sind Sozialisten, wir geben eine Garantie zur Verwendung dieser Waffen, aber wir sind nicht die einzigen und wir müssen alle in derselben Weise behandelt werden. [...]

Ich möchte diesen Vortrag, diese Erinnerung an die Grundsätze, die Sie alle kennen, nicht beenden, ohne die Aufmerksamkeit dieser Versammlung auf die Tatsache zu lenken, dass Kuba nicht das einzige Land in Lateinamerika ist; es ist einfach Kuba, das heute das Glück hat, vor Ihnen zu sprechen; ich möchte daran erinnern, dass andere Völker derzeit ihr Blut vergießen, um das Recht zu erringen, das wir nun genießen, und so grüßen wir von hier aus, wie von allen Konferenzen überall, wo sie stattfinden, die heldenhaften Völker von Vietnam, Laos, des so genannten Portugiesisch-Guinea, von Südafrika und Palästina; an alle ausgebeuteten Länder, die für ihre Emanzipation kämpfen, ergeht unser freundschaftlicher Ruf, und wir müssen unsere Hand ausstrecken und die Brudervölker von Venezuela, Guatemala und Kolumbien ermutigen, die heute mit der Waffe in der Hand dem imperialistischen Feind ein definitives »Nein« entgegenwerfen.

BRIEF DES ERZBISCHOFS MOURE

Comodoro Rivadavia, 27. Juni 1983
Herrn JUAN MARTÍN GUEVARA
Juncal 3786 – 11 – B
1425 Buenos Aires

Lieber Juan Martín,

ich weiß, dass du mir meine späte Antwort auf deinen Brief vom 3. Juni ’83 vergibst: Die letzten Wochen haben meine Zeitplanung völlig durcheinandergewirbelt und mich von der Erfüllung meiner Korrespondenz-Pflichten abgehalten.

Dich in Freiheit zu wissen, erfüllt mich mit Freude. Ich bin sicher, dass du die U6 [Einheit 6 des Gefängnisses in Rawson] mit dem rechten Fuß zuerst verlassen hast (soll bitte keine ideologische Anspielung sein) und dass du die erstaunliche Hellsichtigkeit, die Gott dir gab, unverzüglich und aufrichtig in den Dienst an der nationalen Gemeinschaft stellen wirst.

Ich muss Mitte Juli durch Buenos Aires, weil ich in Bogotá eine Versammlung des CELAM[139] besuche, eine Organisation, der ich auch angehöre. Ich rufe dich von dort an. Ich hoffe, dass wir für ein kurzes Gespräch Zeit haben, ich würde sehr gern diese Freundschaft mit dir weiter pflegen.

Auf Bitten mehrerer Gefangener wird Seine Eminenz Bischof Castagna vom Sozialen Bischofs- und Kirchenrat einen Tag mit den Gefangenen der U6 verbringen. Ich habe ihm diese Bitte mit großer Freude übermittelt, und er hat sie mit der gleichen Freude erhört und andere Arbeiten aufgeschoben. Es scheint mir sehr nützlich, dass alle, die die ernsthafte Absicht haben, das Land neu zu gestalten, sich zum Wohle aller gegenseitig zuhören. Wenn wir uns sehen, wird dieses Treffen mit den Gefangenen bereits stattgefunden haben. Dann werde ich dir erzählen, wie es verlaufen ist.

Ich verbleibe herzlichst zu deiner Verfügung und mit großer Vorfreude darauf, dich zu sehen und mit dir zu sprechen. In Buenos Aires ist meine Adresse die des Provinzialats der Salesianer: Don Bosco 4002, TE 981–2619.

Bis bald. Sei fest umarmt von deinem Diener und Freund.

ANMERKUNGEN

1 Nämlich 1998, als Ches Tagebücher über seine Erfahrungen im Kongo publiziert wurden. [2000 erschien die deutsche Ausgabe bei Kiepenheuer & Witsch unter dem Titel »Der afrikanische Traum: Das wiederaufgefundene Tagebuch vom revolutionären Kampf im Kongo«. 2009 kam eine französische Ausgabe beim Verlag Mille et une nuits heraus: »Journal du Congo: souvenirs de la guerre révolutionnaire« und beim lateinamerikanischen Verlag Ocean Sur eine spanische: »Pasajes de la guerra revolucionaria (Congo)« – mit einem Vorwort von Ches Tochter Aleida Guevara March vom Juni 1998. Der *Spiegel* hatte bereits 1995 über das Geheimnis von Ches Aufenthalt im Kongo berichtet, das der mexikanische Historiker Paco Ignacio Taibo und zwei kubanische Journalisten in dem Buch »El año en que estuvimos en ninguna parte« (Das Jahr, in dem wir nirgendwo waren) lüfteten. »Jahrelang forschten sie auf Kuba nach Aufzeichnungen von Che, befragten Augenzeugen und Mitkämpfer des Comandante. Ein hoher Regierungsbeamter steckte ihnen Ches Tagebücher aus dem Kongo zu. Fidel Castro hatte die Papiere aus gutem Grund unter Verschluss gehalten: Ches Traum, die Revolution nach Afrika zu tragen, war kläglich gescheitert.« (*Der Spiegel*, 9. 10. 1995) Auch Juan Martín Guevara hat offenbar erst 1998 von Ches Kongo-Tagebüchern erfahren. Die spanische Ausgabe druckt auch einen Brief von Fidel Castro an Che und zwei Seiten des Kongo-Tagebuchs ab, aus der ursprünglichen, noch mit handschriftlichen Korrekturen Ches versehenen, sowie der endgültigen Version, auf der die spanische Ausgabe beruht; d. Ü.]

2 La Higuera: Feigenbaum; d. Ü.

3 Sie brauchten über einen Monat, um durch das feinmaschige Netz

der bolivianischen Armee zu schlüpfen und unentdeckt eine Stadt zu erreichen. Guido »Inti« Peredo wurde 1969 aufgespürt und ermordet.

4 Während der Repressionswellen in Argentinien wurde »subversiv« zu einem stehenden Begriff, den ich hier auch in diesem Sinn verwende.

5 Vieja, viejo: alte Frau, alter Mann – gilt in spanischsprachigen Ländern als zärtliche Anrede der Eltern.

6 Mauricio Vicent: »Te podría decir que te extraño«, *El País*, 7. Oktober 2007.

7 »Che« ist eine Interjektion, eine Sprachmarotte, die nur Argentinier verwenden – eben auch Ernesto. Deswegen haben die Kubaner ihn »Che« genannt. [Das Partikel »che« dient dazu, sich der Aufmerksamkeit des Gegenübers zu vergewissern, es entspricht den deutschen »he«, »weißt du?«, »gell« oder »verstehst du?«; d. Ü.]

8 Die Fortaleza de San Carlos de la Cabaña wurde im 18. Jahrhundert als Verteidigungsanlage gegen englische Piraten erbaut.

9 Aleida March: Evocación. Mi Vida al Lado del Che, Ocean Sur, 2011.

10 *Hermanito*: kleiner Bruder.

11 Pablo Nerudas umfangreicher Gedichtszyklus behandelt die Geschichte und den Kampf Lateinamerikas gegen die Kolonialherrschaft; d. Ü.

12 Julio Miguel Llanes López: Che entre la literatura y la vida, Corpus Verlag 2010.

13 »Coño« ist ein in spanischsprachigen Ländern häufig und in allen Schichten verwendeter sexueller Kraftausdruck und meint wörtlich das weibliche Geschlechtsteil; entspricht im Deutschen »scheiße« oder »verdammt«; d. Ü.

14 Namensgeber der »Columna 8« war ein Gefährte Fidel Castros der ersten Stunde, Ciro Redondo, der in den Kämpfen in der Sierra Maestra gefallen war.

15 Fulgencio Batista y Zaldívar putschte sich 1952 unblutig an die Macht und regierte Kuba diktatorisch bis Ende 1958; d. Ü.

16 Ein Entrechat ist im klassischen Ballett ein Sprung, bei dem einoder mehrmals die Beine in der Luft gekreuzt werden; d. Ü.

17 Im 16. Jahrhundert errichten Jesuiten am Fluss Paraná zahlrei-

che Siedlungen für die Guaraní, so genannte Jesuitenreduktionen, in denen sie Schutz vor Sklaverei und Ausbeutung fanden und missioniert wurden. Die Ruinen der Jesuitenreduktion São Miguel das Missões gehören zum Weltkulturerbe der UNESCO; d. Ü.

18 *mbarigüi* ist eine der argentinischen Bezeichnungen für Sandmückenarten, die Tropenkrankheiten übertragen; d. Ü.

19 Der Brigadegeneral Juan Manuel de Rosas war von 1833 bis 1846 Gouverneur von Buenos Aires und unterhielt zu seinem Machterhalt die Geheimpolizei La Mazorca.

20 »Golden State« ist der offizielle Beiname des Staates Kalifornien, dem Schauplatz des legendären Goldrauschs Mitte des 19. Jahrhunderts.

21 Ingenieurgeographen sind für die militärische Landesvermessung und Erstellung von Karten zuständig; d. Ü.

22 Die Stadt Monte Caseros, die ihren Namen wegen dieser Schlacht erhielt, liegt unmittelbar an der Grenze zu Uruguay und nur wenige Kilometer von Brasilien entfernt; d. Ü.

23 Gemeint ist Argentiniens 1891 von Leandro N. Alem gegründete Partei Unión Cívica Radical (UCR); d. Ü.

24 Juan Domingo Perón Sosa (1895–1974) wird als Kandidat der Arbeiterpartei 1946 erstmals zum Präsidenten gewählt; 1955, vier Jahre nach seiner Wiederwahl, putscht das Militär. 1973 gewinnt er ein drittes Mal die Präsidentenwahl. Seine Nachfolgerin Isabel Martínez de Perón übernimmt 1974 die Präsidentschaft, aber schon 1976 putscht das Militär erneut. Einerseits steht Perón für einen harten, faschistisch orientierten Militarismus, andererseits wird er zeitweise vom argentinischen Volk als Märtyrer der Arbeiterklasse verehrt, von den USA als Linker bekämpft und 1955 wegen seines antiklerikalen und liberalen Kurses vom Papst exkommuniziert; d. Ü.

25 Mar del Plata (Silbermeer) ist das größte und bekannteste Seebad Argentiniens; d. Ü.

26 Die Araukariengewächse (Araucariaceae) sind immergrüne Koniferen, typische Nadelbäume der Südhalbkugel; d. Ü.

27 Alta Gracia liegt mit seinen heute etwa 50 000 Einwohnern im Herzen Argentiniens, südwestlich von der Hauptstadt Córdoba; d. Ü.

28 Villa Carlos Pellegrini ist heute der Name eines ganzen Stadtviertels von Alta Gracia; d. Ü.

29 Das frz. Original »carphanaüm« findet sich als »capharnaüm«, es bezeichnet ein Fischerstädtchen (dt.: Karphanaum) im biblischen Galiläa (heute im Norden Israels), in dem Jesus Wunder gewirkt und gepredigt haben soll und es deshalb zu einer Menschenansammlung kam, oder eine Art Rumpelkammer, möglicherweise in Verallgemeinerung eines Nebensinns: des Andrangs und Durcheinanders anlässlich des Wirkens Jesu; d. Ü.

30 Das Spiel ironisiert das Sprichwort: »Die reife Frucht fällt von allein vom Baum«, spanisch: »La fruta madura se cae sola«; die beiden im Text erwähnten Spiele verkörpern zwei pädagogische Leitideen im Hause Guevara: Kultur fällt nicht in den Schoß, und (beim Aufheben) nicht naiv sein!; d. Ü.

31 Catramina: spanischer Italianismus von »catrame« (von *alquitrán*, Teer), Spitzname für ein schrottreifes Auto in sehr schlimmem Zustand; d. Ü.

32 Im Frühjahr 1937 konnten die Republikaner in der Schlacht von Guadalajara, fünfzig Kilometer nördlich von Madrid, einen ihrer letzten größeren Triumphe verbuchen; d. Ü.

33 *Porteño*: Bewohner von Buenos Aires [von »del puerto«: einer vom Hafen bzw. zum Hafen gehörig – seit dem 20. Jahrhundert ein Bewohner der Hafenstadt Buenos Aires; *bonaerense* heißt heute ein Einwohner der Provinz Buenos Aires; d. Ü.].

34 Im April 1961 scheiterte der Versuch der USA, mithilfe von Exilkubanern die Regierung Fidel Castros durch eine militärische Intervention in der Schweinebucht auf Kuba zu stürzen. Die darauffolgende Annäherung Kubas an die Sowjetunion eskalierte schließlich 1962 in der Kubakrise; d. Ü.

35 Von *furibundo*: wütend.

36 2004 erschien die Verfilmung des Regisseurs Walter Salles der *Diarios de motocicleta* über diese Motoradtour, die von Dezember 1951 bis Juni 1952 dauerte, unter dem deutschen Titel »Die Reise des jungen Che«; d. Ü.

37 Partido Revolucionario de los Trabajadores, 1965 gegründet; d. Ü.

38 Die Ära 1976 bis 1983 in Argentinien heißt auch *años de plomo*, bleierne Jahre, wegen der Gewalt, die während der Militärdiktatur alltäglich präsent war; d. Ü.

39 Tucumán und Jujuy sind Provinzen im Norden Argentiniens mit den Hauptstädten San Miguel de Tucumán und San Salvador de Jujuy; d. Ü.

40 Entspricht dem Landesamt für Straßenbau und Verkehrswesen; d. Ü.

41 Genauer: der Abschnitt der Calle Aráoz zwischen der Calle General Lucio Norberto Mansilla und der Avenida Santa Fe, die zwei Straßen auseinanderliegen und von Nordwest nach Südost verlaufen. Die hiernach erwähnte »andere Seite« der Aráoz erstreckt sich von der Querstraße Mansilla aus in südwestliche Richtung; d. Ü.

42 Auszüge daraus finden sich im letzten Kapitel.

43 Gamexan ist ein seit dem 19. Jahrhundert bekanntes Insektizid, das u.a. neben DDT zum Kampf gegen Malaria eingesetzt wurde; d. Ü.

44 Yacimientos Petrolíferos Fiscales, heute YPF Sociedad Anónima; d. Ü.

45 Die Poderosa II, die »Mächtige«, war ein Motorrad der Marke Norton, Modell 18 mit 490 cm3 und 21 PS; d. Ü.

46 Mancha, der Gefleckte, und Gato, der Kater, waren ausdauernde Criollo-Pferde, mit denen der Schweizer Abenteurer Aimé Felix Tschiffely 1925 seinen spektakulären, knapp dreieinhalbjährigen Ritt von Buenos Aires zum 16 000 Kilometer entfernten Washington unternahm, wo er im Herbst 1928 eintraf. Kurz darauf erschienen seine Reiseberichte – in deutscher Übersetzung: Tschiffely's Ritt. Vom Kreuz des Südens zum Polarstern (2004); d. Ü.

47 Besitzer und Herausgeber der *Bohemia* war damals Miguel Ángel Quevedo; d. Ü.

48 Partido Socialista (PS) bzw. Unión Cívica Radical (UCR); d. Ü.

49 Hier sind nicht die USA, sondern die Staaten des ganzen amerikanischen Kontinents gemeint; d. Ü.

50 Die APRA ist die älteste bestehende politische Partei in Peru; d. Ü.

51 Die United Fruit Company (UFC) wurde 1899 gegründet, 1970 durch einen Zusammenschluss zur United Brands Company und 1990 in Chiquitas Brands International umbenannt; d. Ü.

52 Hugo Gambini: El Che Guevara, Stockcero 2002.

53 Doroteo Arango Arámbula, später Francisco Villa genannt, Spitzname Pancho, war ein prominenter Anführer der mexikanischen Revolution gegen die Díaz-Diktatur Anfang des 20. Jahrhunderts; d. Ü.

54 Santiago de Cuba heißt die Provinz und ihre Hauptstadt im Süden Kubas, die zweitgrößte Stadt der Insel; d. Ü.

55 »Mensch« heißt »Che« auf Mapudungun, der Sprache des indigenen Volks der Mapuche, das bis zur spanischen Kolonisation nach einem weitgehend herrschaftsfreien Gesellschaftsmodell gelebt haben soll; d. Ü.

56 Die Hochzeit wurde am 18. August 1955 in Tepotzotlán gefeiert.

57 Das Miguel-Schultz-Gefängnis im Stadtteil San Rafael in Havanna diente als Übergangsstation für Abschiebungen; d. Ü.

58 Der Movimiento Peronista Montonero war eine der effektivsten Stadtguerilla-Bewegungen Lateinamerikas. Es bestand ursprünglich aus ehemaligen Mitgliedern einer »montonara«, einer Art Privatarmee von Großgrundbesitzern, die je nach Lage eine sehr unterschiedliche politische Ausrichtung hatte; d. Ü.

59 Seine Identität wurde von der ersten Veröffentlichung dieses Briefes an verschleiert.

60 Er spielt sicherlich auf den Konvent Sagrado Corazón an, wo meine Mutter ihre Jugend verbracht hat [genauer: im französischen Kolleg des kirchlichen Mädchenpensionats Sagrado Corazón – Heiliges Herz – in Buenos Aires; zeitweise wollte sie, wie bereits erwähnt, sogar Nonne werden; d. Ü.].

61 1961 fand dort der Kongress der Organisation Amerikanischer Staaten (OAS) statt. Vgl. auch Abb. 33; d. Ü.

62 Eigentlich Túxpan de Rodríguez Cano, im Bundesstaat Veracruz; d. Ü.

63 Ernesto Guevara Lynch: Aquí va un soldado de América, Barcelona: Plaza Janés, 2000.

64 Teté war ein Spitzname, den nur die Familie kannte.

65 Das Batista-Regime ermordete Journalisten, die über die Guerilla berichteten.

66 Die FLN (Front de Libération Nationale – Nationale Befreiungsfront) in Algerien ist eine 1954 in Kairo zum Zwecke der Unabhängigkeit Algeriens von Frankreich gegründete algerische politische Partei; d. Ü.

67 Jorge Ricardo Masetti: Los que luchan y los que lloran (Von denen, die kämpfen, und denen, die weinen), Nuestra América 2006.

68 Julia Constenla: Che Guevara. La vida en juego, Edhasa, 2006.

69 Spitzname von Fernando Chaves, seiner geringen Körpergröße wegen.

70 *Negrita*: kleines schwarzes Mädchen; d. Ü.

71 Alejandro Gómez wurde nach dem Wahlsieg des Gespanns Gómez-Frondizi 1958 zum Vizepräsidenten der neuen argentinischen Regierung gewählt. Sechs Monate später dankte er aus ungeklärten Gründen ab – als wahrscheinlich gelten eine Affinität zu Militärs oder Differenzen mit Präsident Arturo Frondizi über Fragen der Rohstoff- und Energiepolitik; d. Ü.

72 Cayetano Córdova Iturburús Ehefrau Carmen de la Serna war die Schwester von Ches Mutter Celia de la Serna; d. Ü.

73 Banco Nacional de Cuba; d. Ü.

74 United States National Security Council (NSC); d. Ü.

75 Rogelio García Lupo: Un mate en La Habana, y la Argentina en los sueños (Ein Mate in Havanna und das Argentinien der Träume), Clarín, 15. Oktober 2002.

76 Ernesto hat auf Kuba zu diesem Zeitpunkt – nach der Tochter Hilda Beatriz, die 1956 in Mexiko geboren wurde, aus der ersten Ehe mit Hilda Gadea – möglicherweise drei Kinder um sich, die aus der zweiten Verbindung mit Aleida March stammen: Aleida, geb. 1960, Camillo, geb. 1962, und Celia, geb. 1963; ein weiterer Spross, Omar Perez, resultiert 1964 aus der außerehelichen Beziehung mit Lidia Rosa; d. Ü.

77 Der italienische Autohersteller Fiat (Fabbrica Italiana Automobili di Torino) gründete 1954 in Argentinien eine Filiale, die Traktoren der Marke Fiat Someca Construcciones Córdoba baute und 1959 zu Fiat Concorde wurde; d. Ü.

78 Rogelio García Lupo: Trece días entre espías y traficantes de armas (Dreizehn Tage zwischen Spionen und Waffenhändlern). Clarín, 19. August 1961.

79 Vgl. aber Alberto Amato: Hace 40 años, el Che visitaba por última vez la Argentina (Vor 40 Jahren besuchte Che Argentinien zum letzten Mal), Clarín, 19. August 2001. Dem Artikel zufolge berichtet der Journalist Hugo Gambini in seiner Biographie »El Che Guevara«, Frondizi habe während der Unterredung mit Che eine Unterstützung Kubas in Betracht ziehen wollen unter der Bedingung, dass Kuba auf die Ausdehnung der Revolution auf anderer lateinamerikanische Länder verzichtet. Che habe ihm entgegnet,

das passiere sowieso, auch ohne den Einfluss Kubas, da die Zeit für eine friedliche Lösung der Probleme verstrichen sei; d. Ü.

80 Ein *choripán* ist ein typisch argentinisches Sandwich, das üblicherweise auf der Straße verkauft wird und aus einem in ein Baguette eingelegten Steak oder einer Bratwurst besteht.

81 Die argentinische Partei Unión Cívica Radical Intransigente (UCRI), angeführt von Arturo Frondizi, ging 1957 aus der Spaltung der Unión Cívica Radical (UCR) hervor. Ihr heutiger Rechtsnachfolger ist die Partido Intransigente (PI); d. Ü.

82 Auf Spanisch *deformatorio*, ein Wortspiel mit *reformatorio*, Besserungsanstalt.

83 Vgl. Anhang: Auszüge aus der Rede in Algier [Che sprach am 24. Februar 1965 vor dem Wirtschaftsseminar der Afroasiatischen Solidaritätskonferenz in Algier; d. Ü.].

84 Ernesto Guevaras Essay »El socialismo y el hombre en Cuba« (Der Sozialismus und der kubanische Mensch) vom 12. März 1965 wurde an Carlos Quitano geschickt, den Leiter der uruguayischen Zeitschrift *Marcha* [und am 12. März 1965 veröffentlicht; d. Ü.].

85 Über das Datum gibt es unterschiedliche Angaben.

86 Um die Gehcimdienste zu verwirren, reiste er zuvor durch mehrere Länder.

87 Die Republik Kongo wurde am 30. Juni 1960 unabhängig, Joseph Kasavubu Staatspräsident; d. Ü.

88 Tania Bunke stand im Verdacht, eine Agentin der Staatssicherheit in Ostdeutschland und des sowjetischen KGB zu sein.

89 John Lee Anderson: Che Guevara, A Revolutionary Life, Grove Press, 1997 (dt.: J. L. Anderson: Che. Die Biographie. List, 2001).

90 Ches Vater Ernesto Guevara Lynch hatte aus seiner zweiten Ehe zwei Söhne, Ramón und Ramiro, mit der Kubanerin Ana María Erra, die bereits eine Tochter, María Victoria, mitbrachte; d. Ü.

91 PC, Partido Comunista – hier von Bolivien; es gab eine gleichnamige Partei in Kolumbien; d. Ü.

92 Ernesto Guevara: El socialismo y el hombre en Cuba, a.a.O.

93 Guido Peredo: Mi campaña junto al Che y otros documentos, Paraninfo Universitario, 2013. Erstveröffentlichung 1970 als politische Streitschrift.

94 Ihr richtiger Name war María Estela Martínez Cartas de Perón. Peróns erste Frau Aurelia Gabriela Tizón starb am 10. September

1938, neun Jahre nach ihrer Hochzeit, an Gebärmutterkrebs. Seine zweite Frau, die berühmte Eva [»Evita«; d. Ü.] starb ebenfalls an Gebärmutterkrebs, 1952, mit 33 Jahren.

95 Die Todesschwadron Triple A firmierte auch als AAA; d. Ü.

96 Die argentinische Stadtguerilla Movimiento Peronista Montonero; d. Ü.

97 Confederación general del trabajo de los Argentinos [auch CGTA; d. Ü.].

98 Ein Erlass des Diktators Alejandro Agustín Lanusse hatte verhindert, dass Perón selbst bei den Präsidentschaftswahlen kandidieren konnte.

99 Die beiden sollen der Freimaurerloge P2 angehört haben [Die italienische Freimaurerloge Propaganda Due oder P2 soll in den Siebzigerjahren als politische Geheimorganisation für Terroranschläge verantwortlich sein; d. Ü.].

100 Maschinenpistolen der Marke Sten Mk wurden im Zweiten Weltkrieg vor allem von britischen Streitkräften benutzt und galten als einfach handzuhaben und zuverlässig; d. Ü.

101 Die Abkürzung für diese Geheimgefängnisse lautete CCD, Centros clandestinos de detención; d. Ü.

102 Spanisch: Proceso de Reorganización Nacional; d. Ü.

103 Die Lockhead C 130 Hercules war ein häufig militärisch genutztes Transportflugzeug; d. Ü.

104 In der Provinz Chubut [Rawson ist Provinzhauptstadt, aber kleiner als Trelew; d. Ü.].

105 Comodore Rivadavia ist eine Küstenstadt in der Provinz Chubut, ca. 400 Kilometer südlich von Trelew; d. Ü.

106 Vgl. Anhang: Brief des Erzbischofs Moure.

107 Vgl. Anhang: Brief des Erzbischofs Moure.

108 Reynaldo Bignone war der letzte Präsident der Militärjunta. Er wurde durch Raúl Alfonsín abgelöst. Nach dem Amtsverzicht von Rafael Videla hatten sich innerhalb von zwei Jahren vier Präsidenten an der Macht abgelöst.

109 Die »Mütter des Platzes der Mairevolution« demonstrierten seit dem 30. April 1977 gegen das Verschwinden ihrer Kinder, anfangs unter Lebensgefahr. Die erste Anführerin, Azucena Villaflor de Vicenti, verschwand ebenfalls; d. Ü.

110 Jean Daniel: »Une affaire de famille, où en est Cuba? Che Guevara

a répondu à Jean Daniel«, *L'Express*, 25. Juli 1963 [Das Gespräch zwischen Daniel und Che Guevara fand in Algier statt, wo sich Che im Juli 1963 für mehrere Wochen aufhielt; d. Ü.]

111 Seit 1854 [als der erste Präsident Justo José de Urquiza das Amt antrat; d. Ü.] erlebte Argentinien siebzehn Militärdiktaturen. [Im Text ist die Rede von der Zeit vor Peróns dritter Präsidentschaft – nach seiner Wahl 1946 und der eigens verfassungsrechtlich erwirkten Wiederwahl 1951, bei der Eva Perón erstmalig das Frauenstimmrecht durchsetzte und Juan Perón 62 Prozent der Stimmen bekam –, als er nach dem Putsch von 1955 vom spanischen Exil aus agierte. 1973 kehrte er zurück und wurde zum dritten Mal Präsident. 1976 folgte dann der Militärputsch, der in den bleiernen Jahren bis 1983 das Land mit Hilfe der (schon vor der Rückkehr Peróns gegründeten) Triple A mit Staatsterror überzog; d. Ü.]

112 Eine Geste mit dem Unterarm, die dem »Stinkefinger« gleichkommt; d. Ü.

113 Sohn von Deodoro Roca, dem berühmten Anwalt, Journalisten, Universitätsmitglied und militanten Menschenrechtler.

114 Partido de Acción Nacional.

115 Massachusetts Institute of Technology in Boston (MIT).

116 Aleida wurde 1960 geboren, Camilo 1962, Celia 1963 und Ernesto 1965.

117 Guevara Ernesto, Obras (Werke) Band *II*, Casa de las Americas, 1970.

118 Die Poderosa befindet sich heute im Museo del Che Guevara in Alta Gracia.

119 Das Museo y Monumento Memorial Comandante Ernesto Che Guevara in Santa Clara beherbergt seit 1997 auch das Mausoleum von Che; d. Ü.

120 *gusanos*, zool. Würmer, auch Gegner Fidel Castros; d. Ü.

121 Alle Spanier werden auf Kuba mit »Pepe« angesprochen [*oye* heißt »Hör mal«].

122 Porteños bzw. Porteñas heißen die Einwohner von Buenos Aires.

123 Die »Período especial en tiempo de paz« (Sonderperiode in Friedenszeiten) bezeichnete auf Kuba die Zeit der Wirtschaftskrise nach 1990, die von der Verschärfung der Wirtschaftsblockade durch die USA und dem Zerfall des sowjetisch geführten

»Rats für gegenseitige Wirtschaftshilfe« (RGW) geprägt war; d. Ü.

124 An dem Interview vom 13. Dezember 1964 nahmen mehrere Journalisten teil, vgl. auch https://www.youtube.com/watch?v=CPCuzfDeUpc; d. Ü.

125 Der argentinische Geheimdienst [das Secretaría de Inteligencia del Estado (SIDE) heißt heute Agencia Federal de Inteligencia (AFI); d. Ü.]

126 Fernando de la Rúa (10. Dezember 1999 bis 21. Dezember 2001), Ramón Puerta (21. bis 23. Dezember 2001), Adolfo Rodríguez Saá (23. bis 30. Dezember 2001), Eduardo Camaño (30. Dezember 2001 bis 2. Januar 2002), Eduardo Duhalde (2. Januar 2002 bis 25. Mai 2003).

127 Die Provinz Neuquén liegt am nördlichen Rand von Patagonien; d. Ü.

128 An der Entstehung des Films wirkte ich als Berater mit.

129 Die kubanische Nachrichtenagentur Prensa Latina wurde auf Betreiben Che Guevaras 1959 von Jorge Ricardo Masetti gegründet und in der ersten Zeit von ihm geleitet; d. Ü.

130 Ernesto Che Guevara: Apuntes críticos a la economía política, Centro de Estudios Che Guevara, 1966.

131 Ernesto Guevara: Notas para el estudio de la ideología de la Revolución Cubana, Obras completas, Legasa, 1960.

132 Es handelte sich um einen »strategischen Rückzieher« bei der Konstruktion des Sozialismus: »[…] Wir sind nicht hinreichend zivilisiert, um auf direktem Wege zum Sozialismus gelangen zu können, obgleich wir die dazu nötigen politischen Voraussetzungen haben«, erklärte Lenin damals, um die NEP zu rechtfertigen.

133 Brief an den kubanischen Erziehungsminister Amando Hart.

134 Ernesto lehnte es ab, Aleida auf die Reise mitzunehmen, obwohl sie seine persönliche Sekretärin, aber eben auch seine junge Ehefrau war, weil auch seine Mitarbeiter ohne ihre Frauen mitreisten und er hier nicht als einziger ein Privileg genießen wollte.

135 Ernesto spielt möglicherweise auf das Risiko eines Imageverlusts an, wenn er Privilegien genießt, die zwar anerkannt würden, aber aufgrund der »komplexen mentalen Grundmuster« der Menschen rasch seinem Führungscharisma schaden könnten; d. Ü.

136 »Al otro lado del río« (Am anderen Ufer des Flusses) von Jorge Drexler, der die Interpretation dann aber Antonio Banderas und Carlos Santana überließ, erhielt 2005 den Oscar als bester Filmsong; d. Ü.

137 Es handelt sich um die ersten beiden (Refrain-)Zeilen von Ricardo Gutiérrez' Gedicht »La Victoria«: ¡Ah, no levantes canto de victoria /en el día sin sol de la batalla … (Ach, stimm mir nicht die Siegeshymne an /am sonnenfinstren Tag der Schlacht …); das Poem thematisiert den pietätlosen Zynismus des Triumphgesangs, wenn der Besiegte, der Bruder, im Staub liegt; der Argentinier Ricardo Gutiérrez schrieb die Verse in der zweiten Hälfte des 19. Jahrhunderts anlässlich des »Tripel-Allianz-Kriegs« 1864–1870 zwischen Paraguay und den Verbündeten Argentinien, Brasilien und Uruguay, der für Paraguay verheerend ausging und als blutigster Konflikt der Geschichte Lateinamerikas gilt; d. Ü.

138 Archaismus meint hier eine rückwärtsgewandte, vergangenheitsorientierte Einstellung (nicht das linguistische Phänomen), wie sie vor allem von der klassischen Avantgarde als Gegenpol zum Futurismus formuliert wurde; d. Ü.

139 Dem Lateinamerikanischen Bischofsrat *CELAM* (Consejo Episcopal Latinoamericano) gehören alle römisch-katholischen Bischöfe Mittel- und Südamerikas an; d. Ü.

BIBLIOGRAPHIE

Borrego, Orlando: *Che El camino del fuego*, Hombre Nuevo, 2001

Constenla, Julia: *Che Guevara. La vida en juego*, Edhasa, 2006

Gambini, Hugo: *El Che Guevara*, Stockcero, 2002

González, Froilán/Capull, Adys: *Amor revolucionario,* Txalaparta, 2004

Guevara, Ernesto: *Che desde la memoria*, Ocean Sur, 2004

– *Diarios de Motocicleta*, Planeta, 2004

– *La Guerra de Guerrillas*, Ocean Sur, 2006

Guevara Lynch, Ernesto: *Mi hijo El Che*, Sudamericana-Planeta, 1984

– *Aquí va un soldado de América*, Plaza Janés, 2000

Larraquy, Marcelo: *Los 70 una historia violenta*, Aguilar, 2013

March, Aleida: *Evocación, Mi vida al lado del Che*, Ocean Sur, 2011

Masetti, Jorge Ricardo: *Los que luchan y los que lloran*, Nuestra America, 2006

Peredo, Guido: *Mi campaña junto al Che y otros documentos*, Paraninfo Universitario, 2013

DANKSAGUNG

Gedankt sei allen Genossen, die dem Geist Ches treu geblieben sind und den Mut hatten, im Kampf für »die Errichtung einer neuen Gesellschaft, die reich und gerecht ist« durchzuhalten.

Mein Dank gilt außerdem dem Glück, Armelle getroffen und so die Möglichkeit gehabt zu haben, dieses Buch zu schreiben. Es sei der Jugend gewidmet und der Gewissheit, dass sich in der Welt neue Ches verbergen, die nur auf den richtigen Moment für ihren Auftritt warten.

BILDNACHWEIS

Abbildungen 1 bis 25 und 32, 34, 35, 36: © Privatbesitz der Familie Guevara de la Serna

Abbildungen 26, 27, 33: © Che-Museum in La Pastera, Argentinien

Abbildung 28: © Oficina de Asuntos Históricos, Havanna

Abbildung 29: © Alain Nogues/Kontributor

Abbildungen 30, 31: © ADAGP, Paris (Alberto Korda)